이른둥이 육아 가이드북

김민희·지은선·최진희

이른둥이
육아 가이드북

김민희·지은선·최진희

신흥메드싸이언스

이른둥이
육아 가이드북

발　　행　2018년 9월 21일
지 은 이　김 민 희, 지 은 선, 최 진 희
발 행 인　홍 성 혁
발 행 처　**신흥메드싸이언스**
디 자 인　박 은 경
주　　소　서울시 영등포구 양산로 53, 501호
(양평동 3가, 월드메르디앙비즈센터)
등록번호　제318-2007-000077호
전　　화　02-2165-8670
팩　　스　02-2165-8675
홈페이지　www.shmed.co.kr
I S B N　978-89-6498-064-4　13510
정　　가　19,000원

저자 서문

출생아 수는 급격히 감소하고 있으나, 고령 출산, 쌍생아 증가, 사회환경 변화 등으로 이른둥이의 출산율은 꾸준히 증가하고 있으며, 의학의 발달로 이들의 생존율은 향상되었습니다. 그러나, 정상아에 비해 뇌성마비, 지능 저하, 시각, 청각 이상 미세신경 발달장애 등 합병증의 발생 비율이 높습니다. 대부분 이른둥이 부모들은 신생아중환자실에 입원시킨 후 불안한 마음으로 인터넷을 검색하면 부정확한 의료정보로 오히려 걱정이 증가하는 경우가 많습니다. 또한, 퇴원 후에도 부모는 사소한 일인데도 모든 일이 불안하고, 성장과 발달이 정상이 될까 하는 두려움과 함께 주변에서 고립이 되고, 정상아를 대상으로 하는 여러 육아서적들은 이른둥이에게는 참고가 되지 않습니다. 또한, 근처에 이른둥이를 키운 경험이 있는 사람이 없으며, 인근 의료기관에서도 만족할 만한 상담을 받을 수가 없는 경우도 많습니다.

본서의 내용은 3 part로 나누어져 있으며, Part 1은 병원에 있는 이른둥이 돌보기로 이른둥이 특성과 NICU 치료와 주요 질환의 설명. Part 2는 퇴원 후 가정에서 이른둥이 돌보기로 모유 수유, 양육법, 산후우울증, 첫해 엄마들이 궁금해 하는 사항. Part 3는 발달촉진 부분으로 두뇌발달의 이론과 촉진방법, 발달환경 만들기, 발달 체크로 구성되어 있습니다. 독자들은 본서를 통해 이른둥이 질병의 특성을 이해하고 퇴원 후에도 가정에서의 전반적인 돌보기와 시기별 발달과 행동, 합병증을 쉽게 이해할 수 있습니다. 그에 대한 여러 정보를 제공하고 건전한 부모와의 애착 형성과 원만한 인격 형성을 지원 받을 수 있습니다. 혼란에 빠져있을 이른둥이를 출산한 부모, 친척들에게 두려움을 떨쳐버리고 희망과 용기를 불어넣어 주는데 도움이 될 것이라고 확신합니다

2011년 11월 17일부터 1년간 건국대병원에서 기아대책과 함께 국내 최초로 시작한 이른둥이 퇴원 후 지원사업인 도담도담 지원사업, 2014년 서초구청 희망둥이 건강 양육지원 사업과 2016-17년 KU 한우리 이른둥이 프로그램에 이르기까지 이른둥이와 부모의 퇴원 후 건강증진에 오랜기간 함께 노력해 왔던 지은선 교수님과 본서를 함께 출간하게 된 것을 정년을 앞두고 커다란 보람으로 생각합니다. 미국 유아 특수교육 전문가로서 조지 워싱턴대 객원 연구원을 역임하시고 현재 한우리 정보문화센터

조기개입연구소 부소장으로 국내에 장애아 가족 중심 조기개입 교육을 개척하고 계시는 최진희 박사와 함께 공저를 해 가족중심 조기개입을 소개하게 된 것을 기쁘게 생각합니다. 제작 처음부터 많은 도움을 주신 신흥메드싸이언스의 홍성철 부장에게도 감사드립니다

2018년 8월 30일
김 민 희

목 차

이른둥이
육아 가이드북

Part I

병원에 있는 이른둥이 돌보기

CHAPTER 1

이른둥이의 특성과 NICU치료

뱃속에서는 엄마와 연결된 탯줄로 산소와 영양분을 공급받다가 출생 후에는 폐를 사용해서 호흡해야 하며, 위장관을 통해 영양분을 섭취해야 하는 두 가지의 어려움을 이겨내야 하는 것이 이른둥이 들의 큰 과제입니다. 여러 가지 힘든 상태에 놓여있을 수 있기 때문에 부모들의 걱정은 클수 밖에 없습니다. 이러한 부모들의 걱정을 줄이고 보다 안심하고 아기를 다룰 수 있게 하기 위하여 우선 이른둥이 특성에 대해서 자세히 알아보도록 하겠습니다.

이른둥이 모습

이른둥이는 미숙 정도에 따라 모습이 다릅니다. 처음에는 너무 작아서 놀랄 수 있지만, 자세히 보면 신체기관이 건강하게 형성되어 있는 것을 보고 신비로울 것입니다. 이런 아기가 점차 만삭아와 같은 모습으로 성장하게 됩니다. 만삭아와 이른둥이의 차이점을 아래에서 구체적으로 다루어보겠습니다.

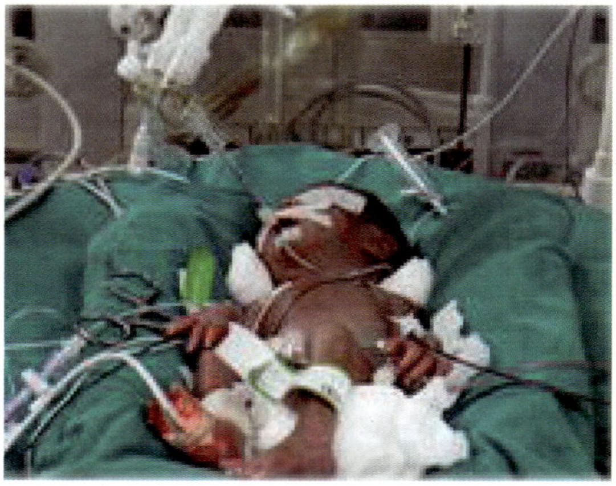

그림 1. 피부의 상태

이른둥이는 임신 마지막 달에 저장되는 피하지방이 거의 없기 때문에 피부가 주름져 보입니다. 피하지방이 만들어지기 시작하면 점차 통통해 보이기 시작합니다. 초미숙아는 피부가 더 얇고 붉은 자색을 띄고 있으며, 투명해서 핏줄이 그물망처럼 비쳐 보일 수도 있습니다. 28주, 1,000g 미만의 초극소미숙아는 피부층이 너무 얇아서 광택이 날 수 있으며 매우 약합니다.

- **머리:** 머리가 몸체에 비해서 커 보이고, 이를 통한 체온손실이 커서 NICU에서 모자를 쓰기도 합니다.
- **손과 발:** 피하 지방이 없기 때문에 포동포동한 손에 비해 손가락이 가늘고 길게 보입니다. 손톱, 발톱은 존재하며, 성장하면서 손발톱이 손가락과 발가락의 끝까지 자라납니다. 아기가 미숙할수록 발바닥 주름이 적으며, 발바닥 주름 모습을 보고 미숙 정도를 측정합니다.
- **체모:** 등 위쪽, 어깨, 팔에 부드러운 털이 나 있습니다. 미숙 정도가 심할수록 더 많은 보송보송한 솜털이 있으며, 출생 후 수 주 내에 대부분 없어집니다.
- **눈:** 눈은 빛에 민감하고 미숙 정도가 심할수록 더 하기 때문에 대부분 눈을 감고 있습니다.
- **귀:** 귀의 형태를 만들어 주는 귓바퀴 연골이 임신 35주쯤 만들어지기 때문에 귀는 팔락거리고, 접혀 있을 수 있습니다.
- **생식기:** 임신 재태 34주 미만 이른둥이는 덜 발달된 생식기를 갖고 있습니다. 남아는 고환이 만져지지 않을 수 있으며, 여아는 음순이 적고 처녀막이 질 바깥으로 나와 있을 수 있으나 점차 대음순이 자라 않보이게 됩니다.

- **근육:** 자고 있을때는 미숙할수록 근육의 긴장도가 떨어져 축 늘어져 보입니다. 작은 엉덩이가 바람 빠진 풍선처럼 보일 수도 있습니다.
- **늑골:** 늑골과 흉골이 부드럽고 단단하지 못하여 숨을 쉴 때 가슴이 움푹 들어가는 것처럼 보입니다. 이런 흉부 함몰의 모습은 정상이지만, 심하면 호흡곤란이 나타날 수도 있습니다.
- **팔, 다리:** 아기를 눕히면 팔은 양 옆으로 쭉 펴고 다리는 개구리처럼 구부린 채로 벌어집니다. 배가 튀어나오고 팔다리가 가늘어서 영양실조처럼 보일 수 있으나 수 주 이내 몸무게가 늘어 근육이 생성되고 젖살도 오르기 시작할 것입니다. 면회시간에 조그만 아기 몸을 잘 살펴봐서 익숙해지도록 합니다.

호흡기

임신 재태 36주 이후에 태어난 아기들은 호흡에 큰 문제가 없습니다. 그러나 그 이전에 태어난 아기들은 폐가 성숙될 때까지 호흡을 도와주는 처치가 필요할 수 있습니다. 폐는 수백만 개의 폐포(허파꽈리)라는 미크론 단위의 풍선 같은 작은 꽈리 주머니들로 형성되어 있습니다. 폐포의 안쪽에는 폐표면활성제(surfactant)라는 기름성분의 얇은 막이 형성되어 있어 폐포가 잘 펴졌다 줄어들게 하여 호흡을 원할하게 할 수 있게 합니다. 그래서 폐포와 폐모세혈관과 사이에서 산소의 흡수와 이산화탄소 배출이 쉽게 이루어지도록 해줍니다.

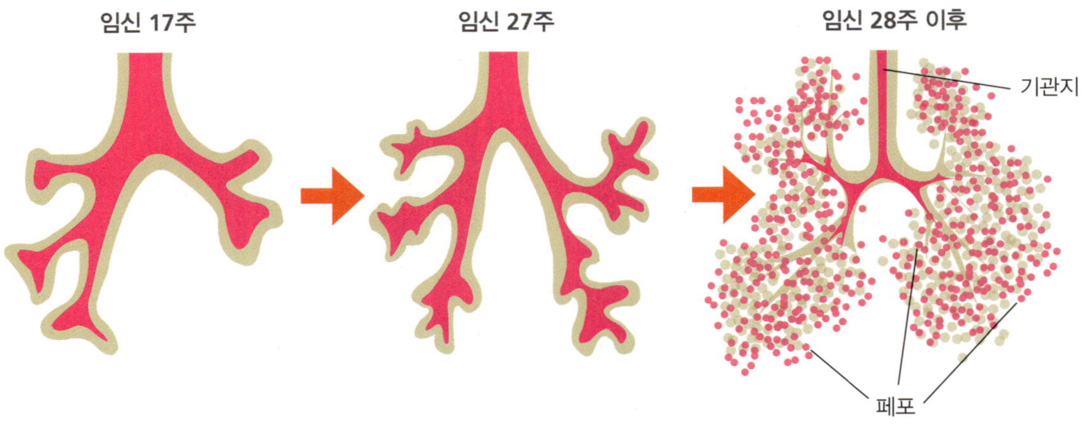

그림 2. 이른둥이 폐포 그림

임신 28주 이후 34주 미만의 이른둥이는 폐표면활성제(surfactant) 성분이 충분치 않아서 호흡을 시작해도 폐포가 충분히 부풀어 오르지 못하는 신생아 호흡곤란증후군(RDS)을 일으킵니다.

산소요법

산소를 공급하는 방법은 아래와 같이 여러 가지가 있고 아기의 상태에 따라 방법은 달라질 수 있습니다.

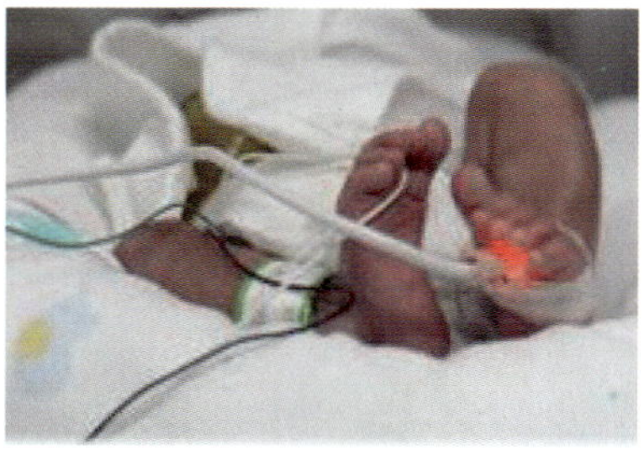

그림 3. Pulse oxymeter

그림과 같이 아기의 팔이나 발목에 감아놓은 얇은 테이프로 산소포화도를 측정합니다. 정상은 95 – 100%이며, 신생아 호흡곤란증후군(RDS) 등으로 산소포화도가 떨어져 있으면 산소를 공급해서 90%이상을 유지해야 합니다.

혈액가스 측정

혈액가스검사는 혈액 안에 있는 산소, 이산화탄소, 산증 정도를 측정합니다. 균형이 잘 맞아야 성장을 할 수 있습니다.

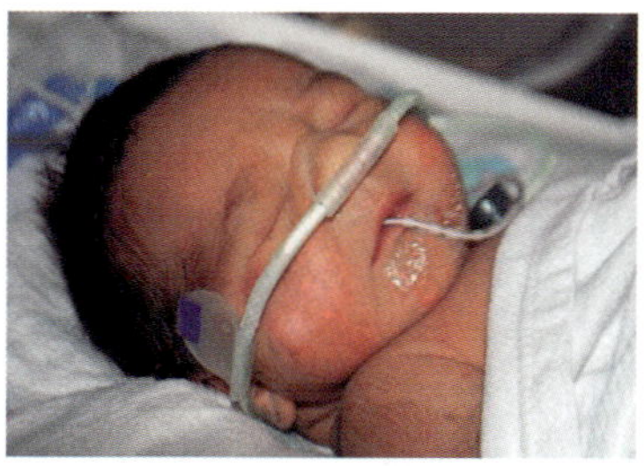

그림 4. 비강 캐뉼라

그림과 같이 얇은 플라스틱 튜브가 윗입술을 지나고 작고 뾰족한 관 2개를 코에 삽입하여 산소를 공급하는 장치입니다.

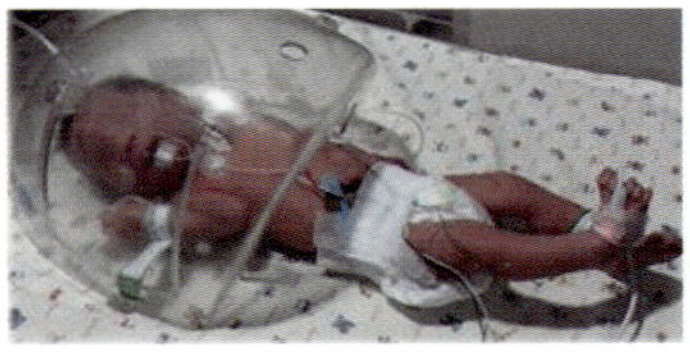

그림 5. 산소 후드

그림과 같이 플라스틱 덮개를 아기의 상체를 덮고 가습된 고농도 산소가 포함된 공기를 공급합니다. 아기는 산소 농도가 높은 공기로 호흡합니다.

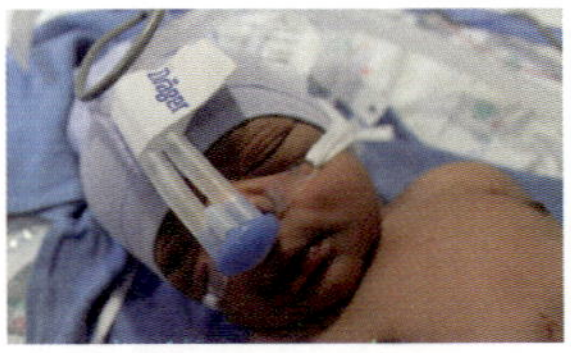

그림 6. 비강 지속적 양압 호흡장치(CPAP)

그림과 같이 코를 통해 기도에 지속적으로 양압을 추가해서 폐포의 허탈을 막아주는 장치입니다. 자신의 호흡운동이 유지되어야 하며, 기계 인공호흡기의 적응이 되지 않는 아기에 사용합니다.

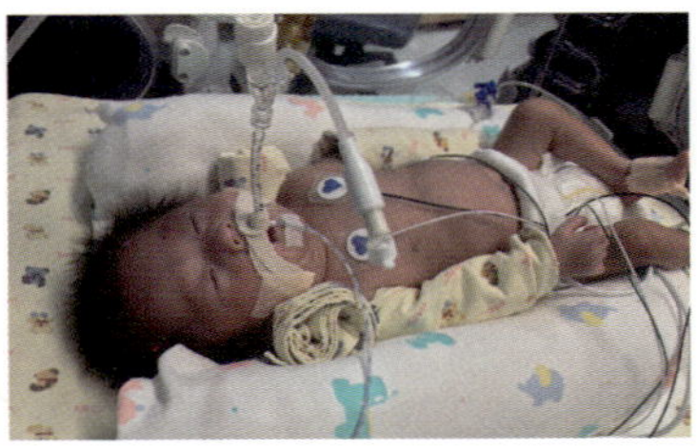

그림 7. 인공호흡 중인 NICU 아기

초미숙아에서는 충분한 산소 공급이 필요한 경우가 있습니다. 이를 위해 플라스틱 기도 삽관 튜브(공기 통하는 파이프 역할)를 입을 통해 기도까지 집어넣어 그 끝을 인공호흡기와 연결시키고, 튜브는 입 주위에 테이프를 이용해 고정시킵니다. 효과적인 호흡운동을 할 수 있고, 산소가 혼합된 공기를 폐로 넣어 주고 내보내는데 도움을 줍니다. 아기의 폐 상태에 따라 기계의 인공호흡수와 산소 농도를 조정합니다. 미숙 정도가 심한 경우에는 불어넣어주는 압력과 산소 농도가 높고, 호흡 횟수도 많습니다. 이때는 안정제를 주사해 아기를 잠을 자게 유도합니다. 반대로 농도가 낮거나 횟수가 적을 경우에는 깨어 있는 상태를 유지하며 기계호흡하는 사이에는 자신의 호흡을 할 수 있게 합니다. 환아 자신이 호흡을 하고 싶을 때 기계에 그 메시지를 보내 호흡운동과 같이 동조해 숨 쉬고 싶을 때 들어 마실 수 있도록 환자 동조성 간헐적 인공호흡기(synchronized intermittent mandatory ventilation, SIMV)를 최근 많이 사용하며, 특수 한 상황에서는 분당 300 - 1,500번의 환기를 시켜 호흡기능을 유지시키는 고빈도 인공호흡기(high frequency ventilator, HFV)를 고려합니다.

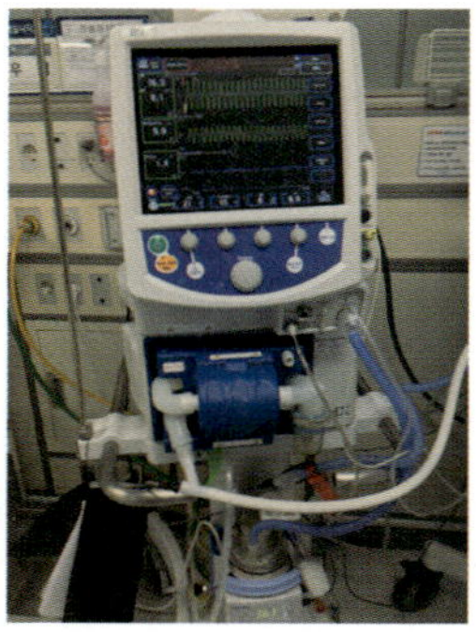

그림 8. 고빈도 인공 호흡기

임신 재태 30주 이후의 태어난 경우에는 인공호흡기 처치 기간은 수일 전후가 되는 경우가 많으며, 그 이전에 출생한 경우에는 몇 주가 걸릴 수도 있습니다. 개인마다 차이가 나며 예측할 만한 방법은 없습니다. 주치의는 하루에도 산소포화도와 호흡기 기능을 최적 상태 유지에 노력해야 하며 필요한 인공 호흡수와 환기 압력이 줄어들고 자가 호흡이 효과적으로 유지되면 호흡기를 제거 할 수 있습니다. 이후에도 nasal CPAP 나 비강 캐뉼라를 이용해 산소 공급이 필요한 경우가 있습니다.

호흡을 도와주는 약물

폐표면 활성제(Surfactant)는 기관 삽관 튜브를 통해 투여하며, 환아 자신의 폐표면 활성제가 분비되기 전까지 폐 기능을 향상 시켜줍니다. 호흡자극제인 카페인, 아미노필린 같은 약물은 호흡중추를 자극을 주어 이른둥이 무호흡 치료에 널리 이용되고 있으며, 인공 환기의 빈도를 줄일 수 있습니다. 이뇨제 특히 후로세마이드는 폐의 수분을 줄이는 작용 때문에 CLD에서 폐 기능을 향상시킵니다. 스테로이드는 항염증 작용과 폐 표면활성제 분비를 촉진시킵니다.

흉부 방사선 사진

모든 이른둥이는 폐 상태를 알아보기 위해 적어도 하루에 한번 이상 흉부 X-선 검사를 시행할 수 있습니다. 특히, 인공호흡기를 사용하고 있을 때는 폐 상태와 기관지 삽관 튜브의 위치를 확인하기 위해서 매일 아침 검사를 할 수 있습니다. 방사선에 대한 노출은 장비의 발전으로 극소량이므로 검사를 통해서 얻는 이익이 더 큽니다.

신경계

예전에는 아기의 생명을 구하는 것이 신생아 의료의 일차 목표였다면 이제는 삶의 질이 최우선이 되는 시기가 되어서 신경계의 발달에 주목하고 있습니다. 발달 중인 뇌를 잘 보호하기 위해서는 예민한 뇌에 적당량의 산소가 전달되어야 합니다. 혈압과 심장기능이 잘 유지되어야만 적당량의 피가 통할 수 있게 됩니다. 신생아는 대천문을 통해 초음파검사를 실시하여 뇌실 내 출혈 등 두뇌의 상태를 평가할 수 있습니다(그림 9. 참조).

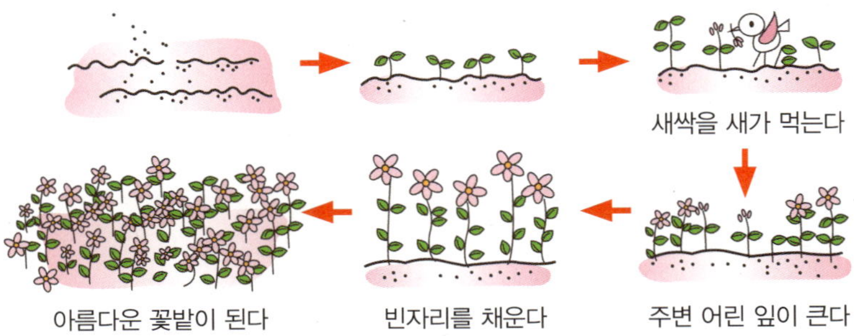

그림 9. **손상된 신경세포의 보상**

근이완제

인공호흡기 처치를 하는 동안 울거나 손발을 움직이면 호흡기의 효과와 산소 포화도에 영향을 미칠 수 있습니다. 근이완제를 사용하면 근육의 마비를 유도하고 폐조직의 이완을 유도합니다. 대부분 일시적으로 사용 하며 호흡기 사용을 그치면 중단합니다.

안정제

근이완제까지는 필요가 없으나 NICU에서 스트레스나 흥분 상태를 줄이기 위해 기분을 이완시키는 안정제를 사용합니다. 그 외에도 혈관 주사를 시도 하거나 아픔을 느끼는 조작을 할 때 이를 줄이는 약물을 사용하여 불필요한 에너지의 낭비를 줄입니다.

심혈관계

심장의 효과적인 펌프작용으로 혈액을 전신에 보내서 산소를 공급합니다. 이른둥이는 출생 후 첫 수 시간 동안 혈압과 혈류가 원활치 않을 수 있으나, 점차 호흡상태가 안정되면서 좋아집니다. 주치의는 혈압이 저하 되는 경우에는 제대 정맥 루트를 통해 다량의 수액을 공급하여 심혈관계의 기능을 회복시킬 수 있습니다. 혈압을 높이는 약물로는 도파민, 도부타민 에피네프린 등이 있습니다.

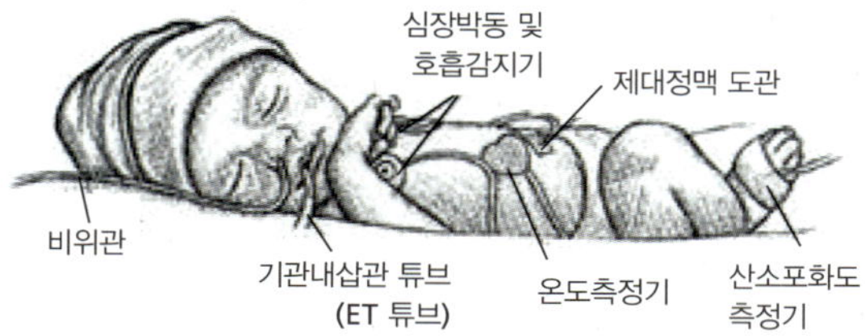

그림 10. 호흡 심장 박동 감지기 장착 모습

혈관주사 라인

보통 IV line(intravenous lines)이라고 하며 정맥에 짧고 작은 튜브를 삽입하여 수액, 약물, 영양제를 투여하고 혈액을 채취할 수 있는 루트입니다. 간혹 IV 라인에 지속 주사기펌프(continuous syringe pump)를 연결하여 필요한 수액을 일정한 속도로 자동 주입시킬 수 있습니다. 주사바늘을 혈관에 삽입 후 응고를 방지하는 헤파린록(heparin lock)을 장치하여 한번 주사 후 아기에게 통증 없이 혈액 채취를 반복할 수도 있습니다.

호흡과 심장박동 감지기

NICU에 머무는 동안 호흡과 심장박동을 측정하기 위해 전선과 연결된 납작한 동전 모양의 3개의 전극이 가슴에 2개, 다리나 배꼽 주위에 1 개가 붙어 있습니다. 측정되는 심장 박동과 호흡수는 전면에 있는 모니터 화면에 나타납니다. 모니터를 보는 것이 부모가 옆에서 직접 측정하는 것보다 빠릅니다. 정상 심박 수는 120 – 160/분, 호흡수는 30 – 60/분으로서 여기서 벗어나는 무호흡이 있거나 빈맥이나 서맥이 나타나면 경보음이 울립니다. 알람이 울리면 전담 간호사가 피부색, 호흡운동 양상, 전극의 부착 상태 등을 확인합니다.

신생아는 어른과 다른 위치의 IV 라인을 가질 수 있습니다. 제대정맥 도관(umbilical vein catheter)은 집중 치료가 요구될 때 배꼽에 있는 큰 정맥으로 고통 없이 손쉽게 삽입시킬 수 있습니다. 상처가 거의 남지 않는 안전한 의료적 처치로서, 1주일 정도 수액과 약물공급 그리고 혈액 채취를 할 수 있는 편리한 루트입니다.

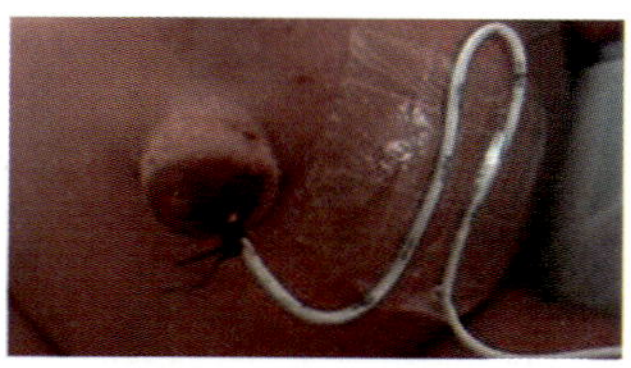

그림 11. 제대동맥 라인

제대동맥에 도관을 삽입하여 혈압의 모니터와 혈액검사를 위한 혈액 채취를 할 수 있으며, 수액과 약물 공급의 루트로는 사용하지 않습니다.

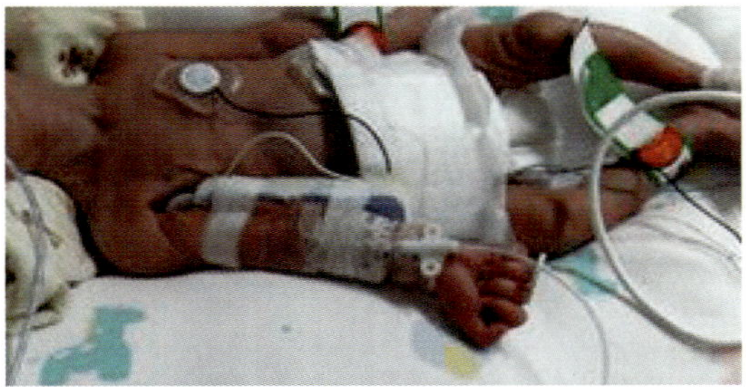

그림 12. 중심정맥 도관 (Central line)

중심정맥으로 영양공급이 필요하거나 말초혈관 루트가 더 이상 없을 때 사용합니다. 팔꿈치 근처나 사타구니를 통해 큰 혈관에 삽입시켜 도관 끝이 심장 근처에 위치하게 합니다. 수 주간 위치시킬 수 있으며 영양 공급이 어려운 이른둥이나 장관 수술 후 장기간 정맥영양 공급이 필요한 경우에 시도합니다.

위장관

언제 우리 아기에게 수유를 할 수 있을까?' 라는 질문은 첫 아기를 분만한 엄마에게는 가장 궁금한 사항입니다. 그러나 이른둥이는 호흡과 심혈관계가 안정될 때까지 수유를 할 수 없습니다. 숨을 쉬면서 젖을 빨고 삼키는 행위에는 많은 에너지 필요합니다. 그리고 후두개와 목젖의 조화, 정상적인 식도 운동능력이 필수 조건이며 이런 상황은 34주 정도는 되어야 성숙됩니다. 그 이전에는 젖꼭지를 빠는 수유 행동을 할 수가 없습니다.

경구수유

출생 후 수일 안에 가는 튜브를 입을 통해 위장에 삽입한 후 천천히 일정량의 우유를 주입합니다. 이를 경관수유(gavage feeding)라고 합니다. 처음에는 연속주입을 하나 후에는 일정한 간격으로 많은 양을 줄 수 있습니다. 이른둥이는 35주 까지는 구역질 반사(gag reflex)가 없어 튜브 때문에 힘들어 하지는 않습니다.

정맥영양

임신 재태 28주 이전의 초미숙아는 위장관이 미성숙하여 영양분의 흡수가 어렵고 우유로 창자벽을 자극 받아서 중대한 합병증인 괴사성장염(NEC)을 일으킬 수 있습니다. 그래서 총정맥영양(TPN, total parenteral nutrition)을 하는 경우가 있습니다. 여기에는 탄수화물, 단백질, 지방, 비타민, 미네랄 성분들이 액체형태로 만들어져 들어가 있습니다. 30주로 태어난 아이의 영양 공급의 실례를 살펴보면, 첫 며칠 동안은 인공호흡기의 보조를 받으며 보통 IV 루트를 통해 영양을 공급받습니다. 출생 3일 전후가 되면 중심정맥 도관을 팔에 확보하고 TPN을 실시합니다. 출생 후 1주 정도 지나 임신 31주 정도가 되면 포도당으로 경관수유를 시도하여 잘 소화하면 보관했던 모유를 공급합니다. 먹는 우유의 양이 계속 증가하면 TPN량도 점차 줄여 나갑니다. 33 – 34주가 되면 모유나 분유를 인공 젖꼭지를 이용하여 직접수유를 시도합니다. 직수를 잘하면 경관수유를 중지합니다.

체온 유지

정상 신생아에서는 신경기능이 체온을 감지한 후 심혈관 기능을 조정해 체온조절을 할 수 있습니다. 이른둥이는 이런 기능이 성숙되지 않아서 체온 유지에 어려움이 있으므로 인큐베이터나 따뜻한 열을 복사하여 체온을 조정해 주는 복사온열기를 사용합니다.

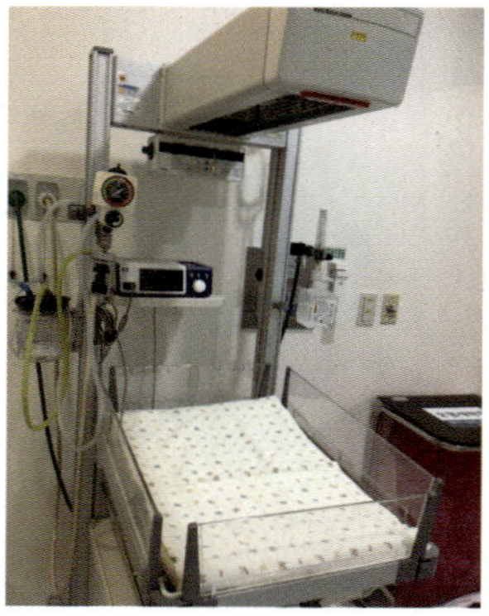

그림 13. **복사온열기**

자동 온도조절기가 장착되어 있어 37 ° C 정도의 적당한 온도 환경을 유지할 수 있으며, 체온이 떨어지면 히터가 작동되어 체온 상승을 자동으로 유도합니다. 인공호흡기와 많은 감시 장치가 필요한 경우에는 복사온열기에 아기를 눕혀놓고 처치합니다. 아이가 체온 조절을 잘하면 인큐베이터에서 나와 신생아용 바구니로 옮겨집니다.

감염관리

조산의 흔한 원인 중 하나는 모체의 감염입니다. 출산 후 아기는 혈액배양 검사 등 감염에 관한 검사를 하고 항생제를 사용하며 결과가 나오기까지 2−3일을 기다립니다. 만약에 감염이 발견되면 10일 정도 항생제를 사용합니다. 아기는 균에 대한 저항력과 면역 기능이 떨어져서 감염이 갑자기 악화되기도 합니다. 의료진은 NICU에서는 항상 감염 여부를 적극적으로 관찰하고 있으며, 예방을 위해 손 씻기, 무균조작을 지나칠 정도로 강조합니다. NICU에서의 감염의 원인은 둘러싸고 있는 사람들과 장비들입니다. 외부로부터 침입하는 균을 막기 위해 관계자 외 출입을 금지하고 있어서 보호자 방문도 부모이외는 어렵고, 방문시간도 정해져 있으며, 출입 시 손을 깨끗이 닦아야만 합니다. NICU 내에서는 불필요한 곳에는 가능하면 손이 닿지 않도록 주의합니다. 철저히 감염을 막으려 해도 패혈증을 완벽히 예방할 수는 없습니다(그림 14. 참조).

그림 14. 신생아실 입구

기본적 간호 처치

활력징후 체크

NICU 간호사를 가까이 보면 24시간 늘 바쁩니다. 환아를 규칙적으로 관찰하고 검사의 결과와 활력징후(vital sign)를 컴퓨터에 기록해야 합니다. 이런 기록들이 의료진이 환아의 상태를 빨리 파악할 수 있는 지표들이 됩니다.

진찰

주치의들은 자주 하루에도 수차례 진찰을 합니다. 환아의 상태 변화를 알아보는 중요한 관찰 과정이며, 간호사는 중요한 단서가 되는 섬세한 변화를 미리 발견할 수 있습니다

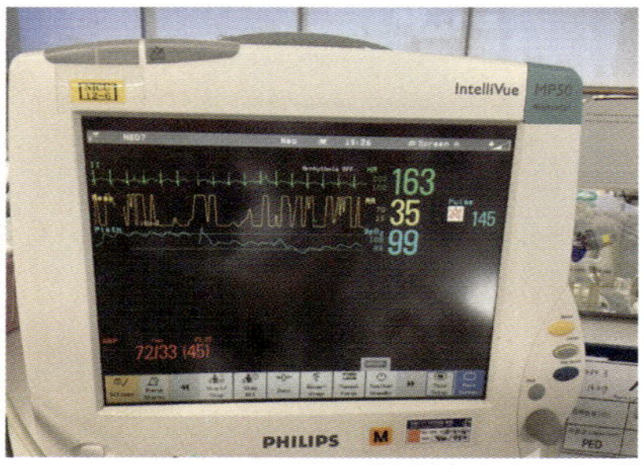

그림 15. **활력징후(Vital sign) 체크**

신체기능의 중요한 평가 기준이 되는 것으로는 체온, 심장 박동 수, 호흡수, 혈압 등이 포함됩니다. 체온은 복부에 미리 붙여 놓은 피부센서로 체크하며, 낮거나 높을 때 감염증을 의심할 수 있습니다. 심장 박동 수는 쉬지 않고 뛰는 심장 박동 수의 경향을 봅니다. 140회/분에서 170회/분으로 증가했다면 탈수, 빈혈, 감염, 흥분상태를 의미할 수 있습니다.

- **호흡수:** 일반적으로 낮은 호흡수는 안정 상태를 의미합니다. 갑자기 증가하면 폐가 산소를 흡수하는데 힘이 든다는 의미로, 주치의는 원인을 찾는 노력을 할 것입니다. 혈압은 심혈관계가 어떤 상태인가를 나타내는 것입니다. 혈압의 저하는 감염, 쇼크, 심장 기능의 저하를 나타낼 수 있습니다. 혈압의 상승은 아픔, 흥분, 신장 기능의 저하를 나타낼 수 있습니다.
- **수액 밸런스 측정:** 초미숙아의 수액의 밸런스를 맞추기 위해서는 정주한 수액과 수유한 우유의 양을 매시간 cc단위로 기록해야 합니다. 또한 수분과 우유의 투여량(Input)과 대소변의 배출량(Output)을 측정하여 정확히 기록하는 것이 중요한 임무입니다. 상태가 중한 경우에는 매 12시간 마다 투여와 배출량의 총 합계를 계산하며, 배출량이 많으면 탈수에 빠질 수 있습니다. 의료진은 밸런스를 조절하여 아기의 상태를 유지시킵니다.
- **소변배출량(urine output):** 상태가 위중한 초미숙아는 카테터를 방광에 삽입하여 24시간 소변을 모아 배출량을 측정합니다. 대부분은 소변 본 기저귀의 무게를 측정하여 소변량을 추정합니다. 관찰 기록을 담당한 간호사는 소변 분석지검사(urine dipstick test)를 이용해 소변의 당, 혈액, 단백질, 비중(specific gravity)을 측정하여 하루에도 수차례 기록합니다.
- **뇨비중:** 아기의 수분공급 상태를 나타내는 지표로서 높으면 탈수 상태를 나타냅니다.

- **대변 배출량:** 정도와 상태를 알기 위해 횟수, 양상, 색 등을 기록합니다.
- **섭취량:** 아기에게 투여되는 수액과 수유량을 매 시간 기록하며, 주치의의 의견과 환아의 체중, 나이 등을 고려하여 섭취량을 조절합니다.
- **부수적인 수분 손실**: 이른둥이의 피부를 통한 수분 증발과 호흡운동으로 인한 손실을 고려합니다. 채혈량과 경비위관 삽입 시 배출되는 체액도 고려하여 수분 밸런스를 조정합니다.
- **신체계측:** 체중은 가능한 측정 장치들을 제거한 후, 하루 1–2번 일정 시간에 측정하여, 전날과 비교해 증감을 기록합니다. 체중 증가가 늦거나 너무 많으면 투여량과 배출량을 조절해 줍니다.
- **혈액검사:** 입원하여 처음에는 하루에도 여러 차례 혈액검사를 합니다. 상태가 안정되면 횟수가 줄어들고, 제대정맥 도관을 통해 고통 없이 쉽게 혈액 채취를 하기 때문입니다. 반면에 의료진이 아기의 팔에 주사기를 이용하여 혈액 채취를 하는 바쁜 모습도 볼 수 있습니다.

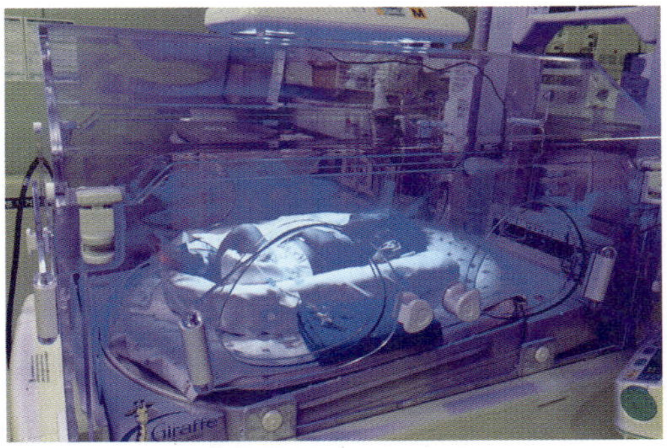

그림 16. **광선 치료 중인 황달 환아**

기본적인 생화학검사를 통해 혈당, 간, 신장 기능을 알 수 있습니다. 빌리루빈(Biliribin)은 첫 수일간 피부를 노란색으로 만드는 신생아 황달의 원인 물질입니다.

- **혈액배양검사(blood culture):** 혈액에 세균이 감염 됐는지를 알아보는 검사입니다. 혈당검사는 상태가 위중하면 하루에도 수차례 측정합니다. 너무 낮거나 높으면 혈액의 화학적 밸런스가 어긋난 것을 의미합니다. 인공호흡기를 사용하는 경우에는 하루에 수차례 측정 할 수 있으며 동맥, 정맥 도관이나 발뒤꿈치에서 혈액 채취하여 검사할 수 있습니다.

NICU에서 흔히 쓰는 약물

NICU 입원 후 의료진이 투여 하는 여러 약물에 대해 의논하는 모습을 볼 수 있습니다. 아기 옆에 위치한 혈관주사 라인이나 주사기에 약물 이름이 붙어 있는 것도 볼 수 있습니다. 이런 경험은 향후 아이가 성장할 때 부모로서 신경이 쓰이는 경험이 될 수 있습니다. 흔히 쓰는 약물들을 정리하였습니다.

- **항생제:** 흔히 쓰는 것은 앰피실린(ampicillin), 겐타마이신(gentamycin), 반코마이신(vancomycin), 세포탁심(cefotaxim)입니다. 혈관주사로 두 가지의 항생제를 함께 쓰는 경우가 흔히 있습니다.
- **제산제:** 잔탁(Zantac)과 싸이메티딘(cimetidine)을 많이 쓴다. 총정맥영양(TPN) 하는 동안에 공복으로 위산 자극을 줄이기 위해 사용합니다.
- **스테로이드:** 상태가 위중 할 때 사용할 수 있습니다. 안전하며 투여로 얻는 이득이 더 큽니다.
- **이뇨제(diuretics):** 라식스를 가장 많이 사용하며, 소변 생성을 증가시키기 때문에 수분이 너무 많은 아이들에게 사용합니다.

NICU에서 흔히 하는 검사

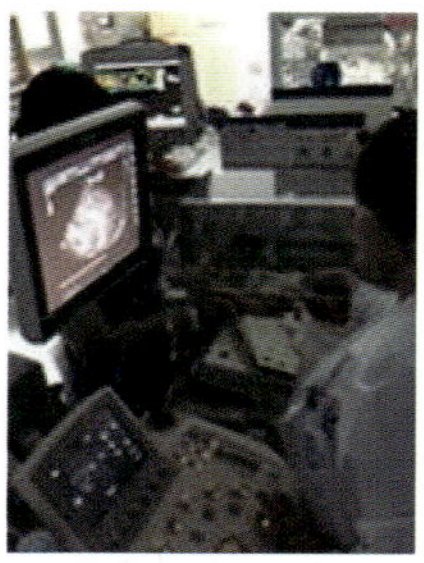

그림 17. 뇌초음파 검사(cranial ultrasound)

임신 중에 실시한 초음파 검사와 동일한 검사며, 아프지 않은 비침습적 검사입니다. 초음파 탐색자를 머리 중간의 대천문에 위치시켜 뇌출혈, 뇌수종 등을 알아볼 수 있습니다. 모든 이른둥이에서 시행하지는 않습니다.

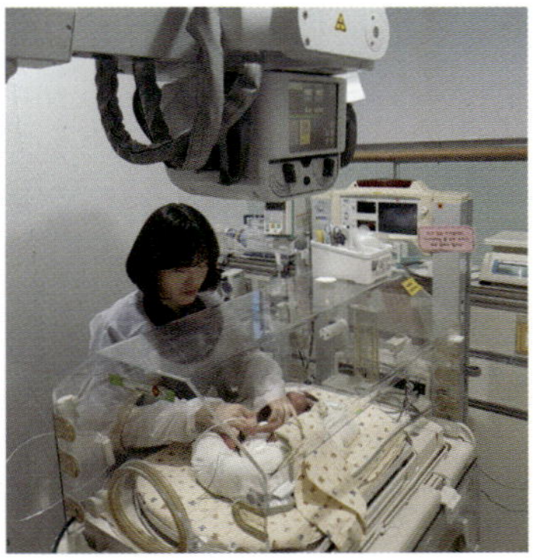

그림 18. 방사선 검사

이른둥이의 흉부와 복부방사선 검사를 하는 경우가 흔히 있습니다. 노출되는 방사선량은 극소량이며 이정도의 순간 노출은 장기적으로도 아무 영향이 없습니다.

- **척추액 천자(spinal tap):** 뇌수막염을 알아보기 위한 검사입니다. 모든 이른둥이에서 시행하지는 않습니다.

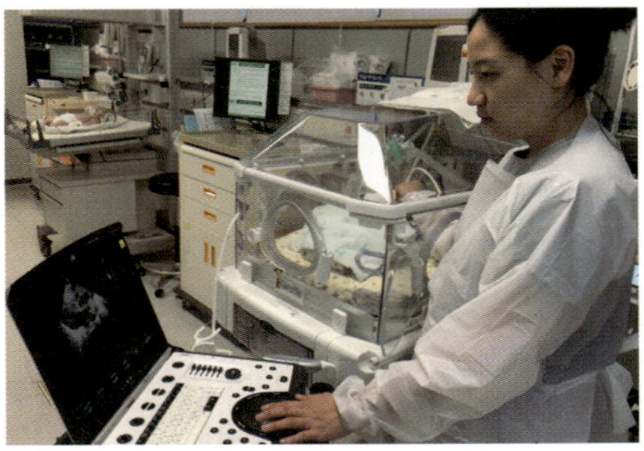

그림 19. 심장 초음파 검사(echocardigram)

심장의 초음파 검사입니다. 아프지 않은 비침습적 검사이며, 심장의 기형이나 기능을 알아보기 위한 검사입니다. 모든 이른둥이에서 시행하지는 않습니다.

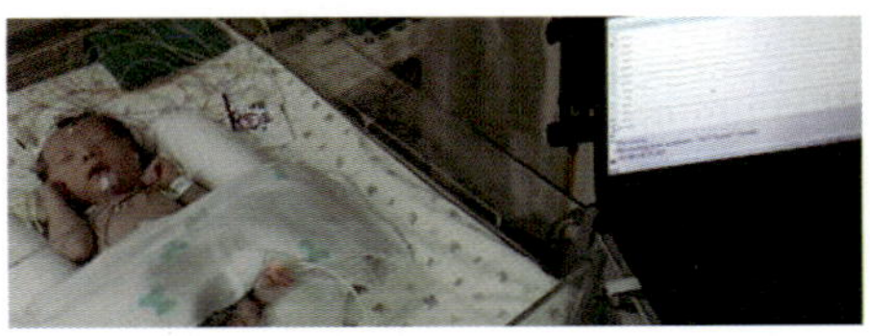

그림 20. 뇌파 검사(EEG, Electroencephalogram)

경련을 하는 아기 머리에 전기 줄을 테이프로 붙이고 뇌의 전기 파장을 측정합니다. 모든 이른둥이에서 시행 하지는 않습니다.

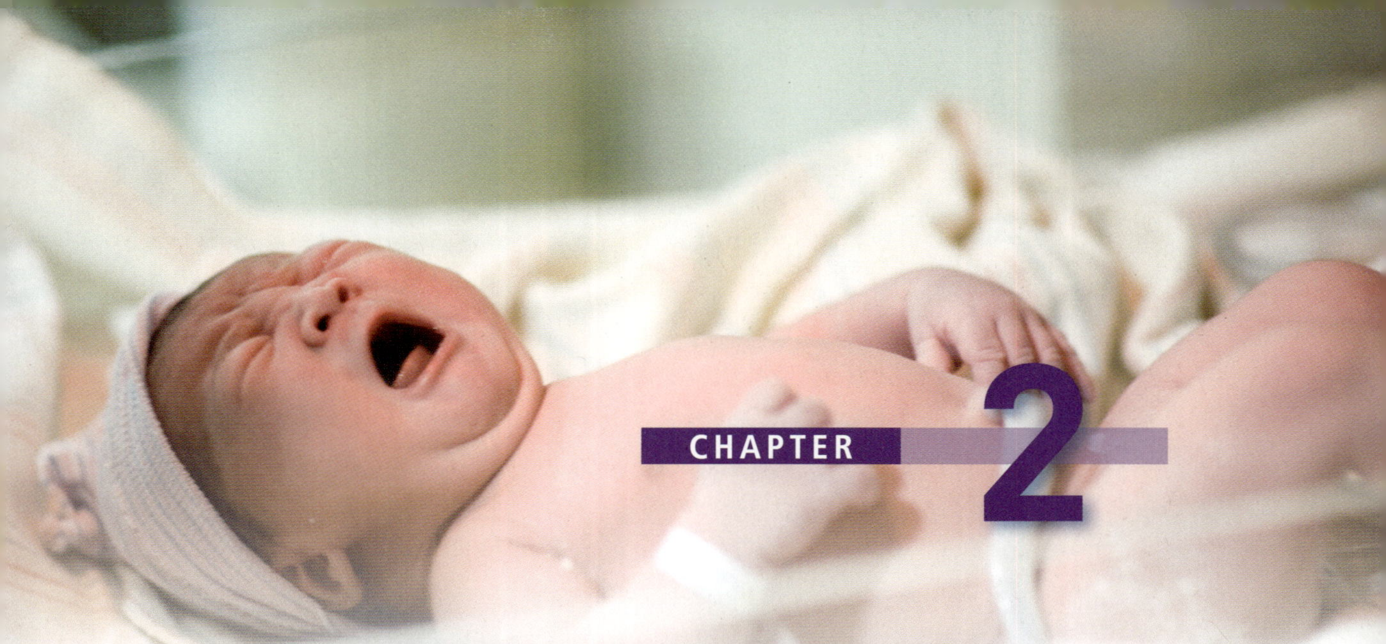

CHAPTER 2

이른둥이의 주요 질환

아래와 같은 주요 질환들은 아기의 건강에 영향을 미쳐 성장과 발육에도 문제를 일으킬 수 있으며, 극소미숙아의 경우 더 많은 문제가 있을 수 있습니다. 그러나 일반적으로 모든 이른둥이들이 이런 문제를 보이는 것은 아니기 때문에 책의 내용을 전부 기억할 필요는 없습니다. 많은 정보를 접하다 보면 불필요한 불안감과 걱정이 생기게 되고 그것이 아기를 양육하는데 오히려 방해가 됩니다. 아기가 실제 겪고 있는 문제나 주치의가 발생할 가능성이 있다는 질환에 대해서만 알아보도록 하는 것이 좋습니다.

신생아 호흡곤란증후군(RDS, Respiratory Distress Syndrome)

일찍 태어나도 자궁 밖에서 살 수 있도록 대부분 장기는 충분히 발달되어 있습니다. 그러나 폐는 임신 기간 중 늦게 발달하기 때문에 이른둥이의 경우 그 기능이 떨어져 호흡 곤란을 겪을 수 있습니다. 가장 흔하고 중한 질환이지만 다행히 의학의 발달로 생존율이 높아졌습니다.

- **발생원인:** 자궁 안에서는 탯줄을 통해 엄마의 혈액으로 산소 공급을 받습니다. 그러나 출생 후 탯줄이 결찰되면 자신의 폐를 이용해 호흡을 해야 만 생명이 유지되는 극적인 상황이 전개됩니다. 편하게 숨쉬기 위해서는 폐 표면활성제가 필요하며, 이것은 폐에서 만들어지는 지방 성분의 거품성 체액으로, 폐포 표면에 얇은 코팅을 만듭니다. 폐는 젖어 있는 스펀지와 같으며, 폐 표면활성제가 폐포 표면이 너무 젖지 않도록 해줍니다. 이것이 부족한 경우, 아기가 숨을 들이마실 때 폐포가 젖어 있어 쉽게 팽창하지 못해 공기가 폐포 안으로 충분히 들어 올 수 없게 하여, 숨을 내쉴 때 폐포가 쭈그러들게 됩니다. 폐포 내부가 젖어 있고 바람 빠진 풍선처럼 달라붙어 있으면, 이를 다시 팽창시키기기 위해서는 많은 에너지를 소모 하며 공기를 들어 마셔야 하기 때문에, 시간이 지날수록 호흡이 어려워져 폐의 기능을 상실하게 됩니다. 아기의 미숙 정도에 따라 상태가 다르며, 심하지 않은 경우는 수일간 호흡 증세가 있은 후 폐 표면활성제가 만들어져 증상이 개선됩니다. 중증 신생아 호흡곤란증후군(RDS)에서는 적극적인 치료가 필요합니다(그림 1. 참조).

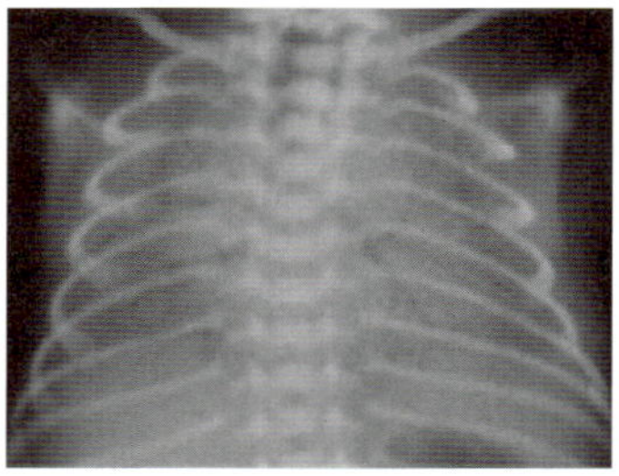

그림 1. **신생아 호흡곤란증후군(RDS)**

- **치료:** 몇 주 일찍 태어나 가벼운 호흡 문제만 갖고 있는 경우에는 수일간 산소 보충을 해주는 것으로 회복합니다. 경증의 신생아 호흡곤란증후군(RDS)는 호흡을 돕기 위해 마스크를 통해 공기를 불어넣어 주는 지속적 양압 호흡법(CPAP, continuous positive airway pressure)이 필요할 수 있습니다. 중증의 경우 길게는 몇 주 동안 산소호흡기가 필요할 수 있고, 수차례 인공 폐 표면활성제의 주입이 필요할 수도 있습니다. 대개 출생 3–4일 내, 폐 표면활성제가 만들어져 호흡상태가 서서히 좋아집니다. 양막 파열(rupture of membrane)이나, 자궁 내 성장 지연(intrauterine growth retardation)이 있는 경우에는 폐의 성장 상태가 좋아서 호흡곤란증후군이 적게 발생합니다. 자궁수축억제제(tocolytics, 조산을 늦추기 위해 사용되는 약물)와 스테로이드를 조기 진통 중인 산모에게 투여한 경우에도 태아의 폐 성장이 촉진될 수 있습니다.

누출(Air Leaks)

폐외 공기 누출은 신생아 호흡곤란증후군(RDS)와 관련된 합병증입니다. 산소호흡기를 사용하고 있을 때, 공기가 폐로 들어가게 됩니다. 이른둥이의 폐는 매우 다치기 쉬워서 이러한 공기 압력은 폐포를 터트릴 수 있습니다. 이런 경우, 공기가 폐에서 흘러나와 흉강 내 다른 조직에 갇히게 됩니다. 갇힌 공기는 심장과 폐의 기능을 방해할 수 있습니다. 공기 누출은 아기 자신이 하는 호흡과 산소호흡기 기능이 동시에 이루어지지 않을 경우에도 발생할 수 있습니다(이로 인해 가끔 진정제가 투여됩니다). 이러한 문제들은 공기가 어디에 갇히는지에 따라 명칭에 차이가 납니다(그림 2. 참조).

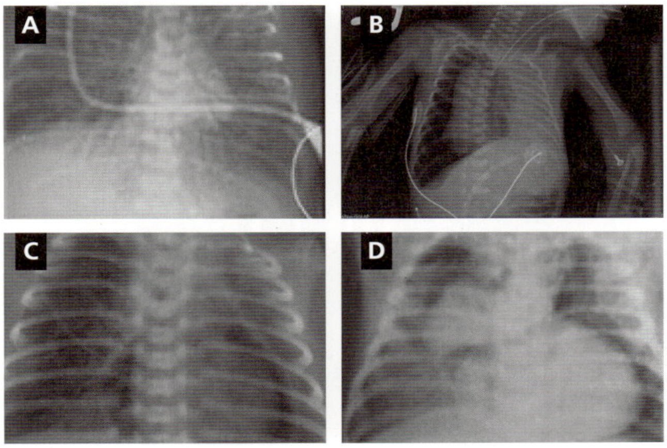

그림 2. **폐외 공기 누출**

A. 폐사이질기종(pulmonary interstitial emphysema): 공기가 폐를 지탱하는 조직 내부에 갇힘. 폐를 눌러 호흡을 힘들게 함.

B. 기흉(pneumothorax): 공기가 폐와 흉부벽 사이에 갇힘. 아기에게 아주 작은 기흉이 생길 경우에는 호흡에 큰 어려움이 없으 나 클 경우에는 호흡이 힘들어지고 영향을 받는 쪽의 폐를 압박해 기능 상실이 올 수 있다. 즉각적 처치가 필요함.

C. 심막기종(pneumopericardium): 공기가 심장을 둘러싸고 있는 막 내부에 갇힘. 공기가 많이 갇히게 되면, 심장의 펌프 작용에 영향을 미칠 수 있음.

D. 종격동기종(pneumomediastinum): 공기가 흉부에 갇힘. 그러나 폐와 심장 기능은 영향을 받지 않음. 보통 가벼운 증상으로, 특별한 처치 없이 치유됨.

- **발생원인:** 공기 누출은 신생아가 처음 공기를 들이마실 때 자연적으로 생길 수 있습니다. 처음 몇 차례의 호흡은 예민한 폐에 추가적인 압력을 가할 수 있습니다. 또 분만 과정에서의 태변 흡입도 추가적인 압력을 가할 수 있어 공기 누출이 생길 수 있습니다(태변은 자궁 안에서 태아가 저장해 놓은 대변으로, 분만 스트레스를 심하게 받으면 이를 양수로 배출시켜서 폐에 흡입될 수 있습니다).

- **치료:** 경미한 폐외 공기 누출은 호흡기의 압력을 낮추거나 산소농도를 상승시켜 해결할 수 있습니다. 큰 기흉과 같이 심한 경우에는 갇힌 공기가 심장이나 폐 기능을 방해하여 생명을 위협 할 수 있습니다. 흉부 X-선, 광선투과를 하여 신속하게 진단한 후, 공기 제거를 위해 늑골 사이에 바늘이나 흉관(chest tube)을 삽입합니다. 갇혀있던 공기가 빠져나가면, 눌린 폐가 팽창하게 되어 호흡이 쉬워집니다. 영향 받은 쪽의 폐 허탈이 계속 될 수도 있습니다. 이때는 공기 누출이 없어져도 며칠간 계속 흉관을 삽입한 채로 두어야 합니다. 폐포가 정상이 된 후 이로 인해 장기적인 문제는 발생 하지 않습니다.

기관지폐 형성 이상(BPD, Bronchopulmonary Dysplasia), 만성폐질환(CLD, Chronic Lung Disease)

중증 신생아 호흡곤란증후군(RDS) 치료에 사용되는 산소호흡기는 생명을 유지시키지만, 이른둥이의 민감한 폐 조직은 이들을 견디기 어렵습니다. 폐에 작은 상처가 생겨 이로 인해 추후 폐 기능이 저하될 수 있습니다. BPD는 모든 이른둥이에게서 발생하는 것은 아니며, 초미숙아와 중증의 신생아 호흡곤란증후군(RDS) 환아에서 발생 가능성이 많습니다. BPD는 아기의 상태를 갑자기 나쁘게 하는 경우는 드물며, 호흡 곤란 증상이 예상보다 오래 가고 어렵지 않게 진단할 수 있습니다. 입원 중 산소 호흡기에 오래 의존한 뒤 집에 가서도 산소요법이 필요할 수 있습니다. 1-2세의 유아에서는, 천식과 비슷한 증상이 나타나서 자주 쌕쌕거리고, 숨 쉬기가 어렵고, 감기에 걸릴 경우 호흡이 더욱 어려워지는 경우를 보입니다. 2-3세가 되면 폐가 발달하여 자연 치유되어 대부분 호흡곤란증세가 없어집니다. 인공 표면활성제와 정교한 산소호흡기 치료의 발달로 RDS가 효과적으로 치료됨에 따라 BPD와 관련된 문제점도 줄어들고 있습니다(그림 3. 참조).

- 출생체중 501-750g : 대부분 BPD 발생, 생존율 75%
- 출생체중 751-1000g : BPD 발생률 50%, 생존율 85%
- 출생체중 1001-1500g : BPD 발생률 7%, 생존율 96%

최선의 치료법은 예방입니다. 가능한 조산을 지연시키고 산전 스테로이드를 투여하여 RDS 발병률을 낮추고 중증도를 완화시켜 BPD의 발생을 줄이는 것입니다. BPD로 진단되면, 의료진은 산소와 이산화탄소 농도를 확인하면서 호흡기를 적정 수준으로 조절하여 산소 공급을 원활히 하여 민감한 폐 조직의 손상을 최소화시킵니다. 대부분 BPD 환아들은 성장과 함께 폐도 커져 손상된 조직이 치유되면서 증상이 사라지게 됩니다. 그러나 그 때까지는 부모와 소아과의사가 호흡 문제를 잘 관리해야 합니다.

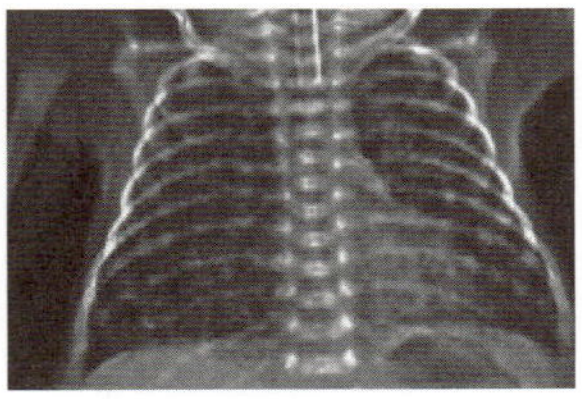

그림 3. 만성폐질환(CLD)

1. CLD와 관련된 문제의 치료 방향

- **피로:** CLD 환아들이 활동을 많이 하는 경우 쉽게 피곤해지고 호흡이 가빠질 수 있습니다. 생후 수개월 간은 수유가 가장 힘든 운동이기 때문에, 불과 몇 분간 젖을 빨고 힘들어서 쉬어야 하는 경우도 있습니다. 아기에게 휴식이 필요하다는 신호는 호흡이 힘겨워지고 가빠지거나, 숨 쉴 때 콧구멍이 크게 벌어지거나, 입 주변이 창백해지거나 푸른색을 띄거나, 흉부 수축(숨 쉴 때 늑골과 배의 함몰이 일어나는 것)이 일어나는 경우 등입니다. 수유 중 아기가 쉽게 피곤해 한다면, 수유 중 산소가 필요하다는 신호가 될 수 있습니다. 여러 차례 우는 것도 아기를 매우 힘들게 합니다. 따라서 우는 것을 최소화할 수 있도록 해야 합니다. CLD를 가진 아기가 '비명을 지를 정도로 울어'서는 안 됩니다. 아기가 성장하여 구르고 기고 걷게 됨에 따라 숨이 가빠질 수 있습니다. 이런 경우 아기의 행동이 다소 둔해질 수도 있지만, 아기의 행동을 제한할 필요는 없습니다. 아기가 견딜 수 있을 때까지 그냥 두는 게 좋습니다. 시간이 흐름에 따라 폐가 강해져 운동에 내성이 생깁니다. 그러나 계속해서 호흡 치료가 필요하고 운동 시 운동을 할수 있는 능력이 낮은 아기도 있습니다.
- **산소요법:** CLD 환아는 비강 캐뉼라(nasal canula)를 통해 산소를 보충 할 수 있습니다. 중증 CLD는 젖을 먹거나 잠을 잘 때 항상 산소가 필요하고, CLD 증상이 덜한 아기는 가끔 산소가 필요 합니다. 아기가 병원에 입원 중일 때 산소 수치가 너무 낮아질 경우 산소 포화도 측정 장치에서 경보음이 울립니다. 주치의가

집에서 산소 포화도 측정기를 사용하도록 권할 수 도 있습니다. 그리고 부모가 얼굴을 살펴보고 산소가 필요한 지 여부를 확인하는 방법을 배우게 될 것입니다. 아기의 피부가 아주 창백하거나 푸른색을 띌 경우에는 산소가 필요합니다.

- **흡입형 약제:** CLD 증상이 계속되거나 심한 아기에게는 편안한 호흡을 하기위해 약제를 사용 합니다. 약물에는 기관지확장제(예로 알부테롤)과 스테로이드 등이 있으며, 흡입이나 분무기구(Rebulizer machine)를 통해 직접 호흡기로 주입됩니다.

- **이뇨제:** 중증 BPD의 경우에는 폐에 물이 차는 것을 방지하기 위해 이뇨제를 사용해야 합니다. 다행히도 대부분 아기들은 CLD를 극복합니다. 중증인 경우에도 7세 정도 되면 손상된 폐 주변에서 새로운 조직이 생겨나서 호흡 기능이 좋아집니다. 2-3세에 폐가 완전히 회복되어 더 이상 호흡 문제가 없게 되는 경우도 흔히 있습니다.

RS 바이러스(RSV, Repiratory Syncytial Virus)

RSV는 1세 이하 영아의 호흡기 감염과 입원의 주된 원인입니다. 다시 입원하는 것은 아기에게도 힘든 일이지만 NICU 치료를 경험한 부모도 마찬가지입니다. RSV는 전염성이 강하여 2세까지 대부분의 영유아들은 위험에 노출됩니다. 접촉을 통해 감기처럼 전염되며, 초기 증상은 감기와 비슷하고 열, 콧물, 기침과 호흡 곤란, 식이 곤란, 천명(휘파람 소리), 입술 주위의 청색증 등의 증상이 나타납니다. 이른둥이의 폐는 제대로 발달되어 있지 않아 RSV 감염 위험성이 더 높습니다.

퇴원 후 가장 흔하고 심각한 호흡기 질환 중의 하나가 RSV 감염입니다. CLD, 선천성 심장질환(CHD, congenital heart disease), 간접 흡연에 노출, 보육시설, 쌍생아 출산, 천식 가족력, RSV 유행 시기 시작 후 6개월 내 출산 등에서는 위험성이 증가합니다. 증상이 급속도로 발전할 수 있기 때문에, RSV 감염 증상이 나타날 경우 근처 소아과에 신속히 방문해야 합니다.

RS바이러스 예방

대부분의 백신은 투여 후 특정 질환에 대항하는 자가 항체 생산을 촉진합니다. 시나지스(synagis, palivzumab)는 면역성을 만드는 방법이 차이가 나서 약 자체에 항체가 포함되어 있습니다. 이들은 RSV 감염 위험이 높은 아기들을 보호해 주지만, 생체 내에서 몇 주 밖에 활동 하지 못합니다. 따라서 RSV 감염 위험이 높은 10월-3월 사이에 한 달에 한 번 주사를 맞아야 합니다. 시나지스는 합성 항체로 혈액 제제가 아니기 때문에 부작용은 거의 없습니다.

어떤 이른둥이가 시나지스 주사를 맞아야 하나요?
미국소아과학회(American Academy of Pediatrics) 가이드라인은 다음과 같습니다.

1. 미숙 정도와 관계없이 CLD를 갖고 있는 2세 미만의 유아
2. RSV 유행시기가 시작될 때 1세 미만이며, 임신 재태 기간 28주 미만으로 태어난 이른둥이
3. RSV 유행시기가 시작될 때 생후 6개월 미만으로, 임신 재태 기간 28–32주 사이에 태어난 이른둥이
4. 학교에 다니거나 데이케어센터에 다니는 형제가 있다, 대기오염 환경에 노출된 경우가 있다. 이중 둘 이상의 인자를 갖고 있으면서 임신 재태 기간 32–35주 사이에 태어난 이른둥이
5. 중증 CLD를 갖고 있는 유아의 경우, RSV 감염 위험 시기를 두 번째 맞을 때 시나지스를 다시 투여하는 것도 효과가 있음
6. 심장질환을 갖고 있는 2세 미만 어린이의 경우 투여 고려
   감염 위험이 높은 아기가 RSV 유행 시기에 퇴원하는 경우 첫 번째 시나지스 투약은 퇴원 전 실시합니다.

이른둥이 무호흡(Apnea)

이른둥이는 일시적으로 호흡이 정지되는 경우가 있습니다. 15–20초 이상 지속되어서 청색증이 나타나거나, 심박동수가 100/분 이하로 떨어지는 서맥을 보이는 경우 이른둥이 무호흡 발작이라고 합니다(정상 심박동수 120–150).

무호흡 증상의 출현은 이른둥이의 경우 아주 흔하기 때문에, 대부분의 NICU 입원한 아기에게 심박동과 호흡 측정기를 연결해 놓고 있습니다. 출생체중 2,500g 미만 미숙아의 25%, 30주 이전에 태어난 아기(체중 1,000g 미만) 80%에서 무호흡 발작이 지속적으로 나타납니다.

- **원인:** 아직 발달되지 않은 이른둥이의 신경기관과 관련이 있습니다. 호흡을 관리하는 뇌 중추가 완전히 발달되지 않아 스트레스 상태가 되면 가끔 호흡하는 것을 잊어버리게 됩니다. 대부분의 아기들은 임신 재태 37주에 도달하면 무호흡 증상이 사라지게 됩니다. 그러나 합병증이 발생한 이른둥이의 경우는 무호흡 증상이 몇 달 더 가는 경우도 있습니다. 간혹 무호흡 발작이 전 보다 자주 나타나면 감염, 빈혈, 저혈당, 불안정한 체온, 구토, 수유 시 문제점과 같은 임상적 문제의 출현을 암시하기도 합니다.

- **치료:** NICU에 모든 신생아는 심장과 호흡 측정기가 연결되어 있습니다. 이 장치는 아기의 호흡이 멈추거나 심장박동수가 너무 낮아질 경우 알람을 울립니다. 경보음이 울리게 되면 간호사는 즉각 신생아의 호흡이 실제 멈추었는지를 확인합니다. 실제로 호흡을 하지 않을 경우, 간호사는 등을 문지르거나 두들기는 경미

한 자극을 줍니다. 이로 인해 자연스럽게 호흡을 되찾게 됩니다. 대부분 별다른 자극 없이 수초 내에 스스로 호흡을 다시 시작합니다. 가끔 다시 호흡을 하기 위해 심폐 소생술과 산소가 필요한 중증의 발작도 있습니다. 다시 숨을 쉬도록 하기 위해 어떤 조치를 하든 NICU에 익숙하지 않은 부모들에게는 두려운 일이지만, 무호흡 발작이 위험한 것은 아니라는 것을 알아두십시오. 무호흡 발작이 일어났을 때 간호사의 느긋한 태도에 기분 나빠할 필요가 없습니다. 경험이 많고 돌보는 신생아가 많은 간호사는 이와 같은 일을 한 시간에도 여러 번 겪을 수 있습니다. 이들은 다시 숨을 쉬도록 하기 위해 언제 등을 토닥일지, 언제 무엇을 할지에 대해 잘 알고 있습니다. 신생아의 무호흡 발작이 자주 더 길게 일어날 경우, 의사들은 숨어있는 문제점들이 있는지 확인하기 위해 몇 가지 기본 검사를 합니다.

동맥관 개존증(PDA, Patent Ductus Arteriosus)

자궁 안에서는 태반을 통해 모체로부터 산소를 공급받습니다. 혈액이 산소를 공급받기 위해 폐로 이동할 필요가 없기 때문에 혈액은 폐를 우회하여 동맥관(ductus arteriosus)이라는 혈관을 따라 이동합니다. 출생 후에는 동맥관이 스스로 닫혀서 혈액이 폐로 흘러 들어가 산소를 공급받고 심장을 통해 몸 전체로 순환됩니다. 이른둥이의 동맥관은 열린 상태를 유지할 수 있기 때문에 일부 혈액이 계속 폐를 우회하여 산소를 공급받지 못한 채 신체 순환을 하게 됩니다. 이를 동맥관 개존증(PDA, patent ductus arteriosus)이라 합니다.

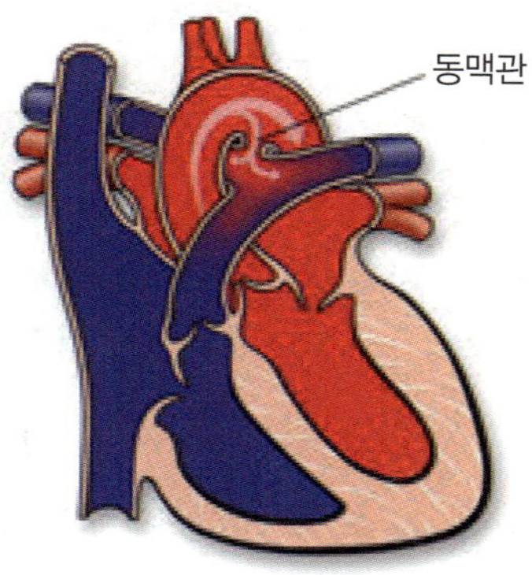

그림 4. 동맥관

초미숙아에서 흔히 나타나는 문제로, 1,750g 미만인 이른둥이의 45%, 1,000g 미만인 이른둥이의 80%에서 발생 합니다. PDA가 있는 아기는 처음 며칠 동안 평소보다 많은 산소가 필요합니다. 이런 산소 요구 증가는 PDA는 없으나 폐가 성숙하지 못한 이른둥이에서도 있을 수 있습니다. 이시기에 PDA는 심장 및 폐 기능에 영향을 미치지는 않습니다. 그러나 몇일- 몇주가 지난 후에도 동맥관을 따라 계속 혈액 흐름이 있으면 심장 및 폐에 부담이 가해질 수 있습니다. 이런 상태로 계속 가면 심장이 약해져서 울혈성심부전(CHF, congestive heart failure)이 발생합니다. PDA는 폐수종(pulmonary edema)으로 이어질 수 있습니다. 동맥관을 통해 폐 조직에 수분이 흘러 들어가 호흡을 방해하는 질환입니다. PDA의 임상적 중증도는 동맥관을 통해 흐르는 혈액의 양에 따라 달라집니다. 경미한 PDA는 문제를 일으키지 않으며 시간 경과에 따라 동맥관은 저절로 닫힐 수 있습니다. 중증의 PDA는 동맥관이 계속 열린 상태로 유지되므로 심한 문제를 일으키기 전에 치료할 필요가 있습니다.

- **치료:** PDA가 의심되면 심장초음파 검사로 확진할 수 있습니다. 이 검사는 통증을 수반하지 않으며 보통 자는 동안에 시행됩니다. 경미한 PDA는 아스피린계 약물인 인도메타신이나 이브부루펜으로 쉽게 치료되며, 한 두 차례 투약하여 동맥관이 저절로 닫히도록 합니다. 수분 투여량을 줄이고 이뇨제를 사용하여 과잉 상태인 체액을 배출시켜서 심장의 부담을 줄여주면 예방할 수 있습니다. 인도메타신에 효과가 없거나 다른 임상적 문제로 사용할 수 없는 경우 동맥관을 묶어주는 수술을 합니다. PDA 수술은 일상적으로 행해지는 매우 안전한 수술이므로 걱정할 필요는 없습니다. PDA는 일단 치료되면 장기적인 문제를 발생시키지 않습니다.

빈혈(Anemia)

빈혈은 혈액 내 산소를 운반 해주는 적혈구의 수가 정상 이하로 떨어질 때 생깁니다. 혈액으로 산소가 충분히 공급되지 않는 경우, 쉽게 피곤해지고 체중이 잘 늘지 않거나 호흡에 어려움이 생길 수 있습니다. 대부분의 이른둥이들은 NICU에 있는 동안 어느 시점에서는 빈혈이 나타납니다, 임신 30주를 지나 출생한 이른둥이는 큰 문제가 되지 않습니다. 대부분의 이른둥이들은 적혈구의 빠른 생산을 위해 철분을 보충 받게 됩니다. 임신 28주 이전에 태어난 이른둥이는 출생 직후 혈액의 양을 보충하기 위해 수혈을 받는 수가 있습니다.

- **이른둥이 빈혈 원인:** 대부분 신생아는 필요 이상의 적혈구를 가지고 태어납니다. 자궁 내에서는, 탯줄을 통해 오는 모친 정맥혈의 낮은 산소량을 보충하기 위해 성인과 다른 태아적혈구를 사용합니다. 출생 후 호흡을 통해, 충분한 산소가 아기에게 공급되기 시작하면 많은 적혈구가 필요치 않게 되어 체내에서 한동안 적혈구 생산이 중단됩니다. 시간이 지나서 태아 적혈구가 줄어서 정상 이하가 되면 골수에서 새로운 적혈구가 생산되기 시작합니다. 모든 아기들은 적혈구의 수가 떨어져 자신이 이를 생산해야 하는 시기를 겪게 됩니다. 정상 분만아의 경우, 이 시기가 생후 2–3개월에 오지만, 이른둥이의 경우는 출생 후 4–8주에 나타납니다. 대부분의 정상아는 새 적혈구를 만드는데 문제가 없지만, 출생 후 합병증으로 스트레스를 받고 있는 이른둥이는 새로운 세포를 만들기가 쉽지 않습니다. 새로운 혈액을 만들기 위해서는 철분이 필요한데, 철분 저장량은 정상아가 갖고 있는 양보다 훨씬 적습니다. 아기가 빠르게 성장하거나 채혈을 자주 하는 경우 새 적혈구가 더 많이 필요하게 되며, 출혈이 생기는 경우에 더 많은 피가 필요합니다.

- **빈혈 관리 방법:** 혈액 내 철분량은, 헤모글로빈과 헤마토크리트(H&H)로 측정됩니다. 헤마토크리트는 혈액 내에서 적혈구의 비율로, 정상 수치는 35 –65%입니다. 헤모글로빈은 산소를 옮겨주는 적혈구의 일부로, 10–17mg/dl 가 정상치입니다. H&H 수치는 아기의 나이와 건강 상태에 따라 차이가 나며, 출생 직후 높았다가 생후 몇 개월에 걸쳐 점차 줄어들게 됩니다. 아기의 빈혈 정도에 따라 주기적으로 신생아과 의사가 H&H를 검사합니다. 감염이 있거나 산소 호흡기를 사용하는 경우에는 수혈 가능성이 있습니다. 수혈을 하면 빈혈이 있던 아기의 호흡, 수유, 체중 증가 상태가 급격히 좋아집니다.

- **아기에게 가족의 피로 수혈하기:** 수혈이 필요한 경우에 부모는 혈액은행의 혈액보다 같은 혈액형을 가진 가족의 혈액으로 수혈하기를 선호할 수 있습니다. 이런 가족을 지정공혈자(directed donor)라고 합니다. 공혈자로부터 채혈을 한 후 수혈 준비를 하기까지 약 72시간 정도가 필요합니다. 지정 공혈자의 혈액을 원하는 경우, 공혈자를 빨리 찾아야 하며, 수혈이 필요하지 않게 되면 다른 환아에게 사용될 수 있습니다.

빈혈은 영유아 시기의 일반적인 현상으로, 전신 상태가 나빠지고 있다는 것을 의미하지는 않습니다. NICU에서 나오기 위한 통과 장애물 정도입니다. 이른둥이에게 빈혈이 생기는 것을 막기 위해 주치의는 생후 3–6개월 동안 경구용 철분제를 처방해 줄 것입니다. 모유 속의 철분이 조제된 철분보다 더 잘 흡수되기 때문에 모유수유 또한 빈혈 예방에 효과적입니다.

황달, 고빌리루빈혈증(Hyperbilirubinemia)

황달, 즉 고빌리루빈혈증은 출생 후 1주일 내에 신생아의 피부와 눈에 생기는 노란색으로의 변하는 원인이 됩니다. 황달은 NICU에서 흔하게 발생하는 문제로, 많은 신생아에게서 발생합니다. 그러나 문제점이 단순하고 쉽게 치료 되며, 합병증도 거의 없습니다.

- **원인:** 신생아들은 혈액 중 지나치게 많은 양의 적혈구를 가지고 태어납니다. 출생 후 이 여분의 적혈구는 분해되기 시작하여 빌리루빈이라는 노란 색소를 혈액으로 배출합니다. 그래서 피부와 눈의 흰자위가 일시적으로 노란색을 띕니다. 빌리루빈은 간에서 혈액으로 부터 걸러져 대변과 함께 체외로 배출됩니다. 건강한 정상아에선 생후 2주 안에 없어지며 의학적으로 문제가 되지 않습니다. 이른둥이의 경우 적혈구가 더 빨리 분해되고 간이 덜 발달되어 있어 정상아보다 빌리루빈이 느리게 배출되기 때문에 빌리루빈 농도가 높게 올라갑니다. 빌리루빈 농도가 완만하게 증가하는 것은 흔한 일로 해롭지 않습니다. 그러나 빌리루빈 수치가 너무 높을 경우에는 뇌로 들어가 손상을 일으키는 핵황달(kernicterus)이 될 수 있기 때문에, 철저히 관찰하고 효과적 대응이 필요합니다. 간혹 엄마와 아기 사이의 혈액형의 불일치, 간 문제 등으로 악화되기도 합니다.
- **치료:** 빛의 특정한 파장이 체내의 빌리루빈을 분해할 수 있습니다. NICU에는 빌리라이트(bililights) 라고 하는 특별한 광선요법 장비를 갖추고 있습니다. 일광욕을 하는 작은 베드처럼 생겼지만, 빌리루빈의 파괴에 필요한 파장만을 내보냅니다(인체에 해로운 광선 파장은 내보내지 않습니다). 불빛으로 보호하기 위해 아이의 눈에 안대를 합니다. 이때 당신은 잠시 동안 불빛을 끄고 아기의 안대를 벗겨달라고 요구하여 아이와 눈을 맞출 수도 있습니다. 아기가 불빛 아래에 있는 동안 아기를 부드럽게 어루만져 주는 약한 자극도 주도록 합니다. 광선요법을 필요로 하는 빌리루빈 수치는 아기의 체중과 임신 재태 기간에 따라 다릅니다. 미숙아에서는 더 낮은 빌리루빈 수치에서 빠른 광선요법이 필요합니다. 광선 치료 중, 빌리루빈 수치를 하루에 1-2번 측정하며, 빌리루빈이 적정 수치로 떨어지면 광선요법을 중단합니다. 드문 경우지만, 광선요법에도 불구하고 빌리루빈 수치가 계속 올라가 핵황달의 위험이 있을 경우, 수치를 신속하게 낮추기 위해 교환 수혈을 하기도 합니다. 교환 수혈은 광선요법을 하는 아기에게서 일정한 양의 피를 뽑은 후 아기의 피와 일치하는 공혈자의 피를 아기에게 수혈해 주는 것입니다. 건강한 정상아는 대개 빌리루빈 수치가 20-25mg/dl 까지 견딜 수 있으며 25-30mg/dl에 도달해도 해롭지 않을 수 있습니다. 이른둥이는 20mg/dl에 도달해도 핵 황달이 될 수 있어 보다 낮은 수치에서 치료를 시작 합니다. 황달로 광선

요법이 필요한 경우는 NICU에서 일어나는 흔한 일이며 걱정할 필요는 없습니다. 대부분의 이른둥이는 황달 초기에 광선요법을 시작하기 때문에 교환 수혈을 하는 경우는 드뭅니다.

청력손상(Hearing loss)

NICU에 입원한 이른둥이 중 1–15%가 청력에 영향을 받으나 대부분 경미한 수준입니다. 그러나 정상아의 0.1% 에 비하면 많습니다. 중이에 위치한 미세한 소리 수용체와 청각 신호를 귀에서 뇌로 전달하는 신경은 이른둥이에서 쉽게 손상을 받습니다. 교환수혈을 고려할 정도의 고빌리루빈혈증이 있었던 아기는 청력 상실의 위험이 있으며, 뇌막염, 뇌출혈도 원인이 될 수 있습니다.

- **청력손상 진단 방법:** 언어능력 발달에 영향을 주기 전에 치료를 시작할 수 있게 일찍 선별해내는 것이 중요합니다. 전에는 위험 요인(이른둥이, 특정질환)을 가진 경우만 청력 검사를 받았으나, 현재는 모든 신생아가 퇴원하기 전에 청력검사를 하도록 권장하고 있습니다.

  아기를 대상으로 하는 청력 검사는 여러 가지 유형이 있지만, 가장 많이 사용 하는 것이 청성뇌간 반응(ABR, Auditory Brainstem Response)입니다. 센서를 아기의 머리에 부착시키고 이어폰을 통해 발생되는 소리에 반응하는 뇌파의 활동을 측정합니다. 약 10분이 소모 되며 통증을 수반하지 않고, 일반적으로 아기가 평온한 상태나 수면 중에 실시됩니다. 이 검사는 청력손실이 어느 정도 있는 아기를 효과적으로 선별하도록 설계되었으며, 정상적인 청각을 가진 아기들도 이 검사에 통과하지 못하는 경우도 있습니다. 의심이 되면 재검을 하여 있을지 모를 청각손실을 놓치지 않는 것이 중요합니다. 재검사는 청력전문가에게 의뢰하여 출산 예정일로부터 약 1–3개월 지난 후에 시행 합니다. 대부분은 그 때는 신경계가 더 발달한 상태가 되기 때문에 검사를 통과합니다. 실패한 아기는 추가검사를 통해 청각계의 다른 문제가 있는지를 살펴보아야 합니다.

- **청력손상 치료법:** 정상 청각을 가지지 못한 것으로 확인되면 생후 6개월 이전에 치료를 시작하여 언어능력 발달에 미치는 영향을 최소화하는 것이 중요합니다. 이를 위해 보호자와 아이는 이비인후과 의사, 언어치료사 등 다양한 전문가와 함께 협력할 필요가 있습니다. 치료법으로는 보청기, 인공 달팽이관 이식, 감염 방지를 위한 고막 연결 튜브 삽입 등이 있습니다. 성장 하면 필요가 없을 수 있으나, 처음에는 수화를 통한 아기와의 커뮤니케이션 방식을 익힐 필요가 있습니다.

수화를 통해 성장하며 들을 수 있는 아기의 경우에도 언어능력 개발을 촉진합니다. 이 분야는 의술이 빠르게 발전하고 있어 새로운 치료법이 곧 등장할 것입니다.

위-식도 역류(GERD, Gastro-Esophageal Reflux Disease)

역류란 위안의 내용물이 식도로 거꾸로 올라오는 것을 뜻하며, 입까지 올라오면 구토를 유발합니다. 대부분의 이른둥이는 어느 정도의 위-식도 역류는 가지고 있으며, 위의 내용물이 민감한 식도 내벽을 자극시킴으로써 문제를 발생합니다. 음식을 먹으면 식도를 위로 연결하는 하식도괄약근(lower esophageal sphincter)이 수축하여 위의 내용물이 그대로 위치하게 해줍니다. 이른둥이는 이 근육을 닫는 조정능력이 완전히 발달하지 못했습니다. 아기가 섭취한 음식 및 위산이 식도를 자극 하면 속쓰림과 같은 증상을 유발시킬 수 있습니다. 대개 6-12개월이 되면 증상이 없어지지만, 그때까지 아기와 보호자에게 어려움을 만들 수 있습니다.

진단 방법

역류의 심각성은 개인 마다 다르며, "잘 토해내는 타입(happy spitter)"은 큰 문제를 만들지 않으며, 의료적인 문제 보다 세탁하는 문제가 크다. 그러나 어떤 아이는 역류가 고통스러워서 건강과 성장을 위협할 수 있습니다. 이른둥이가 역류로 어려움을 가지고 있다는 증후는 다음과 같습니다.

- **빈번하게 토하는 행위:** 신생아는 가끔 구토를 하지만, 역류가 있는 아기는 더 자주, 심하게 토하며, 구토하는 양이 1-2 티스푼보다 많습니다. (역류하는 위산이 식도까지만 도달하면 구토가 없는 경우도 있다).
- **먹는 도중의 통증:** 흔한 증상은 보호자가 "아기가 수유 중 통증을 느끼는 것 같다"는 것입니다.
- **급성 경련성 복통:** 등을 구부리고 몸을 꼬거나 다리를 복부로 끌어 올리고 우는 것은 통증을 느끼고 있다는 신호입니다.
- **불안정한 수면:** 몸을 수평으로 위치할 때 발생 가능성이 높아서, 야간 수면 시 자주 깨는 것은 역류의 증상 일 수 있습니다.
- **목이 쉰 듯 한 소리:** 수유 중이나 후에 목이 막힌 듯한 비정상적 소리를 낼 수 있습니다. 이는 토하는 것을 막기 위해 목 뒤쪽을 좁게 할 때 생기는 소리일 수 있습니다.

- **먹는 도중의 호흡 문제:** 심각한 역류를 가진 이른둥이는 수유 중이나 수유 후에 무호흡 증상이나 쌕쌕거리는 증상을 보일 수 있습니다.
- **서 있는 자세에서 감소하는 역류:** 서 있을 때 더 편하게 젖을 먹고 수유 후 고통과 불편을 덜 느낍니다. pH 검사기를 사용하여 아기의 역류 여부를 검사할 수 있습니다. 이것은 부드러운 튜브를 입을 통해 식도로 삽입하여 위장 바로 위에 위치시켜 24시간 식도로 역류되는 위산의 양을 측정합니다.

위-식도 역류 증상이 있는 아기 육아

이른둥이에서는 대부분 증상이 단순한 배앓이 즉 콜릭보다 위-식도 역류로 발생합니다. 치료는 음식이 올라오지 않게 하고 장으로 쉽게 내려가게 하는 것입니다.

- **모유수유 모유:** 수유를 하면 위-식도 역류 증상이 훨씬 덜 합니다. 모유는 아기가 소화하기 쉬워 이유식이나 다른 음식을 먹을 때보다 위가 훨씬 빨리 비워집니다. 음식이 위에 머무르는 시간이 줄어들수록 역류 가능성은 낮아집니다. 모유수유 아기의 대변은 부드러워 배변이 더 잘 되는 특성을 가집니다. 이유식을 먹는 아기들은 변비에 걸릴 가능성이 높으며 이는 역류를 악화시킬 수 있습니다.
- **위에 더 친화적인 이유식 이용:** 소화가 잘 되는 저자극성 이유식(예: Nutramigen, Pregestimil, Alimentum, Neocate)은 표준 이유식보다 위장에서 더 빠르게 소화됩니다. 우유로 만들어진 이유식에서는 알레르기를 보이는 경우도 있습니다.
- **짧은 시간 동안 자주 먹이기:** 심한 위-식도 역류에서는 양은 절반으로 줄이고, 빈도는 2배로 하여 수유합니다. 음식량이 적을수록 소화가 빠르고 쉬워져서 토할 위험이 감소합니다.
- **수유 후 아기를 똑바른 자세로 유지:** 중력을 통해 음식이 위장 아래로 쉽게 내려가도록 합니다. 음식 섭취 후 아기를 약 30분 정도 똑바른 자세로 유지시킵니다. 음식을 섭취한 후 역류를 악화시킬 수 있으므로 아기를 흔들거나 밀치지 마세요.
- **자주 트림 유도:** 수유 중 다른 쪽 가슴을 물리기 전, 이유식을 30~60g 정도 먹인 후에 트림을 시킵니다. 위 내부에 큰 기포가 생겨 음식을 밀어 내는 경우 위 내용물이 역류할 가능성이 높아질 수 있습니다.
- **식단에서 자극적인 음식 제거:** 모유수유를 하는 경우, 엄마가 먹는 음식에 의해 위-식도 역류가 심해질 수 있습니다. 이런 음식은 유제품, 땅콩, 조개, 초콜릿, 토마토, 감귤류 과일, 밀, 계란 흰자, 너트, 옥수수, 가스를 함유한 야채(예: 브로콜리, 콜리플라워, 양배추, 양파, 피망) 등이 있습니다. 1-2주 동안 식단에서 이런 음식을 모두 제거하거나 한 번에 한두 개를 제거하고 역류 증상에 변화가 있

는지 관찰합니다. 유제품을 먼저 제거해보는 것도 좋으며, 다른 음식 중에 자주 먹는 것을 먼저 제거해 보는 것도 좋습니다.

- **인공 젖꼭지 사용:** 자주 빠는 동작을 통해 아기의 침이 더 많이 분비되게 하고, 침은 자극이 된 식도 내막에 윤활 작용과 제산(anti-acid) 작용을 하여서 보다 안정이 되는 효과를 볼 수 있습니다.
- **수면 자세 확인:** 심한 경우 수면 시 아기를 옆으로 또는 복와위(배를 대고 눕힌다)가 필요합니다. 생후 6개월 미만의 아기는 등을 바닥에 눕게 하여 영아돌연사증후군의 위험을 줄일 수 있지만, 역류가 심한 아기는 복와위나 왼쪽으로 눕히면 수면을 잘 취할 수 있습니다. 이 위치에서는 위장 입구가 출구보다 높게 위치하게 되므로 음식물이 중력에 의해 위장에 머무를 수 있기 때문입니다. 침대에서 자는 경우 침대 머리 부분을 30도 이상 올려줍니다.
- **약물 사용:** 수유 방법 및 위치 조정으로 아기의 통증을 줄일 수 없고, 성장에 지장이 있는 경우, 위산의 분비를 낮추어 식도에 자극을 줄여주는 약물을 처방받습니다.
- **일지 기록:** 아기를 관찰하는 것은 치료에서 중요합니다. 수유 때마다 무엇을 하면서 아기의 불편을 달래고 있는지를 기록합니다. 엄마가 먹는 음식도 기록하면 좋습니다. 효과가 있었던 것과 없었던 것을 기록하고 위-식도 역류 관련일지의 정보를 통해 의사는 약물을 사용할지 여부와 아기를 돌보는 데에 필요한 것들을 결정할 수 있다.

괴사성장염(NEC, Necrotizing Enterocolitis)

장의 일부가 약해지고 손상될 때 발생하는 심한 합병증으로 손상으로 창자벽에 세균감염이 되어, 장에 구멍이 나거나 복막염을 만들 수 있습니다. 초미숙아는 NEC 발병확률이 높으며, 특히 인공호흡 등 생명 유지 조치가 필요한 경우에 그렇습니다.

- **원인:** 원인과 예방법이 아직 확실하게 알려진 바가 없습니다. 이른둥이로 태어나 생명 유지를 위해 여러 처치를 하는 경우, 장에 산소가 충분한 혈액이 공급되지 않아 창자 벽 곳곳에 작게 약한 부위가 생길 수 있습니다. 장 내부에 사는 세균이 이런 부위를 공격할 수 있습니다. NEC는 아기가 경구식이(oral feeding)를 시작하기 전에는 거의 발생하지 않습니다. 따라서 우유 섭취가 NEC의 발생 원인일 수 있습니다. 초미숙아는 경구 식이를 천천히 시작할 필요가 있습니다. 신선한 모유를 먹이는 경우 NEC 발생 위험이 낮아지고 있습니다. 냉동 인공분유는 면역

보호 성분 함량이 낮으며, 시중 이유식도 면역 기능을 전혀 제공하지 않습니다.

- **발병률:** NICU의 2–5% 환아에서 NEC가 발생하며, 대부분 초미숙아들입니다. 중증 호흡 장애가 있는 경우 NEC 발생 가능성이 더 높으며 좀 성숙한 이른둥이들에서는 거의 발생하지 않습니다.
- **증상:** 복부 팽창, 구토, 혈변, 기타 일반적인 감염 증상(무호흡 악화, 체온 불안정성)등이 있습니다. 다른 증상은 수유 간격이나 이유식 섭취 간격 중에 위에 남아있는 잔유량이 증가 합니다. 이른둥이가 경구 식이를 시작할 때 간호사는 NEC의 징후를 잘 관찰해야 합니다. 간호사는 아기 배의 크기, 수유 간격이나 이유식 섭취 간격 중 잔유량의 증가, 혈변 유무 등을 조사 합니다. 처음에는 소량의 우유를 섭취 시키고 추후 양을 늘려나가야 합니다.
- **진단 및 치료:** 징후를 처음 관찰한 경우에는 식이를 몇 시간 중단시키고 정밀하게 진찰합니다. 호흡, 체온 등 바이탈 사인(vital sign)이 정상이고 아기가 아파 보이지 않으면 수유를 조금 진행합니다. 아기가 우유를 먹을 수 있는 경우에는 장내 기포 등 가벼운 문제가 원인이므로 정상적인 수유나 식이를 재개할 수 있습니다. 심한 위장 문제를 보이면 혈액검사, 엑스레이 등을 실시하여 NEC의 징후를 확인해 봅니다. 강하게 의심되면 수유나 식이를 중단하고 흡인용 비위관(nasogastric suction tube)을 사용하여 우유를 빼내 위장을 비워 줍니다. 위장을 쉬게 하는 것이 중요하며, 총 정맥 영양법(total parenteral nutrition, TPN)을 실시하며, 항생제를 투여하여 감염에 대처합니다. 질병의 중증도에 따라, 질병의 진행 경과를 모니터링하고 복막염 유무를 검사하기 위해 복부 X선 촬영이 필요합니다.

  NEC는 일반적으로 24–48시간 이내에 호전되거나 악화될 수 있습니다. 2주간 치료를 하며, 증세가 회복된 후 식이를 재개합니다. 치료를 시도해도 악화될 수 있으며, 복막염 혹은 쇼크 증상을 보이는 경우, 외과적으로 감염된 장을 제거 하면 좋아질 수 있습니다. 수술 시 제거한 장의 양 끝을 감염되지 않은 부분에 바로 연결 하지 않고 피부 표면에 부착시켜 대변을 배출시키게 인공 항문(artificial anus)을 만듭니다. 대변은 인공 항문에 부착된 플라스틱 백에 모입니다. 그 후 끊어진 장의 양끝을 연결시켜주는 2차 수술을 하여 정상 기능을 가질 수 있습니다(그림 5).

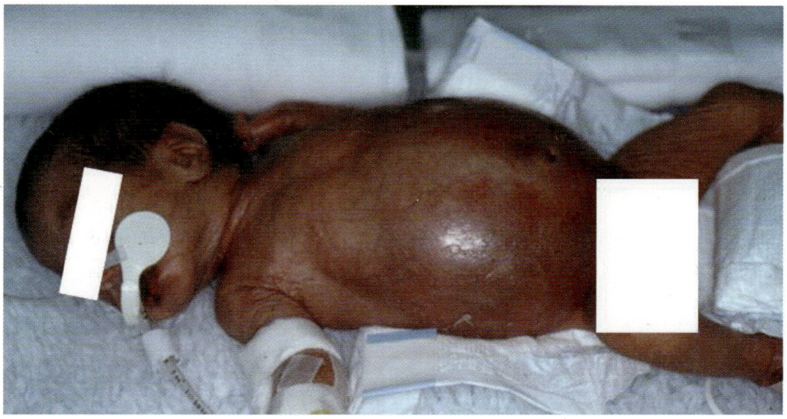

그림 5. 괴사성 장염(NEC)

- **장기적 영향:** 경미한 NEC을 가진 아기는 대부분 큰 문제없이 회복됩니다. 1살쯤 되면 아기의 성장, 영양, 장 기능 등이 정상화됩니다. 심한 NEC인 경우 1–2살까지 영양 보조를 받으며 발육이 늦을 수 있습니다. 이들의 절반은 발육과 발달 지연을 겪을 수 있으며, NEC 자체와 뇌가 급성장하는 시기에 필요한 영양분의 공급이 어려웠기 때문에 발생합니다.

1. NEC로 다음 문제들이 발생하여 장 기능과 영양 섭취에 영향을 줍니다.

장협착 및 폐색

NEC에서 회복 후 장의 일부가 좁아지는 것을 협착이라 하며, 35% 정도에서 나타나는 합병증입니다. 수술을 하는 경우 발생 확률이 더 증가하며, 출혈 또는 장폐색 증상을 일으킬 수 있습니다. NEC에서 회복 후 2개월 내에 발생하나, 6개월 후에도 나타날 수 있습니다. 장 폐색은 즉각 처치가 필요한 합병증이며, 증상은 장 팽창, 경련성 통증, 심한 변비, 녹색의 담즙성 구토 등이 있습니다. 협착으로 인해 폐색이 발생한 경우 수술이 필요합니다.

단장증후군(short bowel syndrome)

장의 많은 부분을 제거하면 단장증후군이 발생할 수 있습니다. 장의 일부가 없는 아기는 음식물 소화와 필요한 영양분 흡수에 어려움을 겪게 됩니다. 2세 정도가 되면 짧은 장으로도 정상 기능을 가질 수 있습니다. 그때까지는 TPN(종합 비경구 영양) 또는 소화가 잘 되는 이유식 등을 통해 추가적인 영양을 보충해 주어야 합니다. 장에서 쉽게 흡수되며 지방, 열량, 비타민 등이 첨가 되어 있는 MCT오일(Medium–Chain–Triglyceride)을 추가해 열량공급을 늘릴 필요가 있습니다.

감염(Infections)

아기들은 대부분의 면역항체를 임신 말기에 엄마에게서 전달받기 때문에 이른둥이 아기들은 세균에 효율적으로 방어할 수 없습니다. 또한 생명 유지에 필요한 많은 의료 조치(정맥주사 루트, 각종 튜브, 카테터 사용)로 인해 세균 침투에 더 취약합니다. 감염은 이른둥이가 겪는 흔한 문제로, 처음부터 NICU에서 치료를 받는 원인이 될 수 있습니다. 감염은 신체에 침입하는 세균에 의해 발생하며, 폐렴은 폐에 발생하는 감염을 뜻합니다. 패혈증(sepsis)은 혈액내에 나타나는 감염입니다. 요도감염(Urinary Tract Infection, UTI)은 방광 또는 신장에 영향을 미칩니다. 봉와직염(Cellulitis)은 피부에 나타나는 감염이며, 뇌수막염은 뇌 또는 척수를 둘러싼 막이 감염되는 것입니다. 감염은 뼈, 눈, 기타 모든 기관에서 발생할 수 있습니다. 감염 증상이 나타나면 감염된 신체 부분이 기능하지 못하게 됩니다. 증상으로는 열, 호흡 곤란, 섭식 장애, 무기력, 발작 등이 있으며, 이런 증상들은 감염 이외의 경우에도 발생할 수 있습니다.

- **진단 및 치료:** 검사로 원인균을 식별해야 합니다. 혈액, 소변, 척수액의 샘플을 검사실에 보내거나, 가슴 또는 복부 엑스레이 검사를 할 수 있습니다. 결과를 기다리는 동안 의심되는 세균에 효과가 있는 항생제를 투여하기 시작할 것입니다. 원인균이 감별된 후(24−48시간 후), 주치의는 기존 항생제 대신 발견된 세균에 효과적인 항생제를 투여합니다. 대부분 증상은 치료 시작 후 빠르게 호전되며, 감염균을 찾지 못해도 예방 차원에서 항생제 투여를 계속 할 수 있습니다.

뇌실 내 출혈(IVH, IntraVentricular Hemorrhage)

초미숙아에서 보는 흔한 합병증 중 하나는 뇌출혈입니다. 대부분 경미하고 실제 뇌조직에서는 발생하지 않으며, 뇌 가운데 뇌실(ventricle)부위 에서 발생하여서 뇌실 내 출혈이라고 합니다. 뇌실은 신경 기능에는 관련돼 있지 않기 때문에, 이 공간에 소량 출혈이 생기는 것은 큰 문제가 되지 않습니다. 그러나 뇌실 내 압력 증가를 만드는 대량 출혈인 경우, 뇌실을 둘러싼 뇌 실질조직으로 혈액이 누출되어 문제가 발생할 수 있습니다. 뇌실 내 출혈은 일반적으로 그 중등도에 따라 분류됩니다. 1단계 및 2단계는 경미한 상태를, 3단계와 4단계는 보다 위중한 상태를 뜻합니다.

- **원인:** 뇌실의 가장 아래에는 배아기질(germinal matrix)이라는 만삭이 되면 없어지는 모세혈관의 섬세한 해부학적 구조가 있습니다. 출산 충격과 처치에 동반된 문제로 배아기질에서 출혈이 발생할 수 있습니다. 이것을 1단계 뇌실 내 출혈 이

라 합니다. 출혈이 더 발생하여 뇌실로 혈액이 들어가면 2단계 뇌실 내 출혈이라고 합니다. 1-2단계 뇌실 내 출혈은 문제를 일으키지는 않으며 특별한 치료 없이 회복됩니다. 그러나 출혈이 더 많이 있는 경우, 뇌실은 팽창하여 주변 뇌를 압박하게 되면 3단계 출혈이라고 하며, 뇌수종(hydrocephalus)이나 아동기 학습 장애를 유발할 수 있습니다. 4단계 뇌실 내 출혈은 팽창한 뇌실에서 혈액이 새어 나와 주변 뇌조직으로 들어가는 심한 뇌실 내 출혈 형태로서 손상을 입힐 확률이 높습니다(그림 6. 참조).

- **빈도:** 출생체중 1,500g 미만 이른둥이의 20-30%는 뇌실 내 출혈이 있으며. 이들 중 약 5%에서 3-4단계의 뇌실 내 출혈이 나타납니다. 3-4단계 뇌실 내 출혈의 발생 빈도는 임신 재태 25주 미만은 16%, 25주 이후에 태어난 아기의 경우 2%입니다. 약 50%의 뇌출혈은 생후 6시간에서 12시간 사이에 발생하며, 90%의 뇌출혈이 생후 3일 내에 발생합니다.

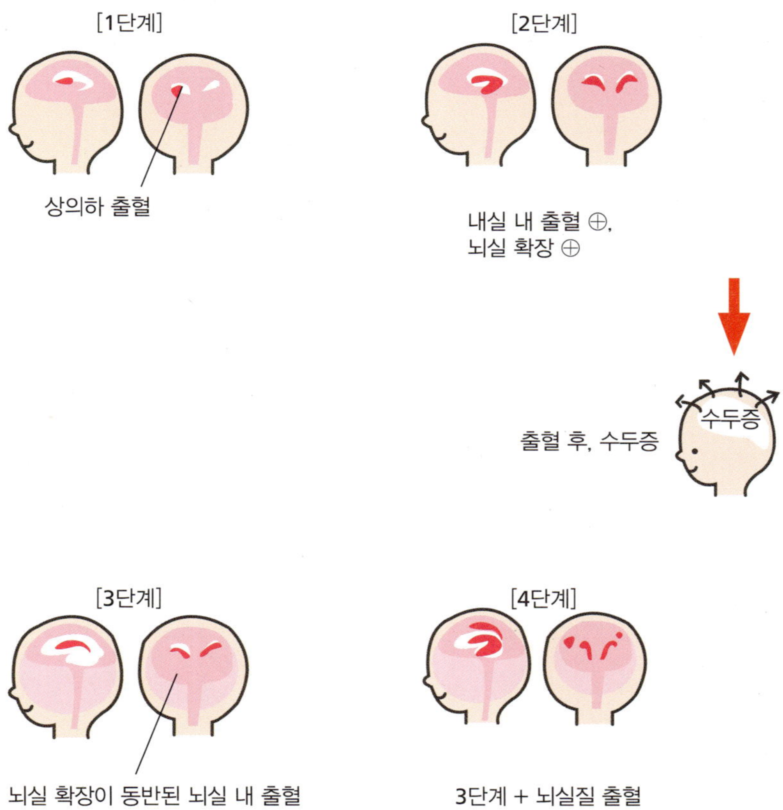

그림 6. **뇌실 내 출혈 분류**

- **치료:** 예방이 중요하며, 출산 후 약물치료로 발생 확률을 줄일 수 있습니다. 혈압의 상승은 뇌실 내 출혈의 위험을 높이기 때문에 출산 직후 수일간 혈압, 전해질의 급격한 변화를 막기 위해 노력하며, 불안정한 이른둥이는 진정제를 투여할 수 있습니다. 생후 7-10일 사이 대부분 NICU에서는 1,500g 미만의 이른둥이를 대상으로 뇌 초음파 검사를 실시하여 뇌실내출혈 여부를 확인합니다. 그 후에도 아이의 상태가 나쁜 경우 뇌 초음파 검사를 실시할 수 있습니다. 임신 중 경험 했던 초음파검사와 같으며 자극이 없고 비침습적인 진단 수단입니다. 아기는 초음파 검사 중 수면을 취하게 됩니다. 뇌출혈이 발견되어도 이를 중단시킬 치료법은 없습니다. 하지만 대부분의 저절로 멈추며 다른 문제를 발생하지 않습니다. 대량 출혈은 뇌실 내부 압력을 증가 시키며 빈혈, 발작, 무호흡, 서맥, 뇌수종 등을 합병할 수 있습니다. 다양한 치료 및 약물을 이용해 대처할 수 있습니다. 대량 출혈이 발생하는 뇌실 내 출혈도 결국 멈추게 됩니다. 체액이 재 흡수되면 팽창된 뇌실은 장기적인 손상 없이 저절로 회복될 수 있습니다. 광범위한 출혈이 발생하면 뇌 기능을 손상시키고 청각, 시력, 근력, 운동 조절 능력 등에 영향을 미칠 수 있으며 학습 능력 장애로 이어질 수도 있습니다.

뇌실 주위 백질 연화증(PVL, Periventricular leukomalacia)

PVL은 이른둥이에서 대뇌피질과 뇌실 사이 백질에서 발생하는 국소적 허혈성 괴사로서 다발성 낭포를 만듭니다. 최근 초미숙아의 생존율의 증가로 중요성이 인식되고 있습니다.

- **원인:** 성장하고 있는 두뇌의 혈관구성은 뇌실 주변 중앙에서 피질로 자라나가는 혈관과 피질에서 중앙부로 자라나가는 혈관 구조로 나누어져 발달을 합니다. 32주 미만의 이른둥이는 양쪽에서 혈관이 도달 하지 못하는 무혈관 지역이 존재하며, 혈압저하와 혈류 흐름에 영향을 받아 저산소성 손상을 받기 쉽습니다. 33주 미만 NICU 입원아에서 두부 초음파로 5%, MRI에서 8% 진단되고 있습니다. 가사, 패혈증, 쇼크 등이 발생 하는 경우 뇌혈류가 저하 되면서 혈류 자동 조정능력의 미숙성으로 허혈성 변화가 일어납니다. 조직 괴사 후 2주 정도가 지나면 낭포가 형성 되며, 병변이 크면 다발성 낭포성 백질 연화증(Cystic PVL)이 됩니다.

- **진단:** NICU 내에서 뇌 초음파검사로 추적 하는 것이 중요 합니다. 괴사 조직이 정상 조직과 밀도가 달라서 초음파가 강하게 반사하는 뇌실 주위 고초음파 영역(Periventicular high echogenecity, PVE)을 초기부터 잡을 수가 있습니다. CT는

작은 낭포를 알아보기 어렵습니다. 낭포가 없는 경우에도 MRI로 백질의 양, 뇌실 크기, 뇌실 벽의 이상을 보고 진단 할 수 있습니다.

- **치료:** 뇌실 주위 백질은 중요한 신경섬유가 지나가는 위치이기 때문에 정도에 따라 신경계 문제를 나타냅니다. 경미한 경우에는 추체로 가장 안쪽을 지나가는 양 하지의 신경 전달로가 PVL변화로 운동 신경에 영향을 미쳐 뇌성 마비의 한 형태인 경직성 하지 마비를 나타 낼 수 있습니다. 심한 경우에는 몸이나 팔로 가는 추체로에 영향을 주어 경직성 사지 마비를 일으키며, 시력과 지능에 영향을 미칠 수 있습니다. PVL 경우에서는 성장과 발달을 잘 관찰해야 합니다.

뇌수종(Hydrocephalus)

뇌에서 지속적으로 만들어지는 뇌척수액은 뇌실(뇌 중간의 공간), 척추, 뇌의 표면을 통하는 순환을 한 후 혈관에 흡수되어 제거 됩니다. 뇌척수액의 생성과 흡수가 균형이 깨지거나 뇌척수액의 흐름이 막혀 뇌실 내부에 척수액이 축적되는 경우를 뇌수종이라 합니다. 천천히 진행되며 뇌실 팽창이 됩니다. 축적되는 뇌척수액 때문에 두위가 커지면 뇌수종의 증세가 나타납니다. 커진 뇌실은 주변 뇌 부위를 압박하여 무호흡, 불안정성, 무기력 등의 증상을 유발할 수 있습니다.

- **진단:** 첫 증상은 머리가 빠르게 커지는 것으로 퇴원 후에 수개월이 경과해야 확인될 수 도 있습니다. 따라서 NICU에 있을 때 머리 둘레 크기를 측정한 후에 성장차트에 계속 기록해야 하며, 두위가 빠르게 커지면 주치의는 초음파 검사를 통해 뇌실의 크기를 측정할 수 있습니다. 임신 시 초음파 검사와 같으며 즉시 할 수 있고 통증은 없습니다.

- **치료:** 뇌수종이 경미하고 증상이 없는 경우에 저절로 몇 개월 안에 회복될 수 있습니다. 이런 경우 의사는 아기의 머리성장을 면밀히 지켜보며 정기적으로 초음파 검사를 해 증상이 악화되지 않음을 확인합니다.
  뇌수종이 계속 악화되어서 뇌척수액이 과도하게 생성되는 경우에는 약물을 사용해 줄일 수 있으며, 척수액 순환이 막힌 부위가 있으면 뇌실-복강션트(V-P shunt, Ventriculo-peritoneal shunt)를 삽입해 척수액을 제거합니다. 신경외과의사가 튜브의 한쪽 끝을 팽창된 뇌실에 삽입하여 척수액을 빼내고, 튜브의 다른 한 끝을 복부에 삽입해서 제거된 척수액이 복강 내에서 재흡수 하게 합니다. 중간 부위 튜브는 아기의 피부 아래를 지나게 되며 눈에 띄지 않습니다. 뇌실-복강

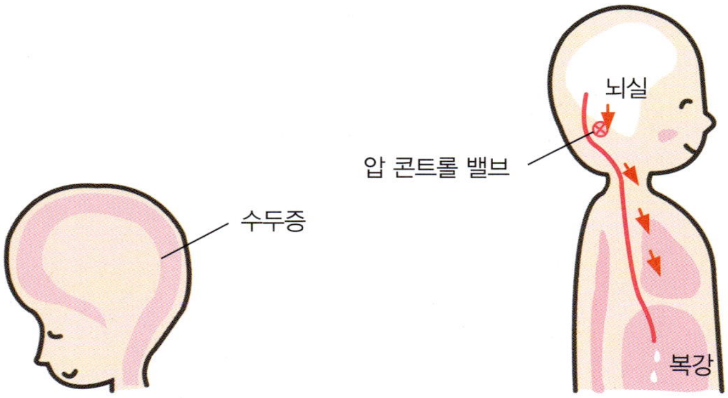

그림 7. **뇌실–복강 션트**

션트의 삽입은 신경외과의사가 손쉽게 수행할 수 있는 조치 중 하나입니다. 아기가 성장함에 따라 뇌실–복강 션트를 교체해야 합니다(그림 7. 참조)

뇌수종 및 뇌실–복강간 션트의 장기적 영향

대부분 뇌실–복강 간 션트의 유무와 상관없이 다른 아기들과 비슷하게 성장하고 정상적인 뇌 기능을 가지게 됩니다. 하지만 일부에서는 다른 증세가 더해져 발달에 문제를 일으키기도 합니다. 이런 아기들은 걷기, 말하기 등 중요한 발달에 지연이 보일 수 있으며 특수교육과 물리, 작업치료를 조기에 실시해야 합니다. 발달 과정을 면밀히 관찰하여 문제를 적기에 인식하고 치료하는 것이 중요합니다.

뇌실–복강 션트 막힘 증상

막힘은 머리 내부의 압력을 증가시켜 뇌 손상을 유발 할 수 있습니다. 막힘의 징후를 일찍 인식하는 것이 중요합니다.

- 숨구멍(대천문, fontanel, 머리 상단의 부드러운 부분)이 부풀어 오른다.
- 두피 내 혈관이 부풀어 오르거나 눈에 점점 잘 띈다.
- 션트 라인을 따라 피부가 빨갛거나 부은 경우
- 이유 없이 무기력 또는 과민성을 보이는 경우
- 발작을 일으키는 경우
- 지속적인 구토를 하는 경우
- 좀 큰 아기의 경우, 두통, 시력 장애, 집중력 장애 등이 발생 합니다.
- 행동방식, 신체 조정력, 균형, 수면, 학업 수행에 변화를 보인다.

뇌성마비(CP, Cerebral Palsy)

뇌성마비는 출산 전 혹은 분만 과정에서 뇌가 손상되어서 발생하며, 손상된 뇌 부분과 연결 되는 신경 및 근육이 잘 움직이지 않게 됩니다. 경미하면 거의 인식하지 못할 수도 있으며, 심하면 보행이나 다른 정상적인 활동에 지장을 줄 정도로 팔, 다리, 얼굴 근육의 심각한 장애가 있을 수 있습니다. 뇌성마비는 일반적인 이른둥이에서는 거의 발생이 없으나 초미숙아에서는 뇌성마비가 발생할 확률이 어느 정도 존재합니다. 체중이 1,000g 미만 초미숙아의 약 10%, 극소미숙아(재태 기간 26주 미만 및 체중 750g 미만)에서는 20% 에서 뇌성마비가 발생합니다. 경미한 뇌성마비는 출생 후 몇 개월 동안은 식별하기 어렵습니다. 성장하면서 기본적인 발달이 예상되는 포인트에 도달하지 못하거나 팔다리의 근육이 눈에 띌 정도로 경직되는 것으로 뇌성마비 여부를 확인할 수 있게 됩니다. 경미한 경우 수년이 지나 알아 볼 수 도 있습니다. 부모와 소아과의가 뇌성마비를 처음 의심하게 되며, 그 후 소아 신경과의사에게 확진을 받고 물리치료사의 도움을 받아 발생할 수 있는 문제의 극복을 위해 치료를 하게 됩니다.

경련(Seizures)

경련(얼굴, 사지의 불규칙 움직임, 근육 경련)은 이른둥이에서 흔한 증상입니다. 여러 원인이 있지만, 신경계가 덜 발달했다는 것을 제외하고는 특별한 원인이 없는 경우도 많습니다. 한두 번 이상의 경련이 일어나는 경우 주치의는 여러 검사를 하여 원인을 찾으며, 흔한 원인은 다음과 같습니다.

- 저혈당. 혈액 검사를 통해 쉽고 빠르게 진단할 수 있습니다.
- 무기질 불균형. 혈액 검사로 칼슘, 마그네슘, 나트륨 수치를 확인합니다.
- 감염. 혈관 내 감염과 뇌막염으로 경련이 일어날 수 있습니다. 의심될 경우 혈액 검사와 척수천자(spinal tap) 등을 실시 할 수 있습니다.
- 뇌내출혈. 초미숙아서 발생할 수 있으며, 뇌 초음파로 확인 합니다.

뇌파 검사(EEG)를 실시하여 뇌 안에서 일어나는 경련의 유형을 확인할 수 있습니다. 경련에는 2가지 유형이 있습니다. 하나는 의학적 원인이 있는 것과 감별 가능한 의학적 원인이 없는 경우입니다. 경련의 원인을 밝혀 치료하면 경련 치료 약물을 사용하지 않고도 회복됩니다. 그러나 의사가 원인을 찾을 수 없는 경련이 계속되는 경우 페노바르비탈이라는 약물로 아기를 치료할 수 있습니다. 수십 년 동안 사용되고 있으며 안전성이 매우 뛰어납니다. 대부분 생후 1년 성장하면서 경련이 없어집니다.

이른둥이 망막증(ROP, Retinopathy Of Prematurity)

망막은 빛에 민감한 표면으로 안구 뒤에 위치합니다. 여기에는 정상적인 시력을 유지하는 데 필요한 복합 광수용체들로 가득 차 있습니다. 아기가 태어날 때도 망막은 계속 발달하고 있는 중입니다. 임신 16주 정도에 미세한 혈관이 망막에서 성장하기 시작합니다. 이런 미세한 모세혈관은 안구전체에 혈액이 충분히 공급 되면 임신 32-34주까지 천천히 성장합니다. 그 후에도 망막 혈관은 계속 발달하지만, 여건이 좋지 않아도 큰 문제를 만들지는 않습니다. 그러나 그 이전에 이른둥이로 태어난 경우, 여건이 좋지 않으면 망막 모세혈관 성장에 방해를 받을 수 있습니다.

모세혈관이 다시 자라기 시작할 때 너무 빨리 자라면 망막에 상처가 나거나 손상이 발생할 수 있습니다. 이를 이른둥이 망막증이라고 합니다. 대부분 모세혈관의 성장 속도는 다시 느려져 보통으로 성장하게 되어 손상된 부분이 회복되고 시력도 정상 발달되게 됩니다. 중증 이른둥이 망막증에서는 빠른 성장 속도가 계속되어 상처가 많이 생겨서 시력에 문제가 발생할 수 있습니다(그림 8. 참조).

- **빈도:** 초미숙아는 이른둥이 망막증에 걸릴 위험이 더 높습니다. 1,000g 미만의 미숙아 또는 임신 28주 미만 분만아 중 약 90%에서 어느 정도의 이른둥이 망막증을 경험합니다. 대부분 경미한 형태로 정상적인 시력으로 발달하게 되지만 일부에서는 심각한 이른둥이 망막증을 만드는 관계로 치료가 필요 합니다. 31주 이후에 태어난 30% 정도에서 발생 하나 경미하고 장기적인 시력 문제를 유발하지 않습니다.

- **원인:** 아직도 불분명합니다. 전에는 산소 농도가 낮은 자궁 환경에서 산소 농도가 높은 외부 환경으로 이행하는 과정에 발생한 충격으로 생각했지만, 현재는 기전이 더 복잡한 것으로 알려지고 있습니다. 신생아 체내의 산소 농도를 면밀하게 관찰하여 이른둥이 망막증의 발생을 줄이고 있지만, 여전히 알려지지 않은 원인 등으로 인해 이른둥이 망막증은 심각한 문제를 유발시키고 있습니다.

- **치료:** 임신 31주 이전의 이른둥이, 체중이 1,500g 미만, 인공호흡기 등 중환자 치료가 필요했던 환아들은 출생 4-6주 정도에 검사를 받습니다. 안약으로 동공을 크게 만든 후에 직접 망막을 살펴 이른둥이 망막증의 징후를 확인합니다. 경미한 경우에는 2주마다 반복 검사를 수행하면서 증상을 꼼꼼히 살피면서 회복되는 것을 기다릴 수 있으며, 대부분 치료 없이 회복됩니다. 미숙아 망막증이 계속 진행되는 경우, 임신 34-42주가 되는 시점에서 치료가 필요하며, 레이저를 사용해 망막의 과성장한 혈관을 소작하여 진행을 막습니다.

생후 몇 년 간의 시력 검사

병이 확인되면, 소아 안과의사에게 진료를 받아 상태가 악화되지 않는지를 확인하고 필요한 경우 추가적 치료를 받아야 합니다. 이른둥이 망막증을 가지고 있지 않아도 주치의는 생후 1년 동안 한 차례 이상 안과를 방문하여 검사할 것을 권유합니다.

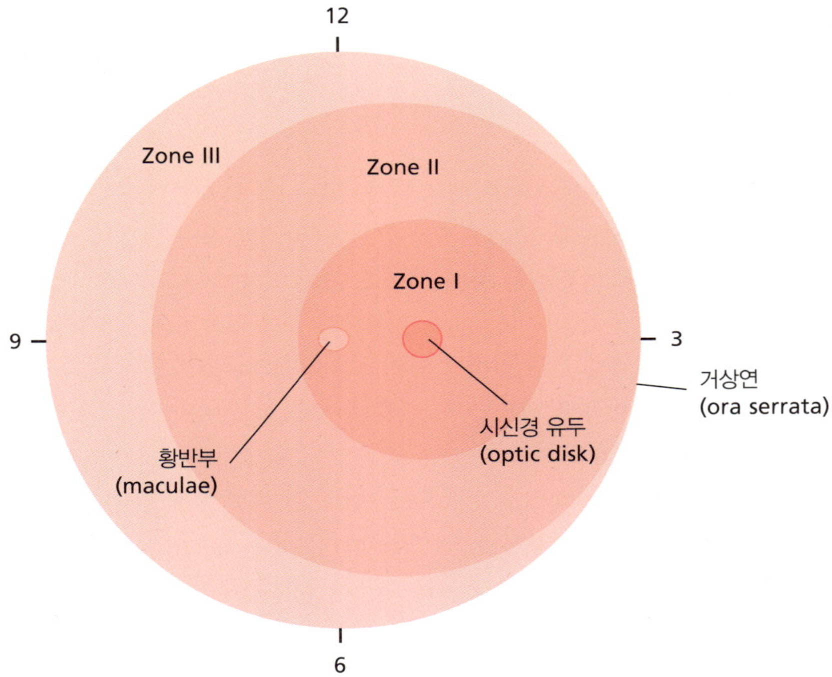

Zone I : 시신경 유두를 중심으로 유두와 황반의 거리의 2배를 반경으로 하는 원
Zone II : 시신경 유두를 중심으로 거상연까지의 거리를 반경으로 하는 원
Zone III : 남은 비측의 반월상의 영역

그림 8. ROP의 발생 부위에 따른 분류

사시(Strabismus)

이른둥이에서 흔한 질환이며, 눈의 움직임을 조절하는 근육이 약해져서 양쪽 눈이 동시에 체계적으로 움직이지 못하는 질환입니다. 눈 근육이 발달하기 전 처음 수개월간 경미한 사시는 큰 문제가 아닐 수 있습니다. 그러나 증상이 계속되는데 방치하면 영구적 약시로 이어질 수 있습니다. 주치의가 영유아 건강 검진(well-baby checkup)에서 사시 여부를 면밀하게 검사하게 됩니다. 정기적인 시력 검사 때 안과 의사는 양쪽 눈이 동시에 움직이는지를 조사합니다.

탈장(Hernia)

이른둥이는 탈장 발생 확률이 높습니다. 임신 약 32주 무렵에 고환은 복강내부에서 근육의 작은 터널을 통해 음낭에 도달 합니다. 아기의 복강 내 압력이 비정상적으로 높아지면 체액과 창자가 터널을 통해 밖으로 나올 수 있습니다. 이로 인해 음낭이 부풀게 됩니다. 만삭아는 복강 내 이상 압력이 생기지 않으므로 거의 발생하지 않습니다. 여아에서도 탈장이 발생할 수는 있지만 남아 보다 적습니다. 여아의 경우는 탈장으로 외음부 쪽으로 볼록해진 것을 확인할 수 있습니다. 탈장은 아기가 NICU에 있는 동안 나타날 수도 있지만, 퇴원 후에 발생하는 경우가 더 많습니다. 탈장의 징후인 볼록해진 부분을 발견해도 놀랄 필요는 없으며, 다음 진료 때 의사에게 보이십시오. 그러나 아기가 탈장으로 통증을 느끼는 것처럼 보이면 즉시 진찰을 받아야 합니다. 서혜부 탈장이 있을 경우 생후 6개월 정도 되면 수술을 받아야 합니다(그림 9. 참조).

다른 형태의 탈장으로 배꼽 탈장이 있으며, 아기가 울 때 배꼽이 작은 풍선처럼 볼록해지는 것을 볼 수 있습니다. 배꼽 주위 근육이 아직 완전하게 성장하지 않아서 울 때 복부 압력의 증가로 피부를 팽창시키기 때문입니다. 대부분 크면서 좋아지며, 5살이 되어도 지속 되면 수술을 고려합니다.

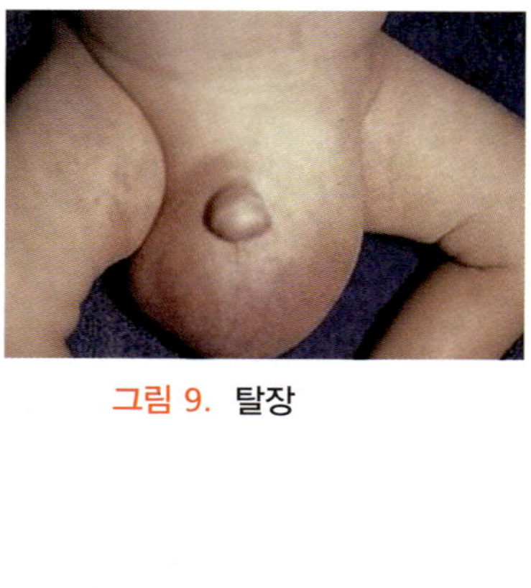

그림 9. 탈장

영아돌연사증후군(SIDS, Sudden Infant Death Syndrome)

SIDS를 줄일 수 있는 새로운 방법들이 소개되어 최근에는 발생률이 50%정도 감소하였습니다. 새로운 이해와 교육으로 부모들은 걱정과 위험을 줄이고 예방을 위해 무언가를 할 수 있게 됐습니다. SIDS는 여러 요인이 결합되어 발생하며, 심폐 조정 기전의 미숙한 발달상태, 호흡 곤란에 대응해 잠에서 깨어나는 각성정도의 부족, 호흡에 악영향을 미치는 임상상태, 안전치 못한 수면 습관 등이 있습니다.

1. 다음 방법으로 SIDS 위험을 줄일 수 있습니다;

- ① **바닥에 등 대고 재우기:** 외국에서는 "등대고 자기" 권장 캠페인을 하여 SIDS 위험이 약 50% 줄었습니다. 아기가 수면에서 깨어나는 각성정도(호흡 곤란에 대응하기 위한 내적 보호 기전)가 효과적으로 작동할 수 있기 때문입니다. 얼굴을 바닥에 대고 자면 매트리스에 머리가 파묻히고 얼굴 주위에 공기가 소통이 안 되어서 산소량이 적은 공기를 재 호흡하여 문제가 됩니다.
- ② **안전한 수면 환경:** 푹신한 의자류, 소파 위에서 잠들지 못하게 하고, 아기침대를 사용하는 경우 제품이 안전 기준을 충족하는지 확인하십시오. 함께 자는 경우 안전한 수면 방법을 숙지하십시오.
- ③ **절대 금연:** 간접흡연에 노출되면 정도에 따라 위험률이 3배 증가합니다. 아기를 데리고 어떤 장소를 들어갈 때, 출입문에 다음의 경고문이 붙었다고 생각 해 보십시오: 경고! 이 방은 암, 폐 손상, SIDS 등의 원인이 될 수 있는 유독한 가스를 포함하고 있으며 특히 영유아의 호흡기에 해로울 수 있습니다. 이런 경우 당연히 여러분은 아기를 방안으로 데리고 들어가면 안 되며, 흡연자의 방에서 아기가 시간을 보내는 것도 동일한 위험행위입니다. 담배 연기는 아기 뇌에 심장과 호흡기 조절 중추의 발달을 저해할 수 있으며, 기관지의 가래 제거 기능을 가진 섬모세포를 마비시켜 호흡을 방해 합니다. 담배를 피우는 엄마는 모유 생성을 촉진시키는 프로락틴 호르몬이 적게 분비되며, 이것이 저하되면 아기의 요구를 인지하고 대처 하는 모성본성이 떨어집니다.
- ④ **모유:** 모유수유는 3M−우유(Milk), 방법(Method), 엄마(Mother)−때문에 SIDS의 위험을 줄입니다. 알레르기원이 없는 모유는 아기의 좁은 식도를 부드럽게 통과합니다. 위−식도 역류 및 그에 따른 호흡 중단 현상의 발생을 줄일 수 있으며, 아기의 호흡 및 삼키기 조절 능력을 향상 시킵니다. 모유수유는 모성 호르몬인 프로락틴의 생성을 증가시켜 특히 아기가 잘 때 아기에 대한 엄마의 관심을 올릴 수 있습니다. SIDS 위험을 감소시키는 요소 중 가장 중요한 것으로 생각

되는, 수면에서 깨어나는 각성 정도가 분유보다 모유를 먹는 아기에서 더 높았습니다.

Part II

퇴원 후 가정에서 이른둥이 돌보기

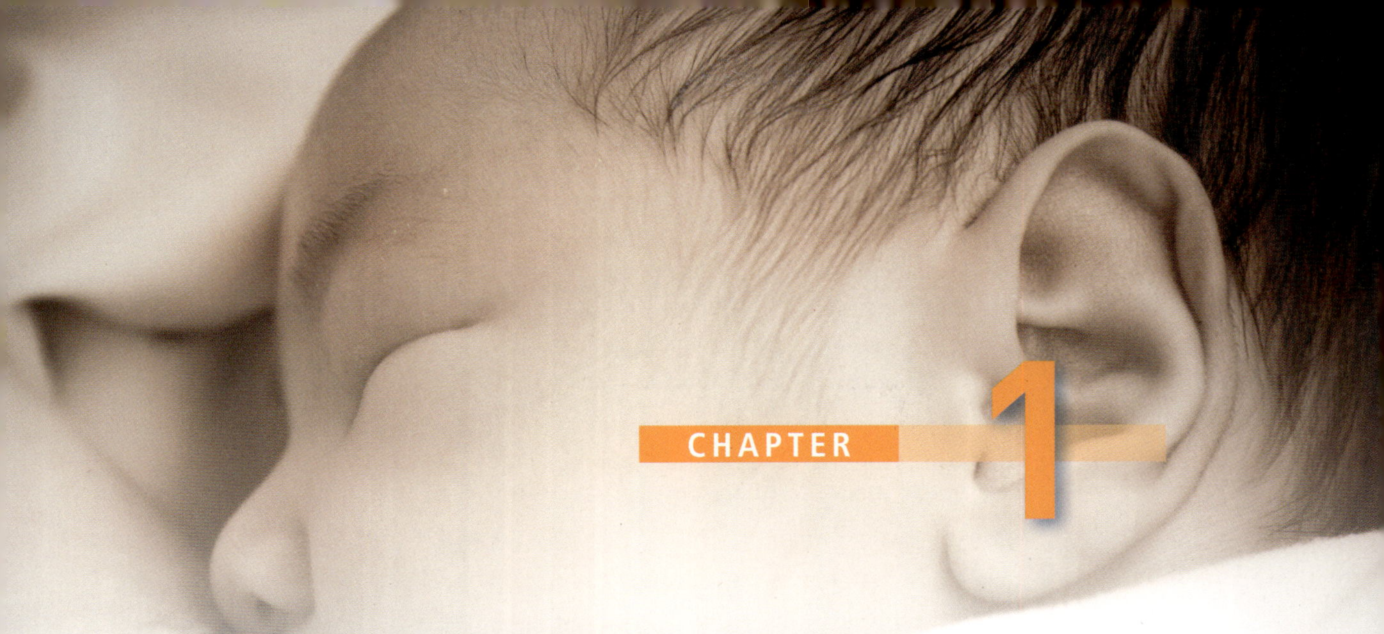

CHAPTER 1

이른둥이의 모유 수유

이른둥이가 태어난 후 첫 주 동안 의사와 간호사는 아기가 성장하고 발달하는 데 도움이 되는 모든 것을 할 것입니다. 그러나 오직 어머니만이 할 수 있는 중요한 일이 한 가지 있습니다. 아기에게 모유를 주는 것입니다. 모유는 이른둥이들에게 영양 섭취 이상의 의미를 갖습니다. 이른둥이 어머니의 모유는 약이라고 부릅니다.

이른둥이는 조기에 태어났기 때문에 임신 후반기에 아기가 태반을 통해 공급받는 대부분의 특수 영양소를 얻지 못했습니다. 모유는 이러한 영양소를 더 많이 제공합니다.

이른둥이에게 모유가 필요한 이유

모유는 영양학적으로 신생아를 위한 "최적의 표준"입니다. 상업용 분유는 자연적인 모유를 흉내낼 수 없습니다. 이른둥이를 출산하면 어머니의 모유는 자연스럽게 만들어지고, 어머니의 유방은 마치 이른둥이가 자궁에 남아있는 것처럼 이른둥이가 필요로 하는 특별한 영양소가 더 많이 들어있는 모유를 만듭니다. 즉, 이른둥이의 어머니는 수퍼 밀크를 만듭니다! 어머니의 모유를 이른둥이에게 줄 때 특별한 이점이 있습니다.

SUPERMILK

이른둥이의 어머니는 이른둥이가 가장 필요로 하는 많은 양의 영양소을 포함한 모유인 Supermilk를 생산하며, 이는 만삭 아기를 출산 할 때보다 더 많은 양을 포함합니다. 그것은 마치 어머니의 몸이 어머니의 아기를 위해 생산한 "개별맞춤 모유"입니다. 이른둥이 어머니의 모유에는 만삭아의 모유보다 IgA와 여러 가지 항염증 물질, 올리고사카라이드, 단백질, 지방, 나트륨, 염소, 철분 등 미숙아에게 꼭 필요한 성분들이 더 많이 함유되어 있습니다.

- **더 똑똑한 두뇌를 만듭니다.** 아기의 뇌는 임신 중 마지막 삼분기에 다른 어떤 시기보다 빨리 성장합니다. 실제로, 임신 28주에 이른둥이의 두뇌는 이후 8주 동안에 무게가 두 배로 증가합니다. 중요한 뇌의 성장은 출생 후에도 계속되고, 모유는 더 나은 두뇌를 만드는 데 필요한 특별한 영양소를 전달합니다. 지난 10년간의 모유 수유 연구 결과는 모유 수유를 한 아기가 더 똑똑하게 자라는 경향이 있다는 것을 보여주었으며 모유 수유의 이점은 특히 이른둥이에서 나타납니다.

  영국에서 실시 된 한 연구에서 모유를 먹인 이른둥이와 표준 분유를 먹인 이른둥이를 비교했습니다. 18개월과 8년 후에 이들 아기를 추적 관찰한 결과, 모유 수유를 한 아기들은 발달 척도에서 더 높은 점수를 얻었고, IQ가 평균 8.3점이 높은 것으로 나타났습니다. 모유 수유를 더 많이 한 이른둥이가 더 좋은 점수를 많이 받았습니다. 이 연구에서 영아들은 생후 첫 4주 동안 모유 수유를 했는데, 모유 수유를 더 많이 한 이른둥이가 더 좋은 점수를 받았습니다.

  이 연구의 또다른 특징은 모유 수유를 하는 아기가 더 똑똑하다는 것인데, 이 연구에서는 사회 경제적 지위 혹은 아기를 위해 모유를 유축하기로 선택한 어머니와 그렇지 않은 어머니 사이의 양육 관행의 차이보다는 모유의 특정 영양소가 결과에 영향을 주었다고 제안합니다. 연구는 모유에 뇌의 성장을 촉진시키는 특별한 것이 있다고 결론을 지었습니다.

  최근 수년간의 다른 많은 연구에서 모유 수유를 한 어린이는 분유를 사용하는 어린이보다 발달 검사에서 평균 점수가 높은 것으로 나타났습니다. 모유 속의 "똑똑한 단백질"과 "똑똑한 지방" 이 두뇌발달에 중요한 역할을 합니다. 뇌 성장 단백질이라 불리는 아미노산 타우린은 분유보다 모유에 훨씬 많은 양이 존재합니다.

  "똑똑한 지방"은 LC-PUFAs(긴 쇠사슬 다중 불포화 지방산)로 알려져 있습니다. 여기에는 DHA(docosa-hexaenoic acid) 와 ARA(arachidonic acid)라고 불리는 지방이 포함됩니다. 아기의 뇌는 신경세포인 미엘린을 만들어야 하는데, 미엘린은 신경을 단단히 하여 더 빠르고 효율적으로 메시지를 전송할 수 있는 지방 껍질입니다. 충분한 LC-PUFAs를 얻는 것은 두 가지 이유로 이른둥이에게 중요합니다. 첫째, 그것은 자궁에서와 마찬가지로 미성숙한 두뇌가 빨리 자랄 수 있게 도와줍니다. 둘째, 이른둥이들은 다른 식사를 통해 충분한 LC-PUFAs를 생산할 수 없습니다. 따라서 그들은 모유 수유를 통해서 이미 만들어진 DHA와 다른 똑똑한 지방을 얻어야 합니다. 초유, 노란색–황금색 모유는 아기가 태어나고 첫 며칠 동안 어머니의 유방에서 생산되는데, 이것은 특히 똑똑한 지방이 풍부하며 이른둥이에게 지방이 가장 필요한 첫 달 동안만 높은 수준을 유지합니다.

- **시력을 향상시킵니다.** 모유는 더 똑똑한 두뇌를 만들뿐만 아니라 시력을 좋게합니다. 모유 수유를 하는 아기와 분유를 먹은 아기를 비교한 연구에서 모유 수유를 한 아기의 시각적 발달이 더 좋은 것으로 나타났고, 이른둥이의 경우 이러한 이점이 더욱 두드러집니다. 망막은 뇌와 마찬가지로 신경조직으로 만들어졌습니다. 뇌에 영양을 주는 모유의 똑똑한 지방이 망막의 발달에도 도움을 줍니다. 베타 카로틴, 타우린, 비타민 E와 같은 다른 영양소도 모유에서 많이 발견되었는데, 이는 시각 건강에 도움이 될 수 있습니다. 이른둥이에게 모유를 주실 때 아기의 건강에 대한 이점을 기억하십시오.

  호흡 곤란을 경험하는 이른둥이는 장기간의 고농축 산소에 노출될 수 있습니다. 고농도의 산소치료가 이른둥이 아기의 호흡을 더 쉽게 할 수 있도록 돕는 반면에, 미성숙한 망막에 손상을 줄 수 있습니다. 모유는 산소치료에 따른 손상으로부터 망막을 보호합니다.

- **이른둥이의 성장을 돕습니다.** 모유는 이른둥이의 몸을 더 건강하게 만듭니다. 이른둥이 어머니 모유는 아기의 성장에 도움이 되는 많은 영양소, 특히 지방과 단백질이 많고 칼로리가 높습니다. 연구결과에 따르면 모유 수유를 하는 이른둥이는 더 강한 뼈와 체중 증가, 빠른 성장을 보입니다. 모유는 표피성장인자, 인슐린 유사 성장인자, 그리고 신경성장 인자 같은 다양한 성장인자가 풍부합니다. 이들 모두는 신체의 중요한 조직과 기관, 특히 뇌, 폐, 장, 신경 경로 그리고 피부의 성장에 도움이 됩니다. 또한 피부와 피부의 접촉, 껴안기 및 친밀감은 모유 수유의 자연스러운 한 부분으로 이른둥이가 차분하고 정리된 상태로 머무르는 데 도움을 주고, 스트레스를 낮추어서 성장과 발달에 더 많은 에너지가 사용될 수 있게 합니다.

모유 맛보기를 시도하십시오. 약간의 모유와 이른둥이용 분유 한 숟가락을 가져와 두 개의 맛을 비교해보세요. 어머니가 아기라면, 어떤 것을 먹고싶어 할까요?

- **감염으로부터 보호합니다.** 이른둥이에게 어머니가 모유 수유를 해야 하는 가장 중요한 이유 중 하나는 아기를 감염으로부터 보호하기 위해서입니다.

  출생 직후, 모든 아기들은 건강한 박테리아와 해로운 박테리아의 두 가지 유형의 미생물을 얻게 되는데, 그것은 장 내로 들어가서 머무릅니다. 건강한 박테리아와 해로운 박테리아는 서로 경쟁관계를 만듭니다. 건강에 좋은 박테리아는 해로운 것들을 줄이는 데 도움이 됩니다. 모유 내 다양한 물질은 건강한 박테리아, 특히 락토바실루스의 성장을 촉진합니다.

한편, 아기가 태어난 후 첫 주 동안 생산하는 황금 수퍼 밀크인 초유는 아기가 해로운 세균과 싸우는 데 도움이 됩니다. 특별히, 이른둥이 어머니의 초유는 더 높은 농도의 감염저항인자를 포함합니다. 이 초유 한 방울에는 감염저항 백혈구 약 7백만개가 포함되어 있는데, 이는 성숙한 모유에서 발견되는 것의 두 배 이상입니다.

모유에는 면역글로블린이라고 불리는 미생물을 파괴하는 단백질이 들어 있습니다. 면역글로블린A(IgA)는 미성숙한 장을 코팅하여 세균에 노출되는 것을 방지합니다. 놀랍게도 이른둥이 모유는 만삭아 모유보다 IgA가 두 배나 풍부합니다.

모유는 또한 아기의 자가면역 계통의 발달을 돕습니다. 연구에 따르면 아기가 생성한 면역글로불린의 혈중 농도는 모유 수유 중인 아기에서 더 높습니다. 모유의 면역 체계는 지속적으로 업데이트됩니다. 어머니의 몸은 아기가 필요로 하는 항체를 만듭니다. 어머니와 이른둥이가 캥거루 보살핌 중에 피부와 피부 접촉을 하게되면 세균을 공유하게 됩니다. 그런 다음 어머니의 성숙한 면역계는 아기로부터 노출 된 병원균에 대한 항체를 생성합니다. 어머니에게 생성된 면역은 모유로 전달되어 아기가 감염에 대항하는 것을 돕습니다. 즉, 모유는 아기가 세균에 신속하게 반응하지 못하는 것을 돕고 세균으로부터 보호합니다.

모유에 들어있는 모든 감염저항물질은 아기의 건강에 큰 영향을 줍니다. 한 연구에 따르면 분유를 먹은 이른둥이의 감염율은 모유를 먹은 이른둥이의 감염률보다 2배 이상 높았습니다. 만삭아에 대한 수많은 연구에 따르면 모유를 먹은 아기가 호흡기 감염, 귀의 감염, 그리고 장 질환이 적은 것으로 나타났습니다. 어머니의 모유는 아기의 첫 예방 접종이라고 생각하십시오.

- **소화를 돕습니다.** 이른둥이들은 빠르게 성장하기 위해 많은 것을 필요로 합니다. 하지만, 그들의 장은 미성숙하여 소화를 시키는 데 어려움을 겪을 수 있습니다. 이때, 모유는 "내과약"처럼 작용합니다. 그것을 표피성장인자(EGF)라고 불리는 특별한 물질을 함유하고 있습니다. 이것은 아기의 장을 덮고 있는 세포의 성장을 자극하여 음식을 더 잘 소화 할 수 있게합니다. 모유의 EGF는 출산 직후보다 출산 후 초기 몇주가 더 높습니다. 모유가 장을 빨리 성숙시키는 데 도움이 되므로 모유 수유를 하는 아기는 유당불내증 또는 음식 알레르기를 경험할 가능성이 적습니다.

  모유는 쉽게 먹을 수 있는 소화가 잘되는 음식입니다. 상부에서는 소화가 더 쉽게하고 하부에서는 통과하기 쉬운 부드러운 변을 만듭니다. 다시 말하지만, 이른둥이 장은 미성숙하여 최적의 소화를 위한 충분한 효소를 생산할 수 없으며, 특히 성장에 필요한 주요 칼로리 공급원인 지방 소화에 부적합합니다. 어머니의 모유는 이것을 대비합니다. 모유는 장내 유지방을 분해하는데 필요한 많은 양의 리파아제를 포함합니다. 그것은 단백질과 탄수화물의 소화를 빠르게 하는 효소를 제공합니다. 이른둥이의 미성숙한 장은 주요한 탄수화물, 젖당을 소화시키는 효소인 락타아제도 부족하기 때문입니다. 모유는 락타아제를 함유하고 있기 때문에, 모유의 약 90퍼센트는 아기가 소화하고 흡수하지만 분유는 60퍼센트만 소화하고 흡수합니다.

- **균형잡힌 시스템을 유지합니다.** 모유에 들어있는 일부 비타민과 미네랄은 비교적 적은 양으로 존재하지만 높은 수준의 생체 이용률을 나타내는데, 이것은 분유와 비교하였을 때, 이러한 영양소를 더 많이 흡수한다는 것을 의미합니다. 높은 생체 이용률은 아기의 장이 모유를 소화하기 위해 힘들게 일할 필요가 없다는 것을 의미합니다. 따라서 아기는 수유 시 저장된 에너지를 성장하는 데 사용할 수 있습니다.

- **역류의 위험을 감소시킵니다.** 모유는 소화를 촉진시킬 뿐만 아니라, 뱉어낼 위험도 적습니다. 이른둥이는 위식도역류 질환(GERD)의 위험이 높습니다. 일반적으로, 식도가 위에 합류하는 부분의 근육 띠가 수유 후 수축하여 모유와 위 내용물이 식도로 역류하는 것을 예방하는 판막의 역할을 합니다. 이른둥이는 이 근육이 미성숙하기 때문에 더 자주 뱉어내게 됩니다. 역류는 고통스러울 수 있습니다. 위산이 식도의 안쪽을 자극하여 가슴앓이 같은 증상을 유발할 수 있기 때문입니다. 위식도역류 질환은 모유 수유를 하는 아기에게는 드믄데, 주로 모유가 빨리 소화되고 분유보다 2배 빠르게 위를 비워내기 때문입니다. 모유를 먹은 아기가 더 평온한 수면을 취하는 이유 중 하나가 될 수 있습니다.

- **괴사성 장염(NEC)을 예방합니다.** 심각한 염증성 장질환은 조산의 가장 심각하고 때로는 치명적인 합병증 중 하나입니다. 그것은 이른둥이의 2~5%에서 발생합니다. 거의 1천명의 이른둥이에 대한 대규모 연구에서 모유를 먹은 아기들보다 분유를 먹은 아기에게서 NEC의 발병률이 6배에서 10배 더 높았다는 결과를 발표했습니다. NEC의 발병률은 모유를 먹은 이른둥이 그룹에 비해 모유와 분유를 함께 먹은 이른둥이에서 3배 더 높았습니다. 30주 이상의 이른둥이 중에서는 분유를 먹은 아기가 모유를 먹은 아기보다 NEC가 발병할 확률이 20배 더 높았습니다.

- **호흡이 편안해집니다.** 호흡 문제는 이른둥이의 가장 일반적인 의학적 문제이며, 주로 호흡에 관련된 기도 및 폐포의 미성숙 때문에 나타납니다. 모유는 이때 약처럼 작용할 수 있습니다. 위에서 언급 한 성장 인자는 폐 조직을 더 빨리 성숙시킬 수 있습니다.

이른둥이는 젖병을 통해 수유하는 동안보다 모유 수유하는 동안 빠는 것, 삼키는 것, 호흡하는 것이 쉽다는 것을 알게 됩니다. 옛날에는 모유를 빠는 것이 힘들어서 이른둥이에게 스트레스를 주었다고 여겨졌습니다. 이런 이유 때문에, 아기에게 모유 수유를 하기 전에 젖병을 통해 수유를 시작하는 것이 일반적이었습니다. 최근의 연구는 이러한 사실과 반대되는 결과를 보여주었습니다. 아기는 모유 수유하는 동안 더 안정적인 심장 및 호흡 수, 더 높은 혈액 내 산소 수준, 무호흡 및 서맥 (낮은 호흡 및 심장 박동수)의 발병이 적었습니다. 그 이유는 모유 수유를 하는 아기가 흡입 시 호흡 패턴이 안정되었기 때문이라고 보입니다. 아기는 젖병보다 유방에서 모유의 흐름을 더 잘 제어 할 수 있는데, 유방은 아기가 활동적으로 빨지 않으면 모유가 흐르지 않기 때문입니다. 모유 수유를 하는 아기들은 더 리듬 있는 빨기 양상을 보였습니다. 그들은 모유가 입에 가득 차 있을 때 빠는 것을 멈추는 것과 언제 휴식을 취해야 하고 언제 빨아야 하는지 알기 때문에 최소한의 노력으로 가장 많은 모유를 얻을 수 있습니다. 모유 수유 중에 절약되는 에너지는 성장에 사용될 수 있습니다. 한 연구에 따르면 이른둥이들은 모유를 빠는 동안 (삼키기는 제외) 호흡하지만 젖병을 빨고 있는 동안에는 호흡하지 않는다는 것이 밝혀졌습니다. 다른 이점으로 모유 수유를 하는 동안 모유가 잘못된 경로로 들어가게 되어도 분유만큼 아기의 폐를 자극하지 않습니다.

- **뼈성장을 촉진합니다.** 이른둥이는 뼈의 미네랄 함량이 낮아서 뼈의 성장이 느려질 수 있습니다. 모유 수유를 했던 이른둥이는 분유를 먹은 이른둥이에 비해 5세 때 뼈의 무기질이 많은 것으로 나타났습니다.

- **더 건강한 피부를 만듭니다.** 이른둥이의 더 얇고 미숙한 피부는 만삭아의 피부보다 자극을 받기 쉽습니다. 모유를 먹는 이른둥이는 피부가 덜 건조하고 습진이 적습니다. 이것은 표피 성장 인자의 작용일 수도 있고, 모유 내 건강한 지방의 결과일 수도 있습니다. 임신 마지막 달에 뱃속의 아기는 얇은 피부 밑에 많은 지방을 쌓습니다. 이른둥이는 이 시기를 놓쳤지만, 모유의 영양가 있는 지방이 건강한 피부를 위해 도움이 됩니다.

모유는 머리에서 발끝까지 더 잘 자랄 수 있게 도와줍니다. 모유 수유는 아기의 미래 건강을 위한 가장 현명한 방법입니다. 당뇨병에서 영아돌연사(SIDS)에 이르는 모든 질병의 발생률은 모유 수유를 한 아기의 경우 더 낮습니다.

표 1. 이른둥이 어머니의 모유의 특징

이른둥이 문제점	모유의 장점
느린 성장	많은 양의 단백질, 지방, 칼로리가 있음
감염에 대한 민감성	많은 양의 면역부스터와 감염저항인자가 있음
불안, 차분하지 못함	아기를 안정시킴
변비	대변완하제 효과가 있음
미성숙한 소화	소화를 용이하게 함
느린 뇌 발달	뇌 성장에 도움을 주는 특별한 영양소를 가지고 있음
장염(NEC)	NEC로부터 보호함
시력 문제	시력을 향상시킴
호흡 문제	분유 수유 시 보다 모유 수유를 하는 동안 더 호흡하기 쉬움
약한 뼈	더 강한 뼈를 만듦
빈혈 (혈액 내의 적은 철분)	많은 철분을 포함한 혈액을 생성
불안정한 체온	모유 수유는 체온을 안정화시킴
건조, 얇게 벗겨지는, 예민한 피부	더 부드럽고, 건강한 피부를 제공
불안한 어머니	어머니를 안정시키고, 자신감을 향상시킴

이른둥이 어머니에게 모유 수유가 필요한 이유

모유 수유는 어머니에게도 좋은데, 특히 이른둥이의 어머니에게 좋습니다. 모유 수유는 아기의 생화학적인 차이를 만들 뿐만 아니라 어머니에게도 생화학적인 차이를 만듭니다.

- **어머니의 대처를 돕습니다.** 프로락틴과 옥시토신은 모유를 만들어서 아기에게 전달하도록 자극하는 호르몬인데 이것 외에도 어머니가 스트레스에 대처하도록 돕습니다. 아기에게 모유 수유를 하는 동안 어머니는 편안해집니다. 수유가 진행됨에 따라 어머니는 웃으며 아기는 평화롭게 잠이 듭니다. 마치 둘 다 진정효과가 있는 자연 진정제가 주어진 것처럼 말입니다. 모유에는 자연스러운 수면 유도 단백질이 들어있어 아기를 편안하게 해주며, 모유 수유를 하는 동안 어머니의 몸에

서 방출되는 호르몬이 어머니 자신에게 평온함과 행복감을 줍니다. 아기를 위하여 모유를 유축하는 것만으로도 이 호르몬의 효과를 일으킬 수 있습니다.

진정제를 복용하면 어머니의 판단력을 해칠 수 있는 부작용이 있을 수 있지만, 모유 수유를 통해 생성된 호르몬은 편안함과 아기를 보살피려고 하는 마음을 증진시킵니다.

- **어머니가 아기와 연결된 느낌을 갖게합니다.** 이른둥이가 특별한 보살핌을 받아야 하는 초기의 몇 주 동안, 모유를 유축하고 모유 수유를 하는 것이 어머니가 아기를 위해 할 수 있는 유일한 일일 수 있으며, 오직 어머니만이 할 수 있는 일입니다. 조산은 산모와 아기를 연결시키는 자연스러운 느낌이 생기는 것을 방해합니다. 모유 수유를 하면 결국 신체에 영양을 공급하고 임신 중에 시작된 육체적, 정신적 유대감을 증진시키게 됩니다. 이는 어머니가 의학적 상황으로 인해 아기와 떨어져 있음에도 불구하고 어머니와 아기가 연결된 느낌을 받도록 도와줍니다. 평범한 여성에서 이른둥이의 어머니, 또는 만삭아의 어머니로 전환하는 것은 특히 처음 6개월 동안에 중요합니다. 모유 수유는 평생 동안 조용하고 사적인 장소에서, 그리고 어머니가 되기를 바라는 희망과 기대를 반영 할 수 있는 기회를 제공합니다. 모유 수유는 생리학적인 연결고리를 감정적으로 연결합니다. 모유 수유는 초보 어머니가 조산으로 걱정과 스트레스에 압도당할 때 쉽게 생각할수 있는 것은 아니지만 시간을 갖고 생각해보십시오. 모유 수유를 하는 것, 모유를 유축하는 것, 또는 단지 아기의 옆에 앉아있는 것만으로도 어머니에게 아기와 연결되는 시간을 제공해줄 수 있습니다.

- **어머니가 아기를 알 수 있게 도와줍니다.** 모유를 유축하면 아기의 일상을 관리하는데 계속 참여할 수 있습니다. 어머니가 더 많이 참여할수록 아기를 더 잘 알게 될 것입니다. 출산 후 몇 주 동안의 모유 수유를 마친 후 어머니는 자신의 관찰이 아기의 보살핌에 전반적으로 미치는 영향에 놀랄 것입니다.

  모유 수유는 어머니가 아기의 변화를 민감하게 알 수 있게 합니다. 아기가 효과적으로 먹고 있는지, 휴식을 취하거나 다른쪽 유방으로 전환 할 때가 되었는지 여부를 판단하는 법을 배우게 되면, 어머니는 아기의 신호를 이해하는 법을 배우게 됩니다. 아기의 욕구에 대한 어머니의 반응은 어머니로써의 성장에도 중요한 역할을 합니다.

- **어머니가 더 건강해집니다.** 모유 수유는 임신기간 증가된 체중을 빠르게 감소시키고 유방암과 난소암 그리고 골다공증의 위험을 감소시킵니다.

모유 유축과 보관하기

아기의 출생과 태반의 배출은 어머니의 몸에서 모유 생산으로 이어지는 호르몬 변화를 유발합니다. 모유 생산은 아기가 예정일에 맞춰 태어났는지 혹은 예정일보다 일찍 태어났는지에 상관없이 출산으로 생깁니다. 다시 말하면, 어머니의 몸은 어머니가 원하든 원하지 않든 출산 후 모유를 생성할 것입니다.

처음에는 초유라고 불리는 특별한 모유를 생산합니다. 황색을 띠고 끈적거리며 출생 후 첫날에는 소량만 나옵니다. 이는 면역물질 및 다른 물질로 채워있어서 아직 미성숙한 아기의 장을 위해 완벽합니다. 2~3일 후(때로는 더 길어짐), 모유 생산이 더욱 잘 만들어져서 유방이 가득 차게 됩니다. 이후에 어머니의 몸이 더 많은 모유를 계속 만들어야 한다는 것을 알 수 있게 해야 합니다. 아기에게 수유를 하면서 어머니의 모유 생산은 아기의 모유 섭취량에 맞게 적응합니다. 모유량은 아기의 요구량에 따라 달라집니다. 아기가 성장하고 더 많은 모유를 필요로 할수록, 어머니의 유방은 모유생산량을 증가시킵니다.

- **아기가 모유 수유를 할 수 없으면 어떻게 됩니까?** 모유 생산에 있어 아기의 역할은 매우 중요합니다. 모유가 유방에서 제거되지 않으면 모유를 만드는 것이 멈춥니다. 유방 자체의 물질과 유방의 센서는 모유가 필요하지 않다고 생각해서 모유 생산을 중단하라는 신호를 보냅니다.
  그렇다면 질병이나 조기 출산 때문에 아기에게 수유할 수 없을 때 어떻게 해야 될까요? 아기에게 아직 모유를 먹일 준비가 되어 있지 않더라도 언젠가 모유가 필요합니다. 이때는 유축을 시작하십시오. 유축은 모유량이 줄어들지 않게 할 것입니다.

1. 모유를 유축하십시오

만약 이른둥이가 직접 수유하기에 너무 어리거나 너무 아프다면, 유축을 통해 모유를 짜서 먹여야 합니다. 기계식 유축기를 이용한 수유가 어머니가 기대했던 따뜻하고 모성적인 경험이 아닐지라도, 출생 직후에 유방을 유축하면 다음과 같은 이점이 있습니다.

- 이른둥이를 직접 보살필 수 있습니다.
- 어머니의 "수퍼 밀크"인 초유를 얻을 수 있습니다.
- 어머니를 스트레스에 대처할 수 있게하는 호르몬 방출을 자극합니다.
- 모유 양이 줄어들지 않게 합니다.

유방을 유축하는 것은 아기에게 모유를 제공 할뿐만 아니라 모유를 생산하는 것을 중단하지 말라고 몸에 알려줍니다. 출생 후 처음 2~3주 동안은 특히 유축을 자주 해야 합니다. 이것은 유방에서 더 많은 프로락틴 수용체 세포를 활성화시킴으로써 모유량을 유지시킵니다.

유축을 처음 시도할 때는 익숙하지 않아서 힘든 과정을 겪게 됩니다. 하지만 길게 보면 유축은 어머니와 아기가 수개월 동안 모유 수유의 즐거움과 혜택을 누릴 수 있게 할 것입니다. 장기적인 목표를 기억하세요. 이른둥이를 위한 유축방법을 소개합니다.

2. 올바른 유축방법을 선택하십시오

유축에는 세 가지 주요 이점이 있습니다.

- 효율성. 적은 시간에 더 많은 모유를 유축 할 수 있습니다.
- 안전성. 민감한 유방 조직에 충격을 주지 않습니다.
- 적절성. 양쪽 유방을 동시에 유축하는 것은 어머니의 몸을 자극하여 더 많은 모유와 더 높은 수준의 프로락틴을 생성합니다.

유축기를 사용하는 방법을 배운 후에도 사용지침서를 여러 번 읽으십시오. 아기가 태어난 후 처음 며칠 동안은 배우고 걱정할 것이 많은 때이므로 이러한 정보를 수집하는 것이 어려울 수 있습니다. 유축의 경험이 있는 친구에게 도움을 요청하십시오.

3. 수유전문가에게 상담하십시오

간호사나 수유전문가는 유축기를 사용하는 방법을 알려줄 것입니다. 아기가 입원하는 동안 유축방법을 배우는 것은 매우 중요합니다. 수유전문가는 어머니와 아기가 수유할 준비가 될 때까지 유축하는 방법을 알려줄 것이므로 궁금한 것들을 물어보시고 상담하십시오.

4. 주변 환경을 준비하십시오

병원에 있는 동안 수유실에 유축기가 있는지 확인하십시오. 집에서도 유축기가 필요할 것입니다; 간호사나 수유전문가가 유축기를 빌릴 수 있도록 정보를 주실것입니다. 일부 병원에는 NICU 근처에 전용 유축실이 있으며, 그곳에는 어머니가 사용할 수 있는 유축기, 편안한 의자 및 싱크대가 있습니다. 처음 며칠 동안, 어머니가 모유를 유축하는 데 익숙해지면, 대부분 수유실에서 혼자 유축을 할 수 있습니다. 시간이 지나면 어머니들은 아기를 보면서 유축하는 것이 더 효과적이란 것을 알게 됩니다.

유축을 할 때는 유축기와 모유를 보관할 용기를 놓기 위해 옆에 편안한 의자와 탁자가 있어야합니다. 시작하기 전에 손톱 밑까지 깨끗하게 철저히 손을 씻으세요. 유축기를 조립하고 옷을 정리한 후 양쪽 가슴을 모두 유축할 수 있도록 하십시오. 사생활을 보장하기 바란다면 유축을 하는 동안 커튼을 닫으세요.

5. 마음과 몸을 준비하십시오

주변 환경을 준비하는 것 외에도 마음과 몸을 준비하십시오. 모유를 짜내는 것은 가슴과 유축기가 물리적으로 만나는 것 이상입니다. 유축을 시작하기 전에 잠시 휴식을 취하십시오. 눈을 감고 숨을 깊게 내쉬고 들이 마십니다. 흐르는 물줄기나 조용한 숲을 상상하십시오. 아기에게 수유하는 것과 모유가 자유롭게 흐르는 것을 상상하는 것은 더욱 효과적입니다. 몸이 유축에 자유롭게 반응할 수 있도록 마음을 편안하게 하십시오. 일부 어머니들은 유축을 하기 직전에 두 잔의 물을 마시면 "유축을 준비"하는 것이 도움이 된다고 합니다. 가슴 벽에서 유두까지 유방 마사지를 하는 것도 모유를 흐르게 할 수 있습니다.

6. 유축 시작하기

이제 몸과 마음이 준비되었으니 시작할 시작입니다. 유축기의 세기를 가장 부드러운 단계로 설정하십시오. 유축기의 깔때기에 유두 중심을 맞춥니다. 처음에는 한 번에 한쪽의 유방만 유축하세요. 좀 더 자신감이 생기면 양쪽 유방에서 동시에 유축을 시도하십시오. 유축기에 다양한 크기의 깔때기가 있는 경우 어머니의 유방에 가장 잘 맞는 것을 선택하십시오. 깔때기가 유방을 효과적으로 자극할만큼 충분히 밀착되도록 하십시오. 다른 크기의 깔때기도 시도해본 후 어떤 것이 가장 적합한 지 확인할 수 있습니다.

유축기를 켜십시오. 유축기가 압력을 넣고 빼는 것을 진행할 때마다 유두와 유륜이 깔때기에서 앞뒤로 움직이는 것을 볼 수 있습니다. 출생 후 첫 며칠 동안, 어머니는 한 번 유축할 때 찻 숟가락 정도의 초유만 수집합니다. 이후에는 유축을 시작하고 1~2분 정도가 지나면 모유생성반사(MER)가 나타나고 모유가 분출될 것입니다. 유축기의 흡입 압력을 높게 설정하면 모유가 더 빨리 흐르게 할 수 있지만 압력이 너무 높으면 유두가 불편해집니다. 유두의 통증은 MER를 억제하여 모유를 덜 분비시키기때문에 유축을 할때는 상처가 나지 않도록 해야 합니다.

- 유축을 준비하십시오. 유축을 시작하기 전에는 항상 양쪽 유방의 유륜과 유두를 부드럽게 마사지하십시오. 이렇게 하면 바로 유축하는 것보다 모유가 흐르도록 자극하는 데 도움이 됩니다. 유방 전체를 마사지하면 모유의 양을 향상시킬 수 있습니다.

- 유축 후 정기적으로 유방을 마사지하십시오. 유방을 완전히 비우기 위해 가슴 가장자리를 시작으로 유방 주위를 원형으로 움직여 손가락 끝으로 유방을 마사지하십시오. 도중에 어떤 덩어리가 느껴지면 유두방향으로 안쪽으로 천천히 마사

지하여 모유가 관이 막혀서 나오지않는지 확인하십시오.

7. 얼마나 오랫동안 유축을 해야 합니까?

모유가 더 이상 흐르지 않을 때까지 유축한 후 2분 더 유축하십시오. 여분의 유축은 추가 MER를 유발하고 더 많은 모유를 생산할 수 있습니다. 일반적으로 한쪽 유방을 유축하는 데 약 10분에서 15분정도 걸릴것입니다. 양쪽 유방을 동시에 유축하면 시간이 절약되고 혈장 프로락틴 수치와 모유 양이 증가합니다. 그러나 30분 이상 오래 유축하지 마십시오. 유축을 오래하면 아플 수 있고 모유 공급을 늘리는 데 별로 도움이 되지 않습니다. 더 짧게 더 자주 유축하는 것은 모유 생산을 늘리는 데 효과적입니다.

모유의 지방 함량은 수유하거나 유축하는 동안 증가합니다. 이것은 마지막에 유축된 모유가 처음에 유축한 모유보다 지방 함량이 더 높다는 것을 의미합니다. 이것은 아기의 체중 증가에 중요하기 때문에 "성장 모유"라고 부릅니다. 어머니가 더이상 모유가 나오지 않을 때까지 유축하는 것이 중요한 이유는 바로 이것 때문입니다.

8. 얼마나 자주 유축을 해야 합니까?

신생아는 자주 먹기 때문에 유축 횟수는 이것과 비슷한 횟수를 유지해야합니다. 일반적으로 하루 24시간 동안 총 8~10회 유축 세션을 계획합니다. 어머니의 몸은 아침에 모유를 더 많이 만들기 때문에 어머니는 아침과 이른 오후에 더 자주 유축하게 됩니다. 집에서도 병원에서 사용하는 유축기와 같은 종류의 것을 사용하는 것이 가장 좋습니다. 밤중에 적어도 한번, 잠이 들고 약 4시간 후에 일어나서 유축할 수 있도록 알람을 설정하십시오. 처음 몇 주간 자주 유축하면 오랫동안 좋은 모유가 나오도록 유지하는 데 도움이 됩니다.

3주간의 유축 스케줄을 지킨 후에는 유축기를 사용하는 시간을 약간 줄이더라도 좋은 모유 공급을 유지할 수 있게 됩니다. 어머니가 할 수 있을 만큼 자주 유축을 하세요. 어머니가 많은 양의 모유를 생산하게 되면, 모유의 흐름은 더 빨라지고 아기는 수유 동안 힘들게 움직이지 않습니다. 이렇게하면 아기가 더 많은 모유를 먹을 수 있습니다.

9. 얼마나 많은 양의 모유를 유축합니까?

처음 며칠 동안 한 번에 찻숟가락 하나 정도의 초유만 유축할 수 있습니다. 양이 적으면서도 초유는 영양소가 풍부하고 감염저항인자인 고농도의 항체, 그리고 수유를 위해 위의 내벽을 준비하는 다른 보호인자들이 풍부합니다. 이른둥이의 어머니들은 종종 더 많은 양의 초유를 더 오랫동안 생산하기도 합니다. 초유를 저장해서 아기에게 구강 또는 튜브로 공급하는 것은 정말 중요합니다.

아기가 수유를 할 준비가 되었지만 직접 모유 수유를 할 준비는 되지 않은 경우, 아기는 입이나 코를 통해 위로 통하는 관으로 모유를 먹이십시오. 이것을 위관 영양이라고 합니다. 위관 영양 시에는 소중한 모유가 낭비되는 것을 염려 할 필요가 없습니다. 초유는 성숙유보다 두껍고 끈적끈적하기 때문에 간호사는 멸균된 물로 희석하여 아기에게 쉽게 먹일 수 있습니다.

며칠 동안 유축을 하고나면 모유의 양이 훨씬 증가하는 것을 알 수 있을 것입니다. 초기 우유는 혼합된 초유이기 때문에 아름다운 황금빛 흰색을 띕니다. 다시 말하지만, 항체와 성장 호르몬의 농도가 높기 때문에 아기에게 이 "황금빛 흰색 모유"를 저장하는 것이 중요합니다. 조산의 스트레스와 제왕 절개와 같은 의학적 합병증으로 인해 이른둥이의 어머니들은 유축할 때 마다 몇 방울을 유축하기위해 더 오랜시간이 걸리는 경우가 종종 있습니다. 이런 상황을 긍정적으로 생각하고 자주 유축하십시오. 만약 어머니의 유방이 붓고 울혈이 생겼다고 느끼실때도, 유축를 자주 시도하면 유방울혈이 가라앉을 것입니다.

출생 후 10일 정도가 되면 유축된 모유의 양은 1일 600ml 이상이 될 것입니다. 많은 이른둥이 어머니는 초기에 아기의 필요량보다 더 많은 모유를 생산합니다. 초기 몇 주 안에 풍부한 모유 생산이 가능해지면 이후에도 모유를 효율적으로 생산할 수 있습니다. 산후 2주까지 유축된 모유의 양이 하루에 350ml 미만이면, 향후 몇 달 동안은 아기가 요구하는 것 만큼 충분히 모유를 공급할 수 없습니다. 이때는 어머니가 모유 생산을 늘릴 수 있는 조치를 취해야합니다.

모유는 황금색에서 점진적으로 푸른빛이 도는 흰색으로 바뀝니다. 모유를 전용용기에 담으면 몇 개 층으로 분리되고 크림이 위로 올라갑니다. 신선한 모유는 슈퍼마켓에서 구입한 우유처럼 균질화되지 않습니다. 모유는 초기 모유보다 흐리게 보이지만 여기에는 여전히 단백질, 비타민 및 지방 등 특별한 면역 성분이 가득하므로 이른둥이에게 안심하고 주십시오. 너무 빨리 태어난 이른둥이는 모유가 제공할 수 있는 영양소보다 많은 영양소를 필요로하기 때문에 모유와 모유 강화제를 혼합하여 공급해야 합니

'모유 강화제 - 어머니의 모유를 강화시킵니다'

모유가 어머니의 아기에게 가장 좋은 음식일지라도, 종종 전체 칼로리를 증가시키기 위해, 특히 아기가 1500g 이하의 체중으로 태어난 경우 모유강화제(HMF)를 필요로 할 수 있습니다. HMF는 아기가 충분한 양을 얻을 수 있도록 돕는 몇몇 비타민, 미네랄, 단백질을 포함합니다. 모유의 단백질 함량은 처음 몇 주간 매우 감소합니다. 그러나 아기의 체중 증가와 성장을 위해 단백질 공급은 필요합니다. 모유의 단백질이 일시적으로 감소하기 때문에 감소한 단백질을 보충하기 위해 아기의 식사를 강화해야합니다. 대부분의 전문가들은 HMF가 이른둥이에게 유익하다고 생각합니다. 의사가 이것을 모유에 추가하도록 권유한다면 모유 가치에 대한 비판으로 생각하지 마십시오. 의사는 단순히 아기의 성장을 위해 단백질을 약간 추가하기를 원할 뿐입니다. HMF는 수유 직전에 모유에 첨가해야합니다. HMF가 첨가된 모유는 박테리아 오염을 일으킬 수 있으므로 저장하지 않습니다.

다. 어머니의 모유가 아기에게 부족하기 때문이라고 해석하지 마십시오. 의사가 아기에게 일시적으로 추가 영양소의 공급이 필요함을 결정했을 것입니다.

10. 어머니의 초유를 보관하십시오

어머니는 귀중한 모유를 보존하고 보호하기를 원합니다. 모유를 저장하는 방법은 면역 기능이 얼마나 잘 유지되는지에 영향을 줍니다. 모유를 저장할 때는 박테리아의 성장으로부터 보호하는 것이 가장 중요합니다.

모유 보관함에 라벨을 붙이고 얼리거나 냉장고에 보관하는 것에 대해 결정해야합니다. 병원에서 모유를 사용할 용기와 미리 인쇄된 라벨을 제공할 수 있습니다. 병원은 어머니의 이른둥이를 위해 모유를 유축하고 운반 할 때 몇가지 절차를 지키도록 할 수 있습니다. 다음을 신중하게 따르십시오.

초유는 초기에 유축한 것보다 후반에 유축하는 것에 지방 함량이 더 높습니다. 실제로 크림 부분이 더 두껍고 더 흰색으로 보입니다. 빠른 성장 기간 동안 아기가 고열량 모유를 필요로 할 경우를 대비하여 별도의 병에 후유(후반에 유축한 모유)를 보관하는 것이 좋습니다.

- **보관 용기.** 병원의 수유실은 유리 용기나 모유보관 팩에 담아서 보관합니다. 플라스틱 제품은 사용하지 않습니다. 유축기 제조업체는 모유를 저장하는 데 사용할 수 있는 특수 비닐 모유보관 팩을 판매하며 경우에 따라 유축기에 비닐을 직접 부착하여 모유를 모을 수 있도록 합니다

  보관 용기에 따라 각각 장점이 있습니다.

  유리 용기는 모유를 잘 보호하고 냉동고 또는 냉장고에 직접 보관할 때 사용할 수 있습니다. 간호사들이 용기에서 모유를 따르기도 쉽습니다.

  그러나 모유 백혈구(면역 기능에 중요한 백혈구)가 유리 용기의 측면에 붙어서 모유를 따라낸 이후에도 유리용기에 남아있다는 연구 결과가 있습니다. 반대로 유리 용기에 저장된 모유에는 백혈구 수가 많아 시간이 지남에 따라 유리에 붙어 있는 백혈구가 모유 속으로 다시 방출된다는 연구도 있습니다. 어머니가 유축된 모유를 즉시 아기에게 주려고 할 때는 유리 용기를 피하는 것이 가장 좋습니다.

  모유보관 팩은 폴리에틸렌으로 만들어졌으며, 일회용 비닐 젖병보다 두껍고 단단합니다. 모유보관 팩은 안전하게 닫히고 모유의 영양소와 면역을 보호하는 역할을 합니다. 그러나 취급이 어려워서 어머니는 비닐에 보관된 모유를 냉장고 또는 냉동고의 다른 용기에 넣기를 원할 것입니다. 유축기에서 모유를 멸균 봉투에 직접 보관할 수 있으므로 용기 또는 손에서 박테리아가 전염될 가능성을 최소화합니다. 그러나 일부 전문가들은 모유보관 팩이 단단한 용기보다 오염되기 쉽다고 생각합니다. NICU 간호사에게 조언을 구하십시오.

- **라벨에 표시하기.** 모든 보관용기에는 아기의 이름과 모유가 채취 된 날짜 및 시간이 표시되어야합니다. 어머니가 약을 복용 중인 경우, 라벨에 이런 정보도 표기되어야합니다. 병원에서는 아기의 ID 번호와 필요한 기타 정보를 적을 수 있도록 간호사에게 라벨을 달라고 요청하세요. 간호사는 모유에 대한 정보를 추가할 수 있는 아기의 이름과 ID가 미리 인쇄 된 라벨 용지를 줄 수 있습니다. 어머니는 아기에게 슈퍼밀크를 첫 번째로 먹이길 원하기 때문에 초유를 보관한 용기가 무엇인지 기록해야 합니다(예 : 1일, 2일, 3일 등). 초유는 48시간 동안 냉장 보관할 수 있으며 그 이상 보관해야 할때는 냉동실에 보관하십시오.

- **모유 보관하기.** 냉동하면 모유 내 살아있는 세포가 파괴되고, 소화를 돕고 아기의 성장을 촉진하는 호르몬과 효소가 비활성화 됩니다. 냉동된 모유보다 냉장된 모유가 더 좋으며 신선한 모유가 가장 좋습니다. 비록 냉동된 모유라 할 지라도 아기에게 여전히 좋으며 분유에 비해 효과가 월등합니다. 신선한 모유가 아기에게 더 많은 항감염물질을 공급하기 때문에 가능한 한 아기에게 신선하고 얼리지 않은 모유를 주십시오. 관수유를 시작할 수 없는 어린 이른둥이들에게는 첫 주에 유축해서 냉동한 초유를 사용하는 것이 중요합니다. 이 첫 모유는 냉동 상태 일지라도 성숙된 신선한 모유보다 아기의 미성숙한 장에 좋습니다. 아기가 수유를 잘 견디는 것처럼 보일 때, 냉동 모유 중 일부를 건너 뛰고 아기에게 신선한 모유를 주기 시작할 수 있습니다.

  연구에 따르면 실내 온도 (66~72°F 또는 19~22°C)에서 10시간 동안 보관하거나 냉장고에서 최대 8일 동안 보관하더라도 모유에 심각한 박테리아 성장이 나

일반적인 병원의 모유 보관 지침

- 어머니가 병원에서 아기를 방문하는 시간에 유축을 하면, 간호사는 아기에게 신선하고 따뜻한 모유를 줄 수 있습니다.
- 만약 아기에게 모유를 24~48시간 내에 준다면, 즉시 냉장고에 보관하십시오. 모유를 48시간 이내에 사용하지 않는다면 냉동고에 보관하여 더 오래 보관할 수 있습니다.
- 아주 적은 양의 모유를 하나의 보관 용기에 합치고 싶더라도, 유축시기 별로 분리하여 보관하는 것이 가장 좋습니다.
- 아기가 아직 수유할 준비가 되어 있지 않다면 모유를 유축한 후 냉동보관하여 나중에 아기에게 줄 수 있습니다. 일부 병원에서는 가장 오래 전에 유축한 모유부터 아기에게 주어 유방에서와 마찬가지로 초유를 먹고 이행유를 먹을 수 있도록 합니다. 이른둥이가 모유를 올바른 순서로 섭취할 수 있도록 간호사가 어떤 모유를 사용하고 있는지 관찰하십시오.
- 모유는 냉동실에서 3~4개월 동안 안전하게 보관할 수 있습니다. 최대 6개월 동안 깊은 냉동실에 보관할 수 있습니다. 아기가 요구하는 양이 유축하는 모유 양보다 적으면 냉동실에 모유를 저장해야 합니다.
- 냉장 또는 냉동된 모유를 얼음 또는 얼음팩으로 채워 시원하게 포장하여 가져오십시오.

타나지 않습니다. 그러나 이른둥이를 위한 모유를 저장하는 지침은 좀 더 까다로운데, 이른둥이가 박테리아 감염에 보다 취약하고 오랜 기간 동안 유축한 모유에 의존하기 때문입니다. 너무 오래 보관하지 마십시오.

- **1회 보관량.** 소중한 모유가 버려지는 것을 보고 싶은 사람은 아무도 없을 것입니다. 하지만 병원은 아기가 수유를 마친 후에 남은 모유를 어떻게 할지에 대한 정책이 다릅니다. 일부는 다음 수유를 위해 냉장고에 저장합니다. 일부는 박테리아 성장의 염려가 있으므로 버립니다. 간호사에게 각 용기에 보관할 모유의 양을 묻고 버려지는 것을 최소화 하십시오.

- **모유와 약물.** 어머니가 모유를 유축하거나 모유 수유를 하는 기간에 어떤 약을 복용하고 있다면 아기의 의사에게 알려주십시오. 어머니가 복용하는 어떤 약이라도 유축한 모유의 라벨에 기록해야 합니다. 대부분의 약물이 모유 수유 시 사용할 수 있지만 이른둥이는 약물을 분해하고 배출시키는 데 어려움을 겪습니다. 만약 어머니가 아기에게 문제를 일으킬 수 있는 약물을 복용하는 경우, 더 이상 약물을 복용하지 않거나 아기가 모유 내에 존재하는 적은 양의 약물은 다룰 수 있을만큼 충분히 성숙할 때까지 잠시 동안 모유를 유축해서 버려야 할 수도 있습니다.

- **다이어리 관리하기.** 가정과 병원 모두에서 모유를 보관하면 모유의 재고량을 추적하는 것이 어려워 질 수 있습니다. 냉장고 문에 일지를 기록하면 보관에 도움이 될 수 있습니다. 간호사와 정기적으로 소통하십시오. 병원에 가기 전에 전화하여 냉동실에서 모유를 가져와야하는지 확인하십시오. 병원 방문 시 유축하는 것을 간호사가 알고 있으면 아기의 수유를 조정하여 어머니가 곁에 있지 못하는 동안에도 아기가 신선한 모유를 마실 수 있도록 도울 것입니다.

- **아기의 요구에 따르기.** 모유 공급량을 유지하는 것은 쉽지 않습니다. 대부분의 이른둥이 어머니들은 몇 주가 지나면서 모유의 생산량이 감소함을 알게 됩니다. 또한 모유 생산은 아기의 상태에 의해 변동을 거듭합니다. 이러한 위기동안 어머니는 유축을 거의 하지 못할 것입니다. 그것이 정상입니다. 유축을 계속하면 모유 생산량도 돌아올 것입니다. 그리고 만약 아기가 분유를 통해 보충을 해야 할지라도 모유는 여전히 중요한 역할을 합니다. 이른둥이에게 모유 수유하는 것은 고민할 문제가 아닙니다.

- **냉동모유 해동.** 절대 전자레인지로 모유를 데우지 마십시오. 이는 영양 성분을 변화시키고, 고르게 데워지지 않으며, 아기가 다칠 수 있는 뜨거운 부분을 만들 수

유축을 중지하는 법

어느 시점에서 유축을 더 이상 사용할 필요가 없음을 알게 될 것입니다. 아마도 출생 후 몇 달이 지나면 이른둥이는 유방에서 직접 모유를 잘 먹어서 보충 수유가 더 이상 필요하지 않을 수도 있습니다. 또는 갑자기 모유 수유를 중단하기로 결정하면 더 이상 모유를 유축하지 않아도 됩니다. 유축을 중단할때는 점차적으로 수행하는 것이 중요합니다. 갑자기 유축기 사용을 중단하면 모유가 유방 전체에 울혈되어 고통스럽고, 이는 유방 내 감염인 유방염을 유발할 수 있습니다. 어머니는 2~3일마다 한번씩 유축하여 모유를 비워야만 이를 예방할 수 있습니다.

예를 들어 하루에 8번 유축을 했다면 유방 유축에서 벗어나기까지 2~3주가 소요됩니다. 어머니의 상황이 점진적인 중단이 어렵다면, 유방에 불편감을 느끼기 시작할 때마다 하루에 몇 번씩 유축하십시오. 꽉 차있는 것을 완화시키기에 충분한 양의 모유만 유축하십시오. 어머니의 모유 생산은 며칠 안에 천천히 감소하고 멈출 것입니다. 그러나 이러한 갑작스러운 과정은 유방염 위험을 증가시킵니다. 유방염이 진행될 경우 유방 내부에 통증이 있는 큰 덩어리가 생기고, 감기와 같은 증상, 그리고 염증이 증가시에는 열이 날 것입니다.

있습니다. 모유 보관 용기를 뜨거운 물이 담긴 따듯한 통에 넣고 중탕합니다 (98°F 또는 37℃)

이른둥이에게 모유 수유 시작하기

이른둥이의 어머니들은 아기가 모유 수유를 시작할 수 있는 순간의 모성애를 기대하며 유축의 순간들에 경험가는 많은 우여곡절을 견딥니다. 그러나 유축과 위관 영양에서 모유 수유로 전환하는 것은 어려운 일일 수 있습니다. 어머니들은 아기가 빠는 기술을 완전히 익힐 때까지 인내심과 끈기가 필요합니다.

1. 언제부터 시작할 수 있습니까?

이른둥이에게 젖을 먹이기 시작할 준비가 되는 시기와 단계는 이른둥이 별로 다릅니다. 병원의 신생아실은 모유 수유를 시작하는 자체적인 기준을 가지고 있습니다. 어떤 병원은 아기가 특정한 몸무게나 성별의 나이여야 한다고 명시합니다. 일반적으로 신생아실에서는 아기가 더 이상 인공호흡기를 필요로 하지 않고 적절하게 숨을 쉴 수 있는 몸을 유지할 수 있을 때 그리고 인큐베이터 밖에서 짧은 시간 동안 체온을 유지할 수 있을 때 모유를 수유하도록 장려합니다. 대부분 이른둥이는 재태 30주에서 32주 정도에 해당합니다. 가끔은 재태 28주 정도로 이른시기에 가능할 수 있습니다.

선행연구에서는 극소저출생체중아들도 유두를 안전하게 물 수 있다고 하였습니다.

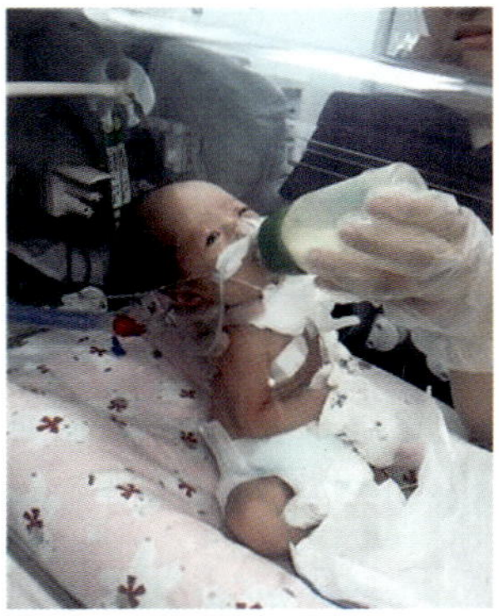

그림 1. 병원에서 이른둥이에게 모유 수유하는 모습

또 다른 연구 결과에 따르면, 이른둥이는 재태 29주에 유방에 안전하게 자리를 잡고, 31주 정도에는 효과적으로 모유 수유를 할 수 있으며, 36주까지 완전한 모유 수유를 할 수 있다고 했습니다.

2. 모유 맛보기

기억하세요! 이른둥이는 빠는 기술이 미성숙하고, 입이 작고, 쉽게 지칩니다. 그래서 첫 번째 수유는 아기에게 모유를 배불리 먹이는 것이 아니라 어머니의 가슴에 밀착하는 것에서 시작하는 것이 좋습니다. 이것을 우리는 모유 맛보기라고 부릅니다. 모유를 먹는 것은 이후에 진행될 것입니다.

이른둥이 아기가 처음 젖을 빠는 것은 사실 캥거루 치료 중에 일어날 수도 있는데, 이것은 일종의 모유 수유의 서곡입니다. 어머니의 가슴에 자신의 피부가 닿아 있는 순간에 아기들은 종종 유두를 찾습니다. 신생아 간호사들은 28주 된 아기들이 유두를 잡고 뿌리 채 입으로 넣는 것을 관찰합니다. 아기가 고개를 돌려 어머니의 가슴을 찾아서 입을 크게 벌리고 빠는 것은 본능적인 행동입니다. 캥거루 케어로 돌보는 아기들은 어머니의 유두를 핥고 코를 킁킁거리고, 손으로 꽉 쥡니다.

이제 모유 수유 경험이 없는 이른둥이에게 어머니의 가슴과 모유 맛을 느끼게 해주어야 합니다. 캥거루 치료 직전에 유축을 해서 가슴을 비운다면, 아기는 모유가 터져나오는 흐름에 압도당하지 않고 소량의 우유 맛과 냄새를 즐길 수 있습니다. 아기는 잠깐 코를 킁킁대며 모유를 빨고는 바로 피곤해 지고 잠들게됩니다. 수유 후에는 아기가 어머니의 가슴에 기대어 쉬게해주세요. 아기가 깨면 반복해서 다시 시도해 보는 것이 좋습니다.

3. 모유 수유 시작하기

첫 번째 모유 수유 시도는 어머니와 이른둥이 아기 모두에게 부자연스러울 것입니다.

이러한 과정을 통해서 모유 수유를 배우게 됩니다. 이른둥이 아기에게 모유 수유를 하는 것은 하루 만에 이루어지지 않습니다. 아기가 모유를 먹고 있는 것이 행복하다고 느끼는 과정이 반복되어야 합니다. 이러한 과정 동안 어머니는 인내심과 끈기가 필요하고 모유 수유를 시작하는 것을 도와줄 손길이 필요합니다.

- **어머니가 모유 수유 중인 아기의 행동에 대해 알아야 할 것.** 이른둥이 아기가 모유를 활발하게 충분히 많이 빠는 것은 힘든 일입니다. 왜냐하면 이른둥이들의 빠는 기술은 완전히 발달하지 않기 때문입니다.

  이른둥이 아기들은 모유 수유 중에 언제 숨을 쉬어야 하는지를 배우는데 많은 에너지를 소모할 것입니다. 의학적 문제로 스트레스를 받는 작은 이른둥이들은 이러한 이유로 나이가 들고 더 강해질 때까지 입으로 모유 수유를 하지 못하기도 합니다. 하지만, 모유 수유는 젖병 수유보다 이른둥이에게 훨씬 덜 스트레스를 주기 때문에, 많은 이른둥이들에게 모유 수유를 더 일찍 주려고 노력하고 있습니다. 아기들은 그들의 머리를 통해 체온을 빼앗기기 때문에, 초기 모유 수유 중에는 아기에게 "이른둥이 모자"를 착용하는 것이 좋습니다.

  모유 수유를 처음 연습할 때, 어머니들은 이른둥이 아기가 두 가지 형태의 빨기를 보인다는 것을 알 수 있습니다. 바로 비영양적 빨기(nonnutritive sucking, NNS)와 영양적 빨기(nutritive sucking, NS)입니다. 비영양적 빨기(NNS) 동안 아기는 짧은 호흡으로 조금씩 빨고 쉬기를 반복하지만 많은 우유를 얻기는 노력이 부족합니다. 캉카루케어를 하는 동안에 이른둥이 아기에게서 자주 볼 수 있는 형태입니다. 비영양적 빨기동안 아기는 휴식을 취합니다. 또한 소화 효소가 풍부한 침의 흐름을 자극함으로써 우유의 소화를 촉진합니다. 만약 이때 어머니가 아기에게 우유를 몇 방울 떨어뜨린다면, 이른둥이 아기는 편안한 상태에서 모유의 맛을 볼 수 있습니다.

  영양적 빨기(NS) 동안은 아기가 전체 유두 및 유륜 부분에 걸리고 삼킴 및 흡입을 하며 호흡을 조절합니다. 영양적 빨기는 아기가 전체 아래턱의 움직임과 함께 혀의 파장 같은 움직임을 이용해 초당 약 한모금의 속도로 모유를 빨아들일 수 있습니다. 아기는 한두 번 우유를 빨고 난 후 입안에 가득해진 우유를 삼킵니다. 이와는 대조적으로, 비영양적 빨기는 더 빠르고, 입 주위의 근육만을 사용하며, 우유를 많이 빨아들이지 못합니다.

  재태 30주 된 어린 아기들에게도 영양적 빨기(NS)를 볼 수 있고, 대부분의 이른둥이들은 32주까지 가슴에서 영양적 빨기를 보여 줄 것입니다. 아기들은 비영양적 빨기로 수유를 시작합니다. 어머니의 유두를 자극하면 모유생성반사(MER)를 자극하고 아기는 더 리듬 있고 더 조직적으로 모유를 빨아들입니다. 비영양적 빨기(NNS)는 수유 끝에 다시 시행될 수 있습니다. 느리고, 평화로운 비영양적 빨기는 아이들을 진정시켜 줍니다. 만약 아기의 비영양 빨기가 더 많이 보이고 체계적이지 않게 보인다면, 아기는 피곤해지는 것을 의미하며, 수유를 중단해야 할 필요가 있을 것입니다.

- **시작하기 전에.** 모유 수유에서 가장 중요한 것은 "수유 자세"와 "아기가 입을 어머니의 가슴으로 가져가는 방법"입니다. 아기가 모유 수유에 적절한 위치를 잡고 어머니 몸에 밀착하는 것은 정상적인 아기들보다는 이른둥이들에게서 훨씬 더 중요합니다. 이른둥이들은 턱과 혀에 힘이 덜 들어가 가슴을 입에 물고 있기가 힘들기 때문에, 어머니의 유두를 잡아당겨 부드러운 곳과 딱딱한 곳이 만나는 곳으로 끌어와 빨기를 하게 됩니다. 이때 이른둥이들은 머리와 어깨의 지지를 더 많이 해주어야합니다.

  초기 모유 수유 시점에서 신생아 간호사나 수유전문가에게 도움을 요청하는 것이 좋습니다. 숙련된 도우미는 아기의 자세를 잡고 어머니의 몸에 밀착시키는 것을 도와 줄 수 있습니다. 또한 모유 수유 시 아기의 특징과 행동을 해석하는 것을 도와줄 수 있습니다. 초기에 하루에 한두 번 모유 수유를 돕는 것으로 충분합니다. 첫 번째 수유 동안 얼마나 많은 모유를 섭취하는지 걱정하지 마십시오. 아기가 빨기에 능숙해 짐에 따라 점차적으로 어머니에게 모유가 많이 나오도록 할 수 있게 됩니다.

  먼저 마음을 편히 가지세요. 가슴을 조이지 않는 옷을 입으세요. 아마도 병원 가운이 편할 것 입니다. 편안한 의자에 앉아서 사생활 보호를 위해 스크린을 닫으세요. 등과 어깨 뒤, 팔꿈치 아래, 그리고 무릎 위에 베개를 사용하여 아기의 몸과 어머니 자신의 몸을 지탱하세요. 발판은 필수입니다!

  모유 흐름이 너무 빠르다면, 첫 수유 직전에 유축를 해서 모유를 조금 짜버리고 가슴을 비우세요. 가슴이 꽉 찬 경우에는 유두와 유륜이 부드러워지고 아기가 젖을 쥐기가 더 쉽게 될 것입니다. 아기가 유두를 빨고 싶도록 유도하기 위해서는 처음에 어머니가 손으로 젖을 몇 방울 떨어뜨려주는 것도 좋습니다.

4. 다양한 수유 자세를 시도해보세요

이른둥이는 수유하는 동안 등과 목을 지지해야 합니다. 아기를 앉고 어머니의 팔꿈치에 아기의 머리를 얹은 채 수유하는 전통적인 방법은 처음에는 어려울 수 있습니다. 다음 중 하나를 대신 시도해 보세요.

- **교차 요람식 자세.** 처음 오른쪽 가슴에서 수유를 했다면 왼쪽을 먹이세요. 아기를 안은채 아기의 머리를 왼쪽 팔꿈치에 대고, 손을 바꾸어 오른쪽 팔을 아기의 목을 받치세요. 어머니의 오른손이 아기의 상체와 목을 받치고 왼손으로 모유 수유하는 왼쪽 가슴을 받치세요.

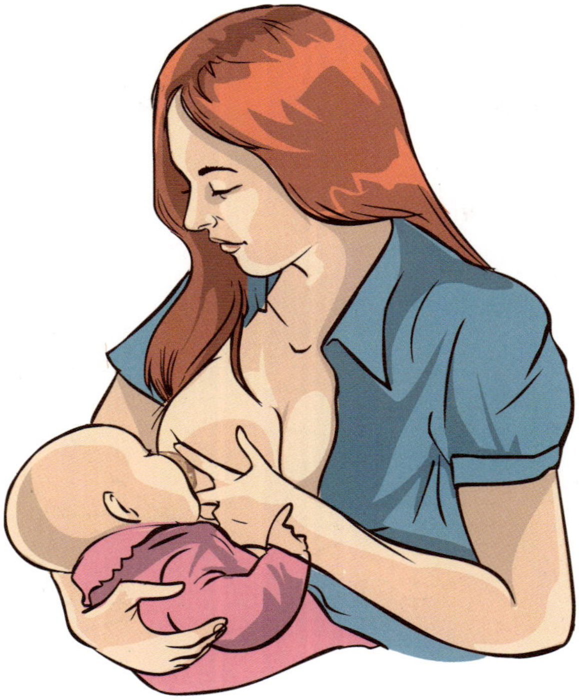

그림 2. 교차 요람식 자세

- **미식축구공 잡기 자세.** 미식축구공을 잡은 것 처럼 아기를 안으세요. 왼쪽 가슴에서 수유할 때는, 왼손으로 아기의 목과 어깨를 받쳐 주고, 큰 베게를 왼쪽 팔 아래로 두고 아기의 몸을 받치세요. 이렇게 하면 오른손이 수유하는 가슴을 받쳐 줄 수 있습니다. 베개는 어머니의 가슴 높이에 두는 것이 좋습니다.

  어느 자세이든, 수유 중에 어머니의 엄지와 손가락들은 아기의 목 뒤에서 귀까지 감쌀 것입니다. 이 때 손가락으로 아기의 볼을 만지면 안됩니다. 이것은 빠는 반사 작용을 일으켜서 아기의 머리를 좌우로 움직이게 할 수 있습니다. 또한 아기의 뒷통수를 만지지 않도록 합니다. 왜냐하면 아기가 몸을 뒤로 빼서 어머니의 가슴과 멀어질 수 있기 때문이다.

- **아기가 밀착할 수 있게 도와주세요.** 어머니의 손으로 U나 C자 모양으로 만들고, 손가락들은 아래로, 엄지는 위에 위치하고, 팔꿈치 그리고 손목을 편안한 자세로 받쳐 주세요. 아기의 코를 유두 위치에 두고 이마를 약간 뒤로 젖혀서 "냄새 맡는 자세"로 만듭니다. 그 후 아랫입술에 유두를 닿게하고 입을 크게 벌리도록 합니다. 아기가 유두 크기에 맞게 입을 크게 벌리도록 돕습니다. 어머니의 손가락을 뗍니다. 이 때 손으로 아기의 어깨와 목을 계속 지탱합니다. 아기의 상체와 목을

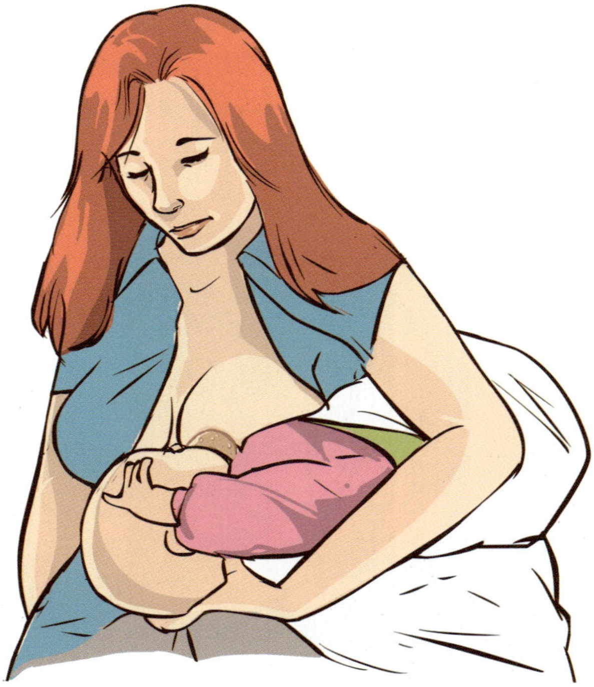

그림 3. **미식 축구공 잡기 자세**

부드럽게 누르면 아기가 가슴에 붙어서 유두를 입에 넣고 덜 노력하면서도 더 오래 빨도록 도와줍니다.

일단 아기가 어머니에게 밀착하면 자세를 살펴봅니다. 아기의 혀는 유두 밑에 있어야 합니다. 아기의 입술은 유륜부분까지 감싸야 하고 아기의 턱은 가슴에 닿아야 합니다. 아기의 코가 가슴에 닿을 수도 있고 닿지 않을 수도 있다. 아기의 코가 유방 조직에 의해 막혔다면, 아기의 몸과 발을 더 가까이 당긴다. 이렇게하면 아기는 머리를 약간 뒤로 기울이게되어서 숨을 더 쉽게 쉴 수 있게됩니다. 아래 입술이 안쪽으로 끼이면 아래 입술을 부드럽게 눌러 주세요. 아니면, 가슴과 아기의 입 사이에 손가락을 넣어 아래 입술을 빼내세요. 어머니가 직접 몸을 굽혀 아기의 아랫입술 위치를 보는 것이 어려울 수 있기 때문에, 간호사나 도우미가 도와줄 수 있습니다. 수유가 진행되어, 아기가 더 많은 압력으로 빨기 시작할 때, 아기의 입술을 억지로 떼어 내지말고 어머니가 손가락으로 아랫입술을 눌러서 떨어지도록 하는 것이 효과적일 뿐만 아니라 유두에 상처를 주지 않게 합니다.

많은 이른둥이들은 그들의 첫 번째 모유 수유 시도에서 잠시만 빨고 곧 잠에 듭니다. 만약 아기가 모유 수유 동안 스트레스의 징후를 보이거나 매우 피곤해 한다면, 수유를 중단해야 합니다. 아기는 한번에 한쪽에서만 젖을 먹일 수 있기 때문에, 어머니는 모유를 제공하고 있는 가슴 말고 다른 가슴에서 유축을 할 수 있습니다. 아기가 더 크고 빠

01

아기의 배고픈 반응을 미리 확인한 후 아기를 편하게 안고 아기가 엄마의 젖을 바라보는 자세에서 아기를 엄마의 유방쪽으로 데려와 밀착시킨다.

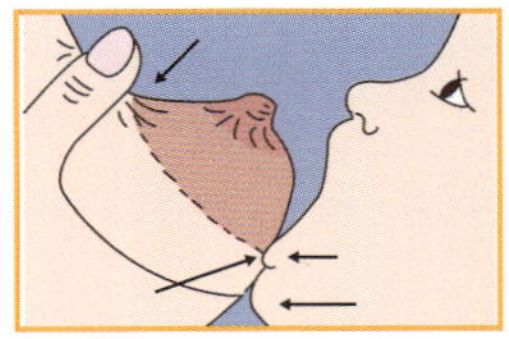

02

아기의 입술을 가볍게 자극한 후 입을 크게 하품하듯이 벌릴 때 까지 기다린 후 당겨 안으면서 유륜 깊숙히 젖을 물린다.
수유 내내 통증을 느끼면 제대로 물지 못한것으로 빼고 다시 물린다.

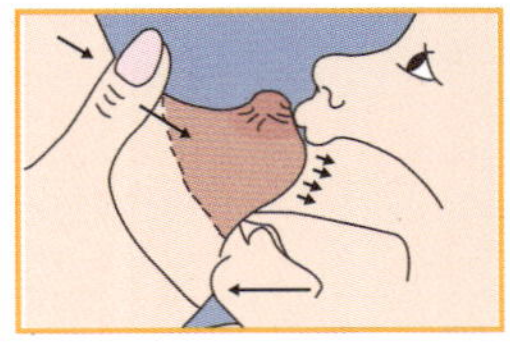

03

한쪽 젖을 충분히 빨린다. 모유의 성분은 빠는 동안 변하게 되는데 이를 다 먹어야 아기가 배가 부르고 살이 오른다.

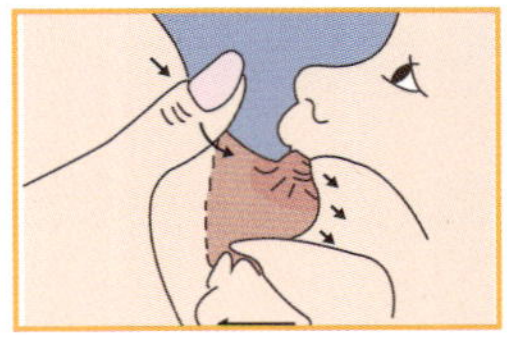

04

양쪽 젖을 번갈아 먹인다. 아기는 빨기→삼키기→숨쉬기를 규칙적은 반복한다.
일정한 시간이 지났다고 멈추거나 아기로부터 떼어 낼 필요는 없다.

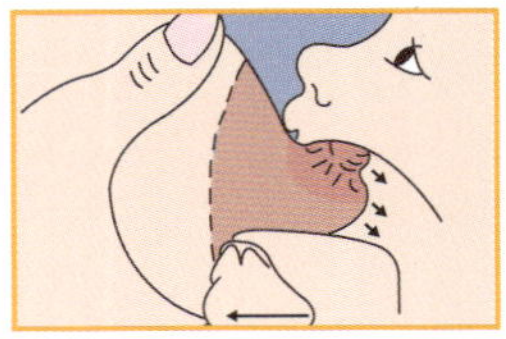

05

모유는 아기가 원할 때 마다, 아기가 먹으려 할때는 언제든지 물려준다.
시간제한 없이 하루에 8~12번의 수유가 보통적이다.

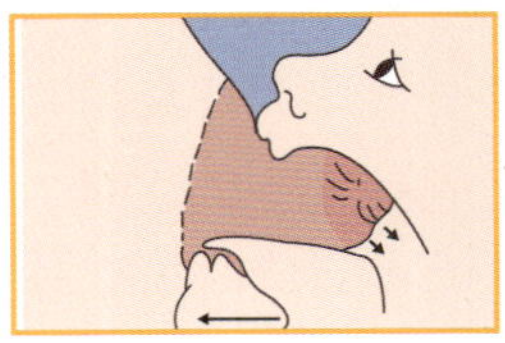

그림 4. 올바른 젖 물리기 방법

는 힘이 세지면, 어머니는 한쪽 가슴에서 수유를 마친 후에 반대쪽 가슴에서도 수유를 할 수 있습니다.

5. 아기를 가슴에 밀착시키는 방법을 시도해보세요.

아기가 어머니에 몸에 밀착하려는 것은 본능의 한 부분이기도 하지만 배워서 할 수도 있습니다. 왜냐하면 이른둥이 아기의 약한 구강 근육 조직 때문에, 처음에 혼자서 어머니의 유륜의 많은 부분을 입으로 넣을 수 없습니다. 그래서 아기를 도와 줘야 합니다. 효율적이고 편안한 자세를 위한 기본 규칙을 기억해야 합니다. 아기들은 유두만이 아니라 유륜을 빨아야 합니다. 수유를 시작할 당시 이른둥이는 부드럽게 유두만을 빨 수 있지만, 시간이 지나면 결국엔 양쪽 가슴을 한번에 먹는 법을 배우게 되므로 이때는 아기의 턱이 우유를 압축하고 유두가 아프지 않도록 방지해야 합니다.

아기가 유두에 매달려 있다면, 아기를 억지로 젖에서 떼지 말고 인내심과 끈기를 기르세요. 가슴을 눌러서 아기의 입술에서 유륜이 떨어지면 모유 수유를 멈출 수 있습니다. 다음의 아기의 입 안에 유륜을 넣을 수 있는 몇 가지 방법을 참고하세요.

- 아기가 쉽게 잡을 수 있도록 "가슴 샌드위치"를 만듭니다. 가슴을 엄지와 손가락 사이로 부분적으로 평평하게 하고 가슴 쪽으로 당깁니다. 이것은 유두와 유륜이 더 잘 붙게 해줍니다.
- 비대칭 접촉이라 불리는 방법을 시도합니다. 아기가 유방에 턱을 먼저 닿게 하세요: 아기의 입천정 뒤쪽방향으로 유두가 향하게 위로 올리세요. 아기의 아래턱이 위턱보다 유륜을 더 많이 덮도록 하세요. 이것은 아기의 혀와 아래턱이 유두 아래의 유륜 조직을 더 효과적으로 마사지할 수 있게 해 줍니다.
- 만약 아기가 입을 더 크게 벌리도록 도와주려면, 두 번째 손가락으로 가슴을 아기의 턱쪽으로 아래로 가볍게 누르고 아기를 어머니에게 닿게합니다. 어머니는 두 번째 손가락을 모유 수유를 하는 동안 아기의 턱에 대고 있으면 아기가 어머니의 가슴에 밀착하게 됩니다
- 아기가 빠는 것을 도와주려고 할 때는 어머니의 두 번째 손가락으로 가슴을 받치고 아기의 턱 밑으로 구부립니다.
- 아기가 가슴에 닿기 전에 유축이 더 많이 되도록 하세요. 가슴에 우유가 찼을 때, 아기는 빨도록 자극 받습니다. 만약 어머니가 충분한 모유가 나온다면, 모유의 강한 흐름은 아기의 약한 빨기를 보상할 것입니다.
- 여러 번 시도했음에도 모유 수유가 어머니와 아기에게 좌절감을 준다면 잠시 쉬십시오. 여러분의 도우미는 여러분이 심호흡을 하고 몇 분 동안 다른 것을 생각하는 동안 아기를 안고 조용히 하게 할 수 있습니다.

6. 유두 보호기를 사용해보세요

수유전문가들은 어머니의 가슴에 달라붙는 데 어려움을 겪고 있는 아기들이 얇고 유연한 실리콘으로 만든 인공 유두 보호기를 사용하면 더 잘 붙을 수 있다는 것을 발견했습니다. 아기가 어머니의 유방에 접촉했을 때, 유두를 아기의 입안으로 넣고 입천장쪽까지 향하게 해야 합니다. 이것은 가슴의 젖샘의 압착과 흡입에 효과적입니다. 이른둥이가 모유 수유를 수행할 때 수유를 하는 동안 유두를 길게 그리고 입 안에 멀리 넣어 두는 것은 어려울 수 있습니다. 이때 유두 보호기가 이른둥이 아기를 도와줄 수 있습니다.

만약 아기가 젖을 물기가 어렵거나 수유에 어려움이 있다면, 유두 보호기을 사용하는 것을 고려해 보세요. 이른둥이 수유전문가나 신생아실 간호사들은 실리콘 보호막을 구하고 이른둥이 아기 입에 가장 잘 맞는 사이즈를 결정하는 것을 도울 것입니다(보호막이 아기의 입에 어떻게 맞는지가 어머니의 유두에 어떻게 맞는지 보다 더 중요합니다).

유두에 보호기를 씌우기 위해서는 먼저 보호막을 뒤집어서 어머니의 유두에 맞춥니

다. 그리고 보호기를 바로 씌우면서 어머니의 유륜을 덮습니다. 보호기 안쪽에 물이나 우유를 바르면 보호막이 제자리를 유지하는데 도움이 됩니다.

아기가 보호기를 물었을 때, 아기의 혀와 턱은 유두 보호기를 따라서 어머니의 유두를 입으로 끌어당깁니다. 아기의 턱은 유두 보호기를 통해 어머니의 가슴을 압박하고, 모유가 보호막의 구멍을 통해 아기의 입으로 흐를 것입니다. 유두 보호기를 사용할때 아기가 어떻게 입을 접촉하는지 주의해서 살펴보아야 합니다.

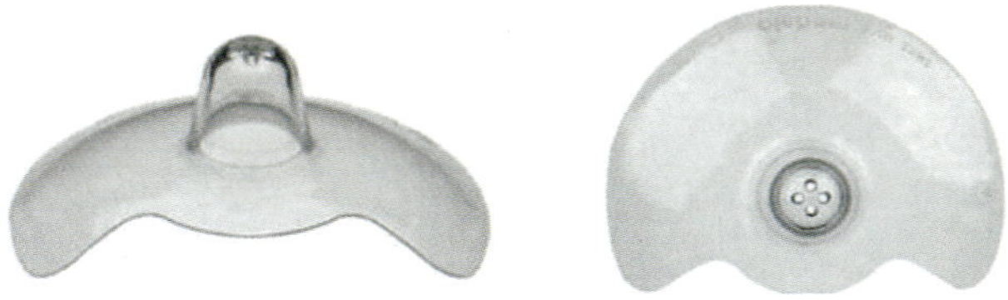

그림 5. 유두보호기 착용

유방은 유두 보호기를 통해 자극을 덜 받기 때문에, 우유 공급을 주의 깊게 관찰하고 유방에 얼마나 많은 우유가 만들어지는지 주의를 기울여야 합니다(이른둥이의 어머니들은 유두 보호기를 한번씩은 사용하게 됩니다). 처음에 어머니들은 수유 후에 유방이 충분한 모유를 만들고 있는지 유축을 해볼 필요가 있습니다.

어머니는 이른둥이 아기의 나이, 발달단계에 따라 유두의 모양과 크기가 다르기 때문에 단지 며칠 또는 몇 주 동안만 보호기를 사용하게 될 수도 있습니다. 가끔은 아기의 입이 어머니의 가슴 크기보다 더 커집니다. 유두 보호기를 사용하면 아기가 모유에서 충분한 영양을 공급 받을 수 있기 때문에 다른 모유를 보충하려는 시도는 필요하지 않으며, 아기의 요구가 충족할 때까지 계속 사용하는 것이 좋습니다.

7. 보충 수유

젖병 수유와 모유 수유를 동시에 시도하는 것은 이른둥이에게 혼란을 줄 수 있습니다. 가슴에 밀착하기와 흡입 기술 그리고 그 결과로 생긴 유두 혼란은 어머니와 아기 모두에게 매우 좌절감을 줄 수 있습니다. 모유 수유를 할 수 없는 경우 아기에게 어떻게 젖을 먹이는 지에 대해 간호사나 전문가에게 이야기하는 것은 중요합니다. 모유 수유를 배우는 동안에는 아기에게 관수유를 계속 시도해달라고 요청하세요.

또한, 아기가 모유 수유를 배울 때 가능한 한 오래 병원에 있도록 계획해서 아기에게 자주 모유 수유를 연습할 기회를 주세요. 어머니가 병원에 도착하기 직전에 아기가 수유를 끝내고 배를 채우지 않도록 간호사들에게 알리세요.

관수유를 계속 사용하는 것은 신생아실에서 젖병 수유를 방지하는 유일한 방법입니다. 모유를 보충하려는 다른 방법으로는 컵 수유, 주사기 또는 안약 수유, 손가락으로 수유를 주는 것, 숟가락도 포함됩니다.

- **손가락 수유.** 이 방법은 튜브와 수유기를 사용하여 아기가 어른 손가락을 빨고 있을 때 우유를 아기에게 전달합니다. 튜브는 보호자의 손가락에 테이프로 붙이고 손가락을 아기의 입에 삽입합니다. 만약 아기가 잘 빨고 있다면, 우유는 튜브를 통해 흡입됩니다. 이 때 아기가 젖을 빨려는 시도를 자극하거나 보상하기 위해 아기의 입에 몇 방울의 우유를 뿌릴 수 있습니다.

- **주사기 수유.** 아기가 젖을 물었을 때 아기의 입과 가슴 사이에 먹이는 주사기의 끝을 삽입합니다. 아기가 젖을 빨면, 몇 방울의 우유를 넣습니다.

- **컵 수유.** 연구에 따르면, 30주 된 이른둥이를 무릎 위에 세워서 안고 컵으로 우유를 제공하는 컵 수유가 아기에게 과다한 스트레스를 주지 않는다고 발표되었습니다. 컵은 아기의 입술까지 올라가서 아기가 우유를 마실 수 있게 합니다. 아기의 입에 우유를 붓지 않도록 조심해야 하는데 이것은 아기를 질식시키고 쌕쌕거리는 호흡을 하게 할 수 있기 때문입니다. 컵 수유는 전 세계 많은 나라에서 사용되지만 우리나라 병원에서는 덜 친숙합니다. 컵 수유의 한 가지 단점은 우유가 조금씩 떨어지거나 아기의 턱에 흘러서 버려진다는 것이다.

- **수유 보충기.** 어머니가 모유 수유를 하면서 아기에게 여분의 우유를 더 주는 것입니다. 어머니의 목 주위에 끈으로 매달린 용기를 달고 여기에 우유를 붓습니다. 용기에서 연결된 좁은 관이 어머니의 유륜까지 이어집니다(유두 보호기와 함께 튜브를 사용할 수 있습니다). 아기가 어머니에게 안겨서 젖을 빨 때 관을 통해 여분의 모유를 함께 먹습니다. 한편, 아기는 어머니의 모유량이 증가하여 포만감을 느끼고, 어머니의 모유량이 늘면서 보충 수유의 양은 줄어듭니다.

보충 수유는 모유량이 적은 어머니들과 아기의 빠는 힘이 약해서 많은 모유를 얻기 어려운 경우에 도움이 됩니다. 우유를 더 빨리 공급하는 것은 아기가 계속 수유를 하는데 도움이 됩니다. 아기는 모유 수유를 하면서 모유를 얻는 동시에 보충 수유를 먹습니다. 이것은 모유를 수유한 후 아기에게 우유를 더 주는 데 필요한 시간과 노력을 감소시킬 수 있습니다.

표 2. **보충 수유 방법**

종 류	그 림	내 용
수유 보충기	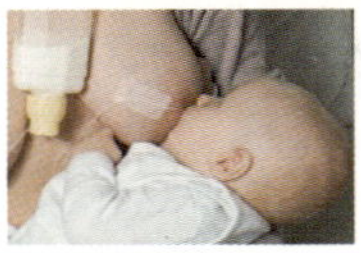	• 어머니의 유방에 관을 연결하고 관을 통해 수유를 보충하는 것을 말함 • 아기가 어머니 젖을 빠는 동안 수유 보충기에서 모유가 흘러 아기 입으로 들어감
컵/스푼 수유	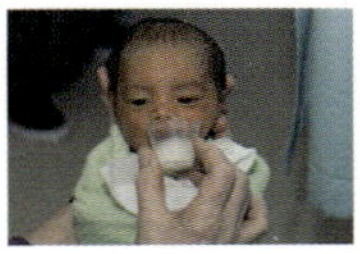 (컵 수유) 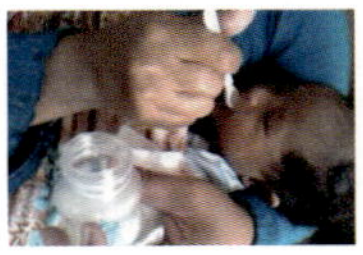 (스푼 수유)	• 재태기간 29주 이후 된 이른둥이는 컵으로 모유 수유를 할 수 있음 • 충분한 양의 모유를 먹지 않았는데 젖을 더 이상 빨려고 하지 않고 아기가 깨어 있으면 가능함 • 아기를 세운 자세에서 어머니의 왼손은 아기의 머리를 받히고 오른손에 모유가 담긴 컵을 잡음 • 아기의 윗입술과 아래 입술 사이를 자극해 입을 벌리면 컵을 아래 입술에 갖다 댐 • 아기가 천천히 마실 수 있도록 컵을 기울임 • 컵 수유는 젖병 수유보다 아기가 모유 먹는 속도와 양을 조절할 수 있기 때문에 생리적인 면에서 더 안정적임
손가락/주사기 수유	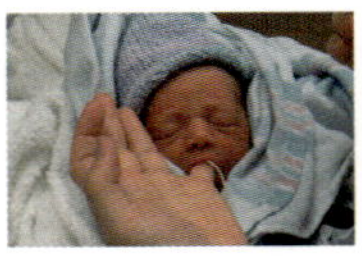 (손가락 수유) 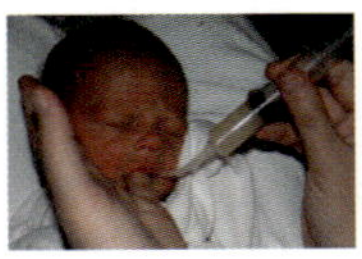 (주사기 수유)	• 아기가 손가락을 빨면서 빠는 힘을 기를 수 있는 방법임 • 5cc 혹은 10cc 주사기 끝에 수유 관을 연결하고 주사기에 모유를 넣음 • 수유관을 연결한 손가락을 아기의 입 속에 넣음 • 아기가 손가락을 빨 때 주사기 끝을 눌러 모유가 천천히 흘러 들어가게 함
젖병 수유	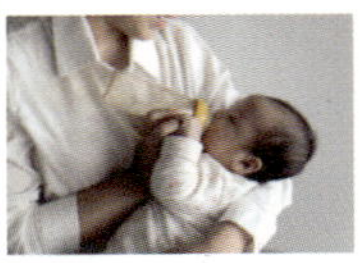	• 모유 수유 시 젖을 빠는 패턴과 젖병 수유 시 젖을 빠는 패턴이 다르기 때문에 모유 수유를 하려고 하지 않을 때 가능함
관 수유	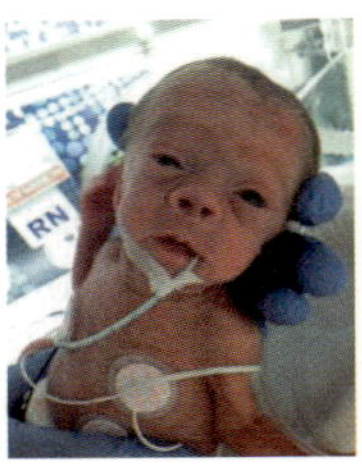	• 관을 아기의 코나 입을 통해 삽입한 후 관을 통해 모유를 제공하는 방법임 • 아기의 성숙도와 의학적 문제 등으로 컵 수유로도 수유가 불가능할 때 이용 가능함

모유의 양이 충분한지 확인하기

1. 아기가 충분한 우유를 얻고 있나?

아기가 성장함에 따라, 어머니들은 모유 수유하는 동안 아기가 얼마나 많은 양을 먹는지가 궁금할 수 있습니다.

수유 중 아기가 젖을 삼키는 소리가 들리면 어머니는 이른둥이 아기가 젖을 먹고 있다는 것을 알게 될 것입니다. 또한 어머니는 아기가 한쪽 혹은 양쪽 유방에서 모유를 먹은 후 아기의 입에서 우유가 새는 것을 발견할 수 있을 것입니다. 이것은 아기가 우유를 먹고 있다는 것을 말해주는 표시이지만 얼마나 많은 양을 먹었는지는 알려 주지 않습니다.

모유 수유 중에 얼마나 많은 우유를 섭취하는지에 대한 정확한 계산은 체중을 측정하면 알 수 있습니다. 영양을 공급하기 전에 전자저울로 체중을 측정하여 체중을 기록한 후, 영양 섭취 후 같은 옷을 입고 같은 기저귀를 차고 다시 체중을 측정합니다. 우유를 먹이는 동안 증가한 아기의 체중은 우유를 섭취한 양과 같습니다.

체중은 아기가 얼마나 잘 크고 있는지 혹은 얼마나 잘 수유하고 있는지에 대한 자신의 예감을 확인시켜 줄 수도 있습니다. 체중은 등급을 의미하는 것이 아니고, 합격이나 불합격도 없습니다. 체중 검사는 어머니가 이른둥이 아기가 필요로 하는 보충 수유의 양이 얼마인지를 결정하는데 단순히 사용할 수 있습니다. 또는 아기가 모유 수유로 전환하면서 건강하게 자라기 위해 얼마나 많은 양의 보충 수유가 필요한지 결정하기 위해 사용될 수 있습니다.

아기는 젖을 충분히 먹고나면 만족스러운 표정을 지으며 더 이상 젖을 빨지 않습니다. 또한 아기의 팔과 다리가 이완되어 쭉 펴거나, 몸을 뒤로 젖히며 유두를 밀어내고, 젖을 빠는 소리가 작아지고, 잠을 자는 것은 아기에게 모유 수유가 충분히 이루어졌다는 것을 의미합니다.

2. 충분한 모유 만들기

이른둥이 아기가 더 오래 수유하도록 하는 한 가지 방법은 가슴 압박이라고 불리는 기술입니다. 이른둥이 아기가 빠는 것을 멈출 때, 가슴 압박을 하면 다시 모유가 흐릅니다. 아기의 입에 있는 우유는 아기가 더 많이 빨도록 자극합니다.

아기의 빨기가 느려지거나 멈출 때, 압력을 주어 젖을 짭니다. 가슴을 가능한 가슴뼈에 가깝게 깊이잡고 엄지와 손가락을 함께 아프지 않게 누릅니다. 만약 아기가 빨기를 다시 시작하지 않는다면 손을 돌려서 가슴의 다른 부분을 압박하세요. 이 기술은 아기가 깨어있을 때 사용하세요. 아기가 졸리거나 잠자기 전에 모유를 억지로 먹여서는 안 됩니다.

젖을 먹은 후에 유축을 해서 젖을 비우는 것은 아기가 모유 수유를 배우는 동안에도 좋은 우유를 공급할 수 있도록 도와 줄 것입니다.

어머니가 모유량이 충분할 때, 모유생성반사(MER)는 아기에게 더 많은 우유를 공급할 수 있습니다. 아기는 적게 일하고 더 많은 우유를 얻을 수 있습니다.

아기에게 충분한 양의 모유를 주는 것 외에도, 아기에게 충분한 칼로리를 주는 것이 중요합니다. 모유생성반사(MER)를 촉진함으로써, 어머니는 이른둥이 아기에게 필요한 모유량을 더 많이 늘릴 수 있습니다. 이른둥이는 성장과정에서 여분의 칼로리를 필요로하기 때문에, 지방 함량이 더 높고 칼로리가 더 높은 모유가 필요하고, 이것을 공급하기 위하여 몇 가지 방법을 사용해야 합니다

- **한쪽 젖을 완전히 비우기.** 후유에 지방함량이 높고 칼로리가 높기 때문에 모유를 오랫동안 먹게되면 아기들은 수유 동안 더 많은 지방성분의 모유를 얻을 수 있습니다. 아기에게 수유가 끝나기 전에 바꾸지 않도록 한쪽 젖을 완전히 먹도록 격려하는 것이 좋습니다. 다른 쪽 젖은 유축기로 모유를 짜도록 합니다. 유축한 모유는 보충 수유로 사용할 수 있습니다.

- **자주 수유하기.** 많은 양의 모유를 만들기 위해서는 규칙적으로 유축을 하는 것이 좋습니다. 선행 연구에서 수유 간격이 증가할수록 모유 속의 지방성분 함량이 감소한다고 발표하였다. 아기가 수유한지 30분이 지났거나 한쪽 젖을 다 먹은 후에 다시 젖을 권한다면 아기는 또 다른 고지방 우유를 섭취하는 것입니다.

- **편안하게 수유하기.** 모유 수유, 특히 이른둥이의 모유 수유는 "자신감 게임"입니다. 마음과 몸을 편안하게 해 주는 것은 더 많은 모유를 만드는 데 도움이 될 것입니다. 스트레스는 어머니의 모유생성반사(MER)를 억제할 수 있습니다. 선행 연구에서, 이른둥이의 어머니들은 이완과 시각적 이미지에 관한 20분짜리 테이프를 듣고 나서 모유량이 60퍼센트 이상 증가되었다고 하였습니다.

- **아기 생각하기.** 모유생성반사(MER)는 조건반사 반응입니다. 왜냐하면 어머니가 이른둥이 아기를 보거나 생각할 때 모유가 배출되기 때문입니다. 어머니들은 모유 수유를 하는 동안 자신의 모유가 넘쳐흐르고 모유 때문에 아기가 자란다고 상상하는 것이 좋습니다.

- **모유생성반사(MER)를 자극하기.** 아기에게 수유를 하기 전에 가슴 마사지 방법을 사용하십시오. 가슴마사지는 모유생성반사(MER)를 자극하여 모유량을 증가시킬 수 있습니다.

- **마지막 우유를 먼저 먹이기.** 후유는 칼로리가 높습니다. 모유를 유축하는 동안 새

로운 병으로 바꾸면 우유의 지방 함량을 증가시킬 수 있습니다. 두 번째 병에 담긴 모유는 더 많은 칼로리를 더 적은 부피에 포함하고 지방 함량이 더 높습니다. 이런 모유를 보충 수유하는 것이 아기의 성장에 도움이 됩니다. 이른둥이 아기에게 모유를 먹인 직후에 유축을 하는 것은 지방 농도가 높은 우유를 얻는 또 다른 방법입니다.

- **크림을 분리하기.** 유축한 모유를 얼리면 크림이 제일 위에 올라갑니다. 초기의 이른둥이 아기에게는 이렇게 분리된 모유 크림을 주세요. 의사, 간호사, 또는 수유 전문가와 모유의 크림분리가 가능한지 문의하세요. 이 절차에서, 지방이 많은 후기모유는 분리할 수 있기 때문에, 우유 중에서 지방 함량이 높은 것을 선택할 수 있습니다. 이런 방법으로 아기에게 모유의 지방 성분을 추가로 공급할 수 있을 뿐만 아니라 반대로 아기에게 지방을 제거한 모유를 줄 수 있습니다. 이른둥이 아기는 크림뿐만 아니라 "전유(whole milk)"를 필요로 한다는 것을 기억해야 합니다. 후유가 지방을 더 많이 함유하고 있지만, 이른둥이 아기는 모유에 있는 풍부한 영양분을 필요로 하여 초기 우유부터 먹이는 것이 좋습니다. 크림이 풍부한 모유가 아기의 성장에 도움을 줄 수 있으므로, 어머니의 모유는 아기에게 최고의 약이 될 수 있습니다.

- **적당한 지방을 섭취하기.** 어머니가 섭취하는 지방은 모유 속의 지방에 영향을 줄 수 있습니다. 뇌 성장을 위한 최고의 지방은 LC-PUFAs, 특히 DHA입니다. LU-PUFAS의 최상의 음식 공급원은 야생 연어와 같은 해산물입니다. 또 다른 풍부한 공급원은 '오메가'인데, 이는 생명과 건강에 필수적이기 때문에 두 개의 필수 지방산 중 하나인 오메가-3를 많이 먹어야합니다. 중요한 세포막의 구성 요소에서 나오는 EFA는 호르몬과 같은 중요한 물질을 제조하는데 사용됩니다. 또한 아마씨 오일에서도 오메가 3 LC-PUFAS를 얻을 수 있습니다. 하지만 식물원에서 나오는 오메가-3를 DHA로 바꾸는 복잡한 생화학적인 과정이 신체에서 항상 효율적으로 작용하는 것은 아닙니다. 이러한 이유로, 오메가-3는 해산물에서 직접 얻는 것이 가장 좋습니다. 해산물을 좋아하지 않는다면, 해산물로 만든 DHA의 정제된 형태를 함유하고 있는 뉴로민이라는 보충제를 복용하세요.

- **과잉된 모유량을 줄이기.** 아기가 필요로 하는 양보다 더 많은 모유가 분비되어 유방의 통증과 함께 걱정하는 어머니가 있습니다. 이 때는 유축하는 횟수를 감소시키는 방법으로 과잉된 모유량을 줄일 수 있습니다.

퇴원 후 이른둥이에게 모유 수유하기

퇴원 후 마침내 이른둥이를 집으로 데려가는 것이 행복하지만, 어머니들은 다른 사람의 도움없이 이른둥이 아이를 먹이는 것에 대해 약간 걱정이 될 수 있습니다. 어머니가 혼자 아기를 돌보는 첫날, 대부분의 어머니들은 아기가 모유를 충분히 먹고 있는지에 대해 걱정합니다. 이른둥이 아기가 잘 자라는 것을 볼 때, 비로소 어머니의 걱정은 사라질 것입니다. 그러기 위해, 이른둥이를 퇴원 후 집으로 안전하게 데려갈 수 있는 방법을 소개합니다.

1. 조언 구하기

퇴원하기 전에, 집에서 하는 수유 방법에 대하여 모든 질문들을 하세요. 질문 중 하나는 이른둥이 아기에게 완전 모유 수유를 할 것인지 아니면 젖병 수유 같은 다른 방법을 사용할지를 결정하는 것 입니다. 아기가 퇴원하기 전에 궁금한 것들을 종이에 적어보세요. 그리고 가까운 곳의 전문가에게 물어보세요.

2. 전문가의 도움 받기

아기에게 모유 수유가 필요하다고 생각하면 전문 모유상담가(LC)의 도움을 받으세요. 전문가는 어머니가 이른둥이 아기에게 모유 수유하는 방법을 알려줄 뿐만 아니라, 이른둥이가 자신의 집에서 편안함을 느끼며 모유 수유할 수 있도록 "보금자리"를 만드는 것을 도와줄 것입니다.

병원에서 퇴원 시 아기가 아직 젖을 잘 먹지 못하는 경우에, 어머니가 모유 수유를 정말로 원한다면 이른둥이를 잘 아는 수유전문가의 도움을 받으세요. 어쩌면 수유전문가와의 상담이 여러번 필요할 수 있습니다.

3. 평화로운 보금자리 만들기

이른둥이 아기와 함께 도착해서 깨끗한 집으로 걸어 들어가고, 부드러운 햇빛이 들어오는 푹신한 의자에 앉아 마법처럼 아기를 재우는 것을 상상해보셨나요? 그렇게 완벽한 장면이 불가능할 수도 있지만, 가능한 한 어머니는 긴장을 풀고 집중할 수 있는 편안한 장소를 마련하는 것이 좋습니다. 어머니가 가장 좋아하는 의자, 발판, 베개, 음료와 스낵을 위한 테이블, 음악 그리고 어머니에게 필요한 물건들이 필요할 수 있습니다.

4. 가정간호사의 방문 받기

우리나라의 지자체는 이른둥이가 퇴원한 후 하루나 이틀 후에 보건소의 가정간호사

방문을 제공합니다. 간호사들은 어머니가 궁금해하는 질문에 대부분 답할 수 있으며 아기가 잘 지내고 있는지 확인해주기 때문에 방문을 받는 것이 좋습니다.

5. 이른둥이에게 자주 수유하기

이른둥이는 위용량이 작습니다. 이른둥이 아기가 침을 흘리거나, 빨기 반사를 하거나, 또는 배고픈 것처럼 보일 때, 아기의 신호를 따른다면 어머니는 아마도 하루에 두 시간마다 수유를 해야할 것입니다. 만약 아기가 낮잠을 오래 자면 어머니는 수유를 하기 위해 아기의 잠을 깨워야 할 수도 있습니다. 그러나 규칙적인 수유를 위하여 자고있는 아기를 깨우는 것은 체중 증가에 도움을 주지 않습니다. 단 이른둥이가 모유 수유를 하지 않은 채 낮에 두세 시간 이상, 혹은 밤에 네 시간이나 다섯 시간 이상 잠을 자지 않게 해야 합니다.

6. 어깨띠에서 수유하기

정상적인 수유 사이에, 집안을 돌아다니거나 집안일을 할 때 아기를 어깨띠로 안으세요. 아기가 좋아하는 음식을 가까이에 두면 아기가 더 먹고싶어 할 수 있습니다. 어깨띠에 아기가 있으면 어머니는 바로 모유 수유를 할 수 있습니다. 몇몇 이른둥이들은 모유 수유를 하는 동안 어머니가 부드럽게 움직이면 더 잘 먹습니다.

7. 아기의 신호를 존중하기

어머니는 아기가 수유를 자주하는 것과 수면과 휴식의 필요성 사이에서 균형을 찾아야 합니다. 집으로 돌아와서 첫 주 동안 어머니들은 아기에게 모유를 주고, 보충 수유를 하고, 유축을 하는데 많은 시간을 보낼 것입니다. 모유량을 유지하기 위해. 하루 동안 아기를 얼마나 안고 있을 것인지를 계획해야합니다. 자주 수유하는 것이 중요하지만, 아기에게는 어머니와 가까이 있는 것으로 평화로움을 경험할 수 있습니다.

어머니들은 모유 수유를 하기 위하여 아기를 품에 안고 쏟는 모든 노력에 대해 스스로에게 보상하는 것이 필요합니다. 깨어 있을 때 아기의 눈을 바라보고, 잠을 잘때 어머니의 턱으로 아기의 부드러운 머리를 보호하는 어머니! 이른둥이 아기와 시작은 어려웠지만 이제 모유 수유를 통하여 두사람은 특별한 유대감을 갖게 될 것입니다.

이른둥이의 모유 수유에 대해 궁금한 점

Q. 이른둥이는 우유를 얼마나 먹어야 하나요?

이른둥이는 모유 수유 시 일정한 신호를 주지 않습니다. 아기가 일정하게 좋은 속도로 자라기 위해 얼만 만큼의 우유가 필요한지 아는 것은 도움이 됩니다. 일반적으로 하루에 몸무게 1kg당 약 140~170g의 우유가 필요합니다.

모유 수유를 할 때 어떻게 아기가 충분히 자라는지 확인할 수 있을까요? 아기가 충분한 영양 섭취를 하고 있는지 가장 정확하게 아는 방법은 체중 증가를 확인하는 것입니다. 체중 검사를 위해 며칠마다 아기를 병원에 데려가는 것은 불가능하기 때문에 가정용 전자저울을 빌리는 것이 좋습니다. 아기의 몸무게가 하루에 30g씩 증가한다면 안심하셔도 좋습니다.

이른둥이의 어머니 60명을 대상으로 한 연구는 집에서 체중 검사를 실행 한 아기들이 그렇지 않은 아기들 보다 우유 섭취에 대한 걱정이 훨씬 적다는 것을 보여 주었습니다. 하지만, 오직 모유를 먹이는 아기가 먹는 양을 정확하게 측정하는 것은 거의 불가능합니다. 만약 이른둥이 아기가 젖을 잘 먹고 있고 충분한 체중 증가를 통해 이것의 증거를 보여 준다면, 더 이상 보충할 필요가 없습니다. 반면에 아기가 수유를 잘하고 있지만 그만큼 살이 찌지 않는 다면, 아기는 한번 먹을 때마다 충분한 모유를 섭취하지 못하고 있는 것으로 이해하면 됩니다. 이 상황에서 아기에게 접근하는 두 가지 방법을 소개합니다.

- **보충 수유로 마무리하기.** 대략 2시간마다 규칙적으로 아기에게 모유 수유를 합니다. 매번 수유한 후, 아기에게 소량의 모유나 분유를 병, 주사기, 컵, 영양 공급 튜브를 이용하여 보충 수유를 제공합니다. 아기가 모유에서 충분한 양을 얻지 못한다면, 조금 더 열심히 섭취할 것이고, 반면에 아기가 모유만으로 배가 불렀다면, 보충 수유를 거부할 것입니다. 매번 식사 후에 보충 수유를 제공하는 것은 아기가 이것을 필요로 하는 지 여부를 확인할 수 있게 해줍니다.

이 방법에는 몇 가지 결점이 있습니다. 매번 수유 후에 보충 수유를 제공하는 것은 더 많은 시간과 노력을 필요로 합니다. NICU에 있는 동안에는 간호사들이 이것을 담당할 것이지만, 퇴원 후에는 이 방법 때문에 어머니가 힘들어할 수 있습니다. 게다가, 아기가 과식하면 너무 배가 불러서 몇 시간 동안 다시는 수유를 하지 않을 것입니다. 이것은 모유 공급에 악영향을 미칠 수 있으며 모유 수유의 시간을 줄일 것입니다.

- **따라잡기 수유.** 오랜 시간 (8~12시간) 동안 아기에게 모유 수유를 제공하세요. 수유가 끝날때마다, 아기에게 유축한 모유나 분유를 따라잡기 수유로 제공하세

요. 아기가 NICU에 있을 때는, 어머니는 아기의 모유 수유가 끝난 후 잠시 쉬었다가 수유관을 통해 우유를 제공합니다. 퇴원 후에는, 어머니와 아기에게 가장 잘 맞는 대체 수유 시스템을 사용하십시오. "따라잡기"를 위해 필요한 수유의 양은 명확하지 않습니다. 하지만 그것은 모두 체중 증가를 가져옵니다. 날마다 원하는 체중 증가를 달성하기 위해 필요한 만큼 많은 보충 수유를 제공하십시오. 이 기간동안은 전자저울을 사용하세요. 8 ~ 12시간 동안 모든 수유를 하면서 체중 측정을 하는 것은 아기의 수유량을 대략적으로 알려주는 하나의 방법입니다. 그 후 얼마 동안 아기가 보충이 필요한지 알 수 있습니다. 예를 들어, 1.5kg의 아기는 하루에 220 ~ 250g의 수유가 필요하거나 8시간마다 수유량이 84g 정도 필요합니다. 아기는 8시간 동안 3번의 수유를 합니다. 아기가 30g, 15g, 30g 먹을 때 체중을 재면, 8시간 동안 75g의 합계가 나옵니다. 어머니가 15g을 보충해주면 목표를 달성하는 것입니다. 이 방법으로 아기들은 매번 보충 수유를 하지않아도 되고 하루에 두 세 번씩만 수유 후에 보충 수유를 하면 됩니다.

어머니가 수유 후에 보충 수유를 해주지 않으면 아기들은 수유를 해야 하는 신호로 느끼고 자신의 섭취를 조절하게됩니다. 어머니는 수유를 준비하거나 추가 수유를 하는 데 시간을 적게 소비하게 됩니다. 아기들의 모유 수유 기술이 발달하고 체중 증가가 충분하다면 어머니는 보충 수유를 제공하는 양을 서서히 줄일 수 있습니다.

낮잠 수유

이른둥이는 수유를 하기 위해 밤에 자주 깹니다. 어머니들은 아기가 충분한 우유를 얻지 못할까 봐 걱정하고 있습니다. 그래서 낮잠 수유를 소개합니다. 적어도 하루에 두 번은 아기에게 모유를 먹이려고 누워 있습니다. 이것은 기회입니다. 어머니는 두 번의 낮잠을 이용할 수 있습니다. 그리고 수면중에 우유를 생산하는 호르몬 수치가 올라가면 어머니는 이른둥이 아기에게도 더 많은 우유를 줄 수 있습니다. 아기들이 평화롭고 짧은 낮잠 수유를 즐기게 되면 더 오랫동안 모유 수유를 할 수 있습니다. 낮잠 수유로 수유 간격이 짧아지게되므로 고지방의 모유를 섭취할 수 있습니다. 야간 수유와 유사하게 옆으로 눕는 자세는 대개 낮잠 수유를 위해 가장 좋습니다. 아기를 팔에 안고 누워 서로를 바라보며 누워 있을 때. 몸 전체를 편안하게 해 주기 위해 허리 아래에 베개를 사용하세요. 긴장을 풀어 주는 음악을 틀고 전화기는 내려놓으세요. 선행연구에서 이 방법을 사용했을 때 이른둥이를 비롯한 아기들의 성장을 촉진하고, 하루 동안 피곤한 어머니들이 쉴 수 있도록 돕는다는 결과를 얻었습니다. 만약 아기가 낮동안 수유를 더 많이하는 경우 밤에 덜 깨어있을 수 있습니다. 낮잠 수유를 주기적으로 수행하게되면, 아기들이 이 특별한 수유법을 간절히 바라는 것을 확인할 수 있을 것입니다. 어머니가 낮잠 수유를 하는 동안, 세상에서 가장 중요한 일 중 하나 즉 아기를 기르는 일을 하게됩니다.

Q. 이른둥이는 얼마나 자주 모유 수유를 해야 합니까?

이른둥이가 정상체중아처럼 두세 시간마다 수유를 달라고 요청하기에는 너무 졸리고 어릴 수 있습니다. 만약 어머니가 이른둥이 아기가 먹을 것을 요구하기를 기다리고 싶다면, 아기는 6시간 전부터 배가 고팠던 것을 충분히 느낀 후에 요구하게 될 것입니다. 그래서 어머니가 적절한 때에 음식을 공급하는 것과 NICU에서 아기가 해왔던 방법에 유사한 스케줄을 유연하게 따를 것을 제안합니다. 만약 이른둥이 아기가 마지막으로 음식을 먹은 지 한 두 시간 후에 배고픔의 징후를 보인다면, 반드시 아기에게 수유를 하세요. 만약 3시간 이상 지났는데도 아기가 음식을 달라고 하지 않는다면, 어머니는 아기에게 수유를 하셔야 합니다.

대부분의 이른둥이들은 병원의 스케줄을 따르기보다 어머니가 집에서 수유하는 것을 더 좋아합니다. NICU에서 했던 것보다 수유 사이의 간격이 길어지지 않도록 하십시오.만약 NICU에서 이른둥이 아이에게 2~3시간마다 수유를 했다면, 수유를 먹는 사이의 최대 시간으로 사용하십시오. 만약 아기가 신호를 보내면 더 빨리 수유를 먹일 수 있습니다. 아기에게너무 자주 모유 수유하는 것이란 없다는 것을 명심하십시오. 엄격하게 3시간 또는 4시간 간격으로 일정하게 이른둥이에게 수유한다면 아기가 육체적으로, 정서적으로, 그리고 발달적으로도 자라지 않는 심각한 상태에 놓일 수 있습니다.

Q. 아기가 보내는 '수유 신호'는 무엇인가요?

소아과 의사들은 "요구에 따라 수유하기"라는 용어를 사용합니다. 그러나 이것은 어머니와 아기 사이에 무슨 일이 일어나는지 설명할 수 있는 최선의 방법이 아니라고 생각합니다. "수유의 신호"는 이른둥이 아기가 법석을 떨거나 울어서 수유를 해달라고 요구할 때 까지 기다려야 한다는 것을 의미합니다. 우는 것은 배고픔과 에너지의 소비에 대한 매우 늦은 신호입니다. 아기가 울면서 수유를 해달라고 할 때쯤이면 아마도 그는 이미 한동안 배가 고팠을 것입니다. 따라서 아기의 초기 배고픈 신호에 대해 배울 필요가 있습니. 아기는 머리를 앞뒤로 흔들고 무언가를 빨기 위해 찾는 것, 손가락이나 손을 빨고, 몸을 웅크리고, 손과 발을 차고 이른둥이 눈을 따라오고, 소리를 내는 것도 포함됩니다. 물론, 이러한 활동들이 항상 이른둥이 아기가 배고프다는 것을 의미하는 것은 아니기때문에, 어머니의 세심한 관찰이 필요합니다. 시간이 지나면 어머니는 아기의 어떤 신호가 "나에게 수유를 해주세요, 제발"을 의미하고 어느 것이 다른 신호를 의미하는지 배우게 될 것입니다. 하지만 초기 단계에서는 아기에게 자주 수유하는 것을 주저하면 안됩니다.

Q. 나의 아기가 모유를 충분하게 얻는지 어떻게 알 수 있을까요?

NICU에서 이른둥이 아기는 매일 체중이 증가했습니다. 아기의 체중이 꾸준히 증가하고 있다면, 의료진들은 이른둥이 아기가 충분한 칼로리를 섭취하고 있다고 확신합니다. 간호사들은 모유나 분유를 아기가 얼마나 젖병 수유, 관수유로 받았는지 기록합니다. 간호사들은 모유 수유를 전후로 체중을 측정하여 모유를 얼마나 많이 섭취하는지를 확인했습니다. 하지만 퇴원 후에는 어머니 혼자입니다. 어머니가 집에서 체중계를 사용하지 않는다면 이른둥이 아기가 얼마나 우유를 섭취하는지 알 수 없습니다. 아기가 수유를 잘하고 있는지 알 수 있는 몇 가지 방법을 소개합니다.

- **사용한 기저귀 수.** 일반적인 가이드로는 아기는 하루에 6~8개 기저귀가 젖습니다. NICU를 떠나기 전에 어머니는 아기가 몇 번 소변을 보는지 확인해야 합니다.
- **대변 패턴.** 아기의 대변 패턴이 NICU에서 잘 자라고 있을 때와 비슷하면 좋은 신호입니다. 몇 달이 지나면, 장이 모유를 소화하는데 효율적으로 되면서 아기가 대변을 덜 볼 수도 있습니다. 만약 어머니가 집에 돌아온 후 첫 주에 아기의 트림 속도가 현저하게 느려지면, 아기의 체중을 확인해야합니다.
- **대변 색.** 노란색의 지저분한 대변 (겨자색을 띄는)은 모유를 수유한 아기들의 전형적인 모습이다. 아기의 대변이 점점 액체, 녹색, 또는 점액질로 변해간다면 아기의 섭취량이 감소했다는 것을 의미합니다.
- **만족해하는 표정.** 모유로 배를 채운 아기는 종종 만족스럽고 거의 취한 표정을 짓습니다. 반면에, 충분한 양을 얻지 못한 아기는 여전히 배고프다고 간호사에게 수유 신호를 보내고 법석을 떨 수 있습니다. 이처럼 수유 후에 행동들은 아기가 충분한 우유를 섭취하고 있는지 아닌지에 대한 최소한의 신뢰할 수 있는 신호입니다. 수유를 한 후에 역류 반사한 아기들은 충분한 우유를 얻고 있을지도 모릅니다. 몇몇 이른둥이들은 빠는 힘이 약해서 충분한 우유를 얻지 못하기도 하고, 수유로 인해 지쳐서 잠이 들 수 있습니다.
- **체중 증가.** 이른둥이 아기가 충분한 우유를 얻고 있다는 것을 아는 가장 정확한 방법입니다. 아기가 하루~이틀 정도 체중이 증가하지 않았다고 걱정하지 마세요. 중요한건 며칠 동안 체중이 증가했다는 겁니다. 또한, 모든 체중계가 다르게 측정된다는 점을 유의하세요. 아기의 첫 체중을 집 또는 소아과에서 특정했을 때 NICU에서 측정한 체중보다 낮을 수 있습니다. 첫 번째 체중을 시작점으로 잡고 동일한 체중계로 아기가 체중이 증가하는지를 확인하면 됩니다.

Q. 이른둥이는 언제부터 모유 수유를 시작할 수 있을까?

어머니가 모유 수유를 위한 장기적인 목표를 달성할 수 있도록 수유전문가와 주치의가 도와줍니다. 만약 어머니가 모유 수유를 빨리 중단하면, 이른둥이 아기는 부적절한 체중 증가의 위험에 빠뜨릴 수 있습니다. 이른둥이가 완전 모유 수유를 할 수 있는 나이는 여러가지 요인들에 영향을 받습니다. 전문가의 도움과 이른둥이 부모로서의 직감은 목표달성에 도움을 줄 것입니다.

신생아실에서 아기에게 유축과 모유 수유를 하는 것은 모험의 시작에 불과합니다. 성장과 변화에 따라 모유 수유에 대한 자세한 내용을 알아보는 것이 좋습니다.

수유 순서

아기의 빨기, 삼킴 및 소화기 계통이 성숙 정도에 따라 영양을 제공할 수 있는 방법이 변할 것입니다

- 28 주 이하 : 정맥 주사액과 TPN(총 비경구 영양), 이는 모든 아기의 영양분이 정맥 내로 공급됨을 의미합니다. 영양 공급을 시작합니다. (아기의 위와 내장을 성숙시키는 데 도움이 되는 tiny drip–milk feeds)
- 28 ~ 34주 : 정맥 주사액, TPN, 위관 영양 공급
- 32 ~ 37주 : 모유 수유, 젖병, 수유기, 컵 또는 주사기에 의한 영양 섭취
- 37주 이후 : 보통 모유 수유와 젖병 수유

이른둥이의 제태기간에 따라서 영양을 제공하는 방법을 결정합니다. 아기는 대략 임신 28 ~ 30주 전까지는 우유를 소화하는 데 필요한 효소를 생산하지 않습니다. 이런 이유로 아주 어린 이른둥이들은 위장을 완전히 통과시키는 정맥 영양으로 제한됩니다. 일단 위가 우유에 대한 준비가 되면, 32 ~ 34주 사이에 흡입 – 삼키기 – 호흡의 순서가 시작될 때까지 관을 통한 영양 공급이 입으로 먹는 것보다 많습니다. 아기에게 영양을 공급하는 방법을 결정할때는 의료 상황도 고려됩니다.

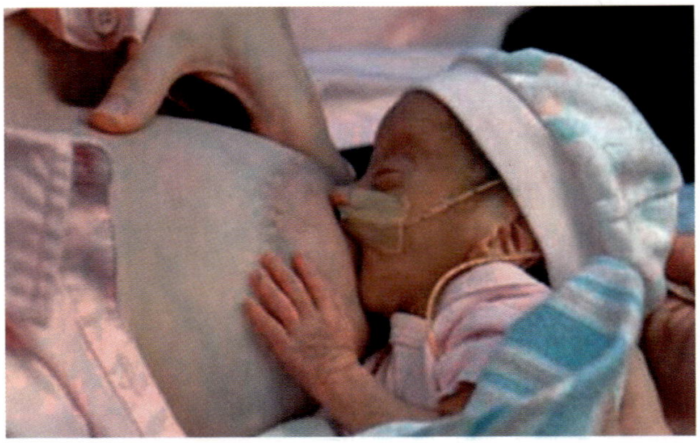

그림 6. 이른둥이의 모유수유

CHAPTER 2

이른둥이의 젖병 수유

수유는 아기에게 영양을 제공하는 것 그이상의 의미를 갖고 있습니다. 젖병 수유는 모유 수유처럼 사회적 상호작용을 위한 시간을 제공합니다. 아기가 어떤 종류의 우유를 먹든 또 그것이 어디에서 왔는지에 관계없이 아기에게 우유를 주는 존재가 어머니임을 알리세요.

아기들은 배를 채우고나면 기분이 좋아집니다. 좋은 사람들과 식사를 같이 하며 우정을 쌓는 것처럼, 엄마들은 아기가 수유할 때 좋은 감정을 경험하기를 바랍니다.

이 장에서는, 젖병 수유가 어머니와 아기 모두에게 즐거운 경험이 될 수 있도록, 젖병 수유의 방법, 분유의 선택 및 젖병의 관리 등에 대해 안내할 것입니다. 젖병 수유만 하든 아니면 모유 수유와 병행하든, 어머니는 수유가 아기에게 영양을 제공하는 것 이상의 의미를 갖고 있다는 것을 깨닫게 될 것입니다.

이른둥이에게 젖병 수유 시작하기

1. 언제쯤 우리 아기가 젖병을 사용할 수 있습니까?

어머니는 이른둥이에게 처음 젖병 수유를 하던 날을 잊지 못할 것입니다. 어머니는 흔들의자에 조용히 앉아서, 아기를 편안한 자세로 따뜻하게 안고 수유를 하면서 아기를 바라볼 수 있습니다. 만약 어머니가 아기가 빠른 속도로 수유를 끝낼 것이라고 상상하셨다면 그것은 잘못된 것입니다. 이른둥이가 빠른 속도로 수유를 하는데 까지는 오랜 기간이 걸릴 것입니다. 대부분의 이른둥이들은 빨기와 삼키기는 호흡을 조율할 수 있는 시기인 32~34주 사이에 젖병 수유를 시작할 수 있습니다. 아기의 건강 상태와 성숙도에 따라서 언제 위관 영양에서 직접 수유로 전환 할 것인지가 결정됩니다.

아기가 젖병 수유하는 동안 쉽게 피로하기 때문에, 아기가 호흡할 때 더 이상 기계적인 도움이 필요 없고 스스로 편안하게 호흡할 때까지 기다리는 것이 중요합니다. NICU에서 어머니의 아기가 위관 영양 공급을 잘 견디고, 인공호흡기가 필요 없으며, 산소 공급이 필요 없다고 말하는 시점에 아기에게 직접 수유를 시작할 수 있습니다. 간호사가 직접 수유에 관해 의견을 말해주면 그때 준비합니다.

2. 이른둥이에게 젖병 수유하기 위해 특별히 주의해야 하는 것은 무엇입니까?

빨기, 삼키기, 호흡–아기가 영양 공급받기 위해 필요한 것 – 본능적이지만, 이른둥이가 이 세 가지 행동을 조절하는 것을 배우는 것은 어려운 일입니다. 목표는 아기가 최소한의 노력으로 가장 많은 우유를 얻을 수 있도록 하는 것입니다. 아기가 영양을 공급받을 때 많은 에너지소비를 절약하여 이것을 성장에 사용할 수 있도록 해야 합니다. 아기가 빨고 삼키며 동시에 호흡하는데 익숙해지도록 하는 방법은 다음과 같습니다.

입 주위에 우유병 꼭지를 대고 우유 몇 방울을 입술에 떨어뜨려 먹을 시간 임을 알린 후, 젖꼭지를 아기의 입에 부드럽게 넣어 혀 위에 놓이게 합니다. 모유 수유 보다 공기를 더 많이 마실 수 있기 때문에 우유병을 기울여 젖꼭지 부분에 우유가 차있게 하여서 공기를 빨거나 복부팽만이 일어나지 않도록 합니다. 수유 후 아기를 어른의 어깨 위에 기대게 한 후 손을 컵 모양으로 만들어 등을 두드리거나 문질러 트림을 유도합니다. 트림을 하지 않으면 아기의 머리를 몸보다 높게 한 채 오른쪽으로 눕혀 토하는 것을 방지해서 흡인성 폐렴을 예방합니다. 질식을 방지하기 위하여 절대로 아기를 침대에 누워 혼자 우유를 먹게 하지 않습니다.

- **아기가 빠는 것을 지켜봅니다.** 이른둥이 아기는 약 28주에 빨기를 시작합니다. 처음에 빠는 힘은 약하지만, 아기가 자라면서 강도가 점차적으로 증가합니다. 아기가 빠는 기술을 사용하여 수유하도록 준비시키려면, 먼저 손가락과 유두를 깨끗하게 닦아야합니다. 아기의 간호사는 비위관을 통한 관수유 중에도 빨아 먹을 수 있도록 유도하여 배를 채우는 것과 빨기를 연관시키기 시작할 것입니다. 빨기는 타액의 생성을 자극하므로 아기가 삼키는 것을 연습할 수 있습니다.

모유 수유와 젖병 수유를 함께 할 계획이라면 아기가 젖병의 젖꼭지를 물기 전에 어머니의 유두를 빨도록 격려합니다. 이것은 유대감을 증진할 뿐만 아니라 아기에게 더 쉬울 수 있습니다. 한 연구는 아기들이 모유 수유를 할때가 젖병 수유를 할 때보다 덜 피로하다는 결과를 발표했습니다. 아기들은 보통 젖병에서 우유를 빨아들일 준비가 되기 대략 2주 전부터 어머니의 모유를 빨 수 있습니다. 아기는 캥거루케어 동안에 자연스럽게 어머니의 유방을 빨려고 할지도 모릅니다.

이른둥이가 어머니의 손가락, 빈 유방, 또는 인공유두를 빠는 것을 비영양식 빨기(nonnutritive sucking)라고 합니다.

- **아기가 삼키는 것을 지켜봅니다.** 아기는 태어날 때부터 타액을 삼키기 때문에 확실히 삼키는 방법을 알고 있지만 한 번에 몇 방울의 타액 만 삼키는 것에 익숙합니다. 이 때문에 젖병 수유는 몇 ml가 아닌 몇 방울부터 시작해야 합니다. 아기의 삼키는 능력과 함께 구역반사가 발달되었는지를 잘 지켜봐야 합니다. 구역반사는 호흡과 동시에 우유를 삼켰을 때 이물질을 폐에서 꺼내게 합니다.

  아기들은 대개 임신 34주 또는 35주 전까지 성숙한 구역반사를 보이지 않습니다. 만약 어머니의 아기가 너무 많은 분유를 너무 빨리 먹었을 때 구역반사가 충분하지 않다면 분유가 아기의 기도로 들어가서 폐를 자극할 수도 있습니다. 모유 수유를 할때는 구역반사에 대한 걱정을 덜해도 됩니다. 모유는 일반적으로 초기 모유 수유 동안에 특히, 아이에게 젖을 물리기 전에 유축 했다면 매우 빨리 흘러 들어가지 않습니다. 그리고 모유는 자연적인 인체 물질이기 때문에 그것이 몇 방울 폐로 흡인된다 해도 호흡관의 내벽을 자극하지 않습니다. 모유 수유할 때 보다 이른둥이에게 분유로 영양을 공급할 때 좀 더 주의해야 합니다.

  매우 미숙한 아기들은 일반적으로 잘 삼키는 방법을 모르기 때문에, 이 첫 번째 수유 기간 동안에 아기의 입에서 젖이 흘러내리는 것을 보게 될 수 있습니다. 모유를 유축해서 젖병으로 먹이는 경우에는 우유가 흘러서 버려질 수도 있습니다. 시간이 지날수록 밖으로 흐르는 것보다 아기의 위 속으로 들어가는 게 훨씬 더 많아집니다. 아기들은 곧 매번 수유하는 동안 입 안에 더 많은 우유를 관리하는 방법을 배울 것입니다.

- **아기가 호흡하는 것을 지켜봅니다.** 아기는 삼키는 것 사이의 호흡하는 것과 호흡하는 것 사이의 삼키는 것의 조율을 어려워합니다. 이른둥이는 보통 너무 빨리 숨을 쉬기 때문에, 의사들은 젖병 수유를 시작하기 전 신생아의 호흡률이 분당 60회 이하가 될 때까지 기다리라고 합니다. 아기가 이보다 더 빠른 속도로 호흡하는 경우, 호흡하는 사이에 아기가 삼킬 시간이 별로 없습니다. 일반적으로 아기는 우유를 몇 번 삼킨 후 몇 차례 빠른 호흡을 시작합니다. 언젠가 아기는 빨고 동시에 호흡하는 법을 배우게 될 것이고 삼키기 위해서 잠시 숨을 멈추게 될 것입니다. 젖병 수유의 시작과 함께, 질식 및 구역반사가 나타날 수 있습니다. 이러

한 이른둥이 수유의 특이사항들은 숙련된 NICU 간호사가 젖병 수유할 때조차 발생합니다. 연습을 통해, 아기는 호흡과 삼키는 것을 올바르게 조절하는 법을 배울 것입니다.

이른둥이에게 수유하는 것은 많은 연습이 필요합니다. 만삭아들에게 젖병 수유하는 것은 비교적 쉽고, 어머니는 빨기–삼키기–호흡하기 조절에 대해 그렇게 많은 관심을 가질 필요가 없습니다. 만삭아는 수유를 바로 할 수 있습니다. 그러나 이른둥이는 어떻게 하는지를 배워야 합니다. 이른둥이에게 수유하는 것은 확실히 더 어려운 일이지만, 좋은 점도 있습니다. 왜냐하면, 수유하는 동안 어머니의 아기에게 관심이 집중되면서 당신의 아기에 대해 공부할 수 있는 또 다른 기회가 되기 때문입니다. 어머니는 속도를 늦출 때, 휴식을 취할 때, 그리고 아기가 수유하기에 편안한 리듬을 받아들일 때를 알게 될 것입니다.

3. 이른둥이에게 젖병 수유하기 위해 필요한 특별한 기술과 장비가 있습니까?

이른둥이 아기는 입이 작고 배가 작으며 구강의 근육이 약하기 때문에, 젖병 수유를 시작할 때 "작고" "느리게" 생각하십시오. 많은 인내가 필요합니다. NICU 간호사와 이른둥이의 부모가 들려주는 몇 가지 조언을 알려드립니다.

- **이른둥이용 젖병과 젖꼭지를 사용합니다.** NICU에서 사용된 젖병 및 젖꼭지는 이전에 봤었던 것의 절반 크기라는 것을 알 수 있습니다. 이른둥이 아기가 다른 아기들의 절반 크기일 수 있기 때문입니다. 이른둥이용 젖꼭지는 더 짧고 부드러우며 유속이 느린 경향이 있습니다. 가득 찬 젖병을 거꾸로 들고 있을 때, 우유는 초당 약 1방울의 속도로 젖꼭지에서 떨어져야 합니다.

  간호사는 아기의 성숙 정도와 영양 공급의 진행 상태에 따라 젖병과 젖꼭지 선택할 것입니다. 퇴원일이 되면, 어머니의 아기는 아마도 중간 흐름의 유두가 달린 표준크기의 젖병을 사용하게 될 것입니다.

  이른둥이용 젖병은 일반적으로 입방 센미터(cc/s) 또는 밀리리터(ml/s) 단위로 구분됩니다. 5cc 또는 5ml는 1티스푼, 30ml는 1온스와 같습니다. 우유의 양은 보통 아기들의 경우 온스 단위로 측정되는 반면, 보통은 cc 또는 ml 단위로 측정되며, NICU에서 사용하면서 익숙해질 것입니다.

  수유하는 동안 아기가 삼키는 공기의 양을 줄이려면, 보관용 비닐을 사용하여 수유하십시오. 또는 젖병을 비스듬히 시도해 보십시오. 이것은 바닥 전체가 우유로 덮여 있는 채로 공기를 젖병 상단으로 올라갈 수 있게 해 줍니다. 가스로 가득찬 배는 횡격막을 위쪽으로 누르고 호흡을 더 손상시킬 수 있기 때문에, 공기를 삼키는 것은 이른둥이를 더 힘들게 할 수 있습니다.

그림 1. 이른둥이를 위한 젖병

- **아기에게 빠는 방법을 가르쳐 줍니다.** 빠는 것이 본능적인 일이지만 아기의 간호사는 아기가 더 효율적으로 빨고 삼킬 수 있도록 몇 가지 방법을 보여 줄 것입니다. 아기가 빨고 있기보다 잠자고 있다면, 아기에게 계속해서 수유를 하도록 간호사는 그의 뺨이나 입술을 자극하거나 간지럽히는 방법을 보여 줄 것입니다.

  숙련된 NICU 간호사는 아기가 더 효율적으로 수유하는 것을 돕기 위해 "뺨 압박" 방법을 사용합니다. 엄지손가락과 집게손가락 사이로 아기의 볼을 부드럽게 압박하여 아기가 빨도록 자극합니다. 볼을 앞으로 당기면 입술이 더 벌어지고 빨기가 자극됩니다. 아기가 유두를 젖히는 것을 돕기 위해 아기의 턱 바로 뒤에서 손가락을 사용하여 부드럽게 위로 누릅니다. 볼 압박과 턱을 지지하는 것의 조합은 아기의 혀와 입천장 사이에 유두을 압축합니다. 젖병 수유를 하는 동안에 전통적인 요람식 안기자세(cradle hold)의 방법 대신 어머니의 무릎 위에 아기를 똑바로 세워주십시오.

  만약 모유 수유와 젖병 수유 두 가지를 혼합하여 먹이고 있다면, 수유전문가는 젖병 수유 요령을 알려줄 것입니다. 수유전문가는 모유 수유에서의 적절한 접촉 방식과 비슷한 방식으로 아기의 입과 입술을 젖병 유두 주위에 어떻게 위치시키는지 그 방법을 보여줄 수 있습니다. 이것은 아기가 유두 혼란을 피하는 데 도움이 될 수 있습니다.

- **천천히 먹고, 너무 많이 먹지 않도록 합니다.** 이른둥이에게 수유를 할 때의 목표는 아기가 에너지를 가장 적게 사용하면서 가장 많은 우유를 섭취하는 것입니다.

  아기의 코를 막아서 질식하는 것을 막기 위해 천천히 수유할 필요가 있지만, 아기가 음식을 위해 고군분투하는 에너지를 낭비하거나 수유를 오래하는 것은 좋지 않습니다. 초기 젖병 수유자들의 경우, 20~30분 동안 수유를 하는 것이 좋습니다. 만약 아기가 열심히 젖병을 빨기를 시작한다면, 여러분은 그에 따라 수유를 하는 시간과 횟수를 조절할 수 있습니다. 이른둥이가 젖병 수유를 시작하고 1주일 정도는 위관을 통한 영양 공급을 계속할 수 있습니다. 위관으로 수유하는 것은 아기가 수유하는 동안 충분히 먹고 적은 에너지를 쓰도록 도와줍니다.

  초기에 이른둥이는 하루에 몇 번의 젖병 수유와 함께 위관 영양으로 부족한 우유를 공급받게 될 것입니다. 점점 아기의 젖병 수유를 통한 섭취량이 증가할수록 위관 영양은 줄어들게 됩니다.

- **아기에게 수유하기 위해 환경을 조성합니다.**

  이른둥이에게 수유하는 동안 편안한 분위기를 만들어주고, 아기가 즐거워하는 상호작용을 시도하십시오. 아기가 좋아하는 접촉, 좋아하는 노래, 입술에 우유 몇 방울을 떨어뜨리는 것 등을 수유하기 바로 전에 제공합니다.

  부드러운 접촉은 이른둥이에게 kangaroo care를 연상시키기 때문에 아기에게 수유를 위한 준비를 시키는 좋은 방법입니다.

  부모의 몸, 음성, 촉감, 냄새의 전반적인 분위기는 아기들에게 수유의 즐거움을 떠오르게 합니다. 이것은 여러분이 가장 좋아하는 식당에 들어가서 여러분이 생각했던 것보다 훨씬 배가 고프다는 것을 알게되는 것과 비슷합니다. 어떤 종류의 자극이 어머니의 이른둥이에게 수유하기에 가장 좋은지 알아낼 때까지 실험해봅니다. 너무 많은 접촉과 말하기를 반복하면 어머니의 아기는 에너지를 낭비하고 수유하는 것에 대해 집중할 수 없을 정도의 지점에 이르게 될 것입니다. 너무 적은 자극을 주면 젖을 빨 때 잠이 들 것입니다. 하지만 적당한 양의 자극은 이른둥이 아기를 깨어 있게 하고 흥미를 갖게 할 것입니다.

위관 영양 공급/관수유

34 주 미만의 이른둥이는 모유 수유나 젖병으로부터 직접 모든 영양분을 충분히 얻을 수 있을 정도의 빨기, 삼킴, 호흡을 조정하는 에너지와 성숙함이 없습니다. 그래서, 그들은 관을 통해 영양을 공급받습니다. 간호사는 부드러운 플라스틱 튜브를 아기의 입이나 코를 통해 위장에 부드럽게 넣고 튜브를 통해 아기 우유를 제공합니다. 이른둥이의 경우, 최초의 관수유는 아주 적은 양의 모유 또는 희석된 분유가 될 수 있으며, 결국에 아기는 더 많은 양의 모유나 희석되지 않은 완전한 분유에 대한 내성을 가지게 됩니다.

영양 공급 튜브 삽입을 지켜보는 것은 부모에게 방해가 될 수 있지만, 아기가 약 34 주까지 구역 반사를 일으키지 않으므로 아기를 괴롭히지 않습니다. 관수유로만 아기에게 영양 공급을 하는 기간 동안은 아기는 위관(튜브)를 지속적으로 부착하고 있습니다. 아기가 모유 수유나 젖병에서 우유를 직접 먹기 시작할 때, 위관 영양 튜브는 여분의 우유를 제공하기 위해 유지되거나(장기간 위관 튜브라고 불리는) 다시 삽입 될 수 있습니다. 아기가 유방이나 젖병으로 우유를 모두 섭취할 만큼 충분히 강해지고 성숙해지면 튜브를 통한 영양 공급은 더 이상 필요하지 않습니다.

어머니는 할 수 있습니다!

간호사가 어머니의 아기에게 수유하는 것을 관찰하십시오. 간호사는 주사기를 사용하여 측정된 양의 우유를 관을 통해 아기의 위장으로 천천히 밀어 넣습니다. 간호사는 아기가 섭취한 우유의 양을 기록합니다. 이른둥이에게 위관이 삽입되면, 어머니는 직접 위관 영양을 위해 주사기를 조작하는 방법을 배울 수 있도록 간호사에게 요청해야 합니다. 수유가 끝난 후 어머니는 간호사에게 얼마나 많은 우유를 아기에게 주었는지 보고하고 자신의 일지에 기록합니다.

수유하는 동안 빨기를 권합니다.

아기가 관수유를 하는 동안 어머니의 손가락을 빨게 하거나 관에 담긴 우유 몇 방울을 아기의 혀 위에 떨어뜨립니다.

이것은 빨기반사를 자극하고, 위와 장에서의 소화를 돕는 침 분비를 자극합니다. 아기가 수유하는 동안에는 항상 사회적 상호작용이 함께 이루어져야 한다는 것을 기억하십시오.

젖병의 소독과 분유 제조하기

젖병 수유를 위한 기구를 소독할 때는, 6~8개의 젖병, 솔, 소독용 냄비, 집게를 준비합니다. 수돗물로 젖병을 씻으며, 젖꼭지 부분과 꼭지링을 보다 주의 깊게 닦아 줍니다. 다 씻은 병은 차가운 물이 들어있는 냄비에 거꾸로 집어넣어 물이 안으로 들어가도록 합니다. 먼저, 젖병이 담긴 냄비를 10분 정도 끓인 후 젖꼭지와 꼭지링, 뚜껑을 넣고 3~5분간 더 끓입니다. 전체가 플라스틱 병인 경우 모두를 3~5분간 끓는 물에 넣어 소독합니다. 이후 냄비의 끓는 물이 들어있는 채로 빼내어 남은 증기가 내용물을 소독할 수 있도록 해줍니다. 집게를 이용하여 내용물을 빼내어 소독을 마칩니다.

분유를 조제할 때 먼저 손을 깨끗이 씻습니다. 끓인 물을 70℃ 정도로 식혀서 소독된 젖병에 수유량의 1/2 정도만을 채워 넣습니다. 제품에 포함된 스푼으로 분유를 깎아서 젖병에 넣은 후 분유가 녹을 때까지 흔들어 줍니다. 분유가 다 녹으면 끓였다 식힌 물을 수유량 만큼 넣고 체온 정도의 적정 온도로 식힌 후 수유를 시작합니다. 우유의 온도는 손목에 몇 방울을 떨어뜨려서 확인할 수 있으며, 전자렌지는 젖병의 일부분만을 뜨겁게 만들어서 아기가 화상을 입을 수 있게 때문에 사용하지 않습니다. 분유를 한 번에 제조하여 하루종일 먹이지 않으며 냉장고에 보관은 반나절 정도 허용됩니다.

젖꼭지 선택과 젖병 수유하기

이른둥이들은 빠는 능력이 덜 발달되어 있기 때문에 부드러운 재질의 중앙에 동그란 구멍이 있는 중간 사이즈의 젖꼭지를 준비하는 것이 좋습니다. 만삭아를 위해 만들어진 작은 사이즈의 젖꼭지나 구멍이 십자나 Y자 모양 젖꼭지는 빠는 능력이 덜 발달된 이른둥이에게는 적합하지 않습니다. 젖꼭지의 구멍이 적당한 크기인지 알기 위해서는 우유병을 거꾸로 들었을 때 우유가 5~6cm 간격으로 떨어지는지 보면 됩니다.

수유하는 방은 불빛이 강하지 않고 조용하고 안정된 분위기가 되어서 주위 자극을 최소화해야 합니다. 아기를 안기 전에 손을 깨끗이 씻은 후 아기의 손이 자유롭게 움직일 수 있도록 편안하게 감싸 안습니다. 안은 상태에서 아기 머기를 45도 정도 들어줍니다.

입 주위에 우유병 젖꼭지를 대고 우유 몇 방울을 입술에 떨어뜨려 먹을 시간임을 알린 후, 젖꼭지를 아기의 입에 부드럽게 넣어 혀 위에 놓이게 합니다. 모유 수유보다 공기를 더 많이 마실 수 있기 때문에 우유병을 기울여 젖꼭지 부분에 우유가 차있게 하여서 공기를 빨거나 복부팽만이 일어나지 않도록 합니다. 수유 후 아기를 어른의 어깨 위에 기대게 한 후 손을 컵 모양으로 만들어 등을 두드리거나 문질러 트림을 유도합니다. 트림을 하지 않으면 머리를 몸보다 높게 한 채 오른쪽으로 눕혀 토하는 것을 방지해서 흡인성 폐렴을 예방합니다. 질식을 방지하기 위하여 침대에 누워 혼자 우유를 먹게 하지 않습니다.

분유의 양이 충분한지 확인하기

1. 분유는 얼마나 많이 먹여야 합니까? 그리고 얼마나 자주 수유해야 합니까?

이른둥이들은 만삭아에 비하여 모든 종류의 보살핌이 더 필요하며 음식도 예외는 아닙니다. 이른둥이들에 대한 특별한 요구는 수유를 더욱 힘들게 만듭니다. 그들은 성장을 따라잡기 위해 더 많은 칼로리가 필요하고, 그들의 미성숙한 소화 계통 때문에, 그들을 더 자주 수유할 필요가 있습니다. 일반적으로, 이른둥이는 신생아보다 체중에 비해 하루 약 25% 더 많은 칼로리를 섭취해야 합니다.

그러나 모든 젖병에 더 많은 분유를 넣을 수는 없습니다. 이른둥이에게 수유할 때의 지침을 기억하세요. 이른둥이는 적은 에너지로 더 많은 우유를 먹을 수 있도록 도와주어야 합니다.

아기의 미성숙한 위장으로는 많은 양의 음식을 감당할 수 없습니다. 이른둥이가 필요로 하는 우유의 양은 한 번의 수유에 많은 양을 먹는 것이 아니라 오직 수유의 빈도를 증가시키는 것에 의해서만 가능합니다.

이른둥이가 자라면서 어머니는 수유의 양을 점차적으로 늘릴 수 있습니다.

이른둥이에게 더 자주 수유해야 하는 몇 가지 이유가 있습니다:

- **미성숙한 소화.** 대부분의 이른둥이의 소화기는 아직 성숙하지 않습니다. 아기에게 천천히, 자주, 그리고 소량으로 먹이면 더 완전한 소화가 가능합니다. 그렇지 않으면, 아기의 장은 덜 소화된 우유로 채워지고 이것 때문에 부종이 생깁니다. 이것은 변비, 복통, 영양결핍을 초래합니다.
- **역류.** 대부분의 이른둥이는 어느 정도의 위식도 역류(GERD)를 가지고 있습니다. 더 적은 양의 음식을 천천히 먹으며 더 자주 먹는 것이 소화에 좋으며, 음식을 덜 먹으면서 역류의 위험을 최소화 합니다.
- **복부 팽만감.** 위에 음식이 너무 많으면 아기가 숨 쉬기 어려워질 수 있습니다. 소화되지 않은 음식은 가스로 바뀌어 아기의 장을 팽창시킵니다. 이렇게 하면 아기의 횡격막이 숨을 내쉴 때마다 아래쪽으로 움직이는 것이 더 힘들어 지므로 호흡

이 힘들어질 수 있습니다.

- **에너지 절약.** 너무 많은 음식물이 너무 빨리 흘러들어가게 되면, 이른둥이는 그 과정에서 많은 에너지를 극도로 사용하려고 합니다. 이른둥이들은 수유하는 동안 가끔씩 휴식을 취하면서 천천히 수유해야 합니다.

2. 한번 수유를 할 때 얼마나 많이 먹어야 합니까?

병원에서 먹던 분유를 바꾸고자 할 때에는 바로 바꾸어도 되며 신선한 분유를 주기 위해서는 적은 양을 구입하는 것이 좋으며 유통기한에 주의합니다. 일반적으로 이른둥이 아기는 일주일에 5~10cc 정도 늘려서 먹이며 하루 총 수유량은 150~200cc/kg 정도입니다. 아기가 원할 때는 2~4시간마다 양을 체크하면서 줄 수 있으며, 5시간 이상 자는 경우에는 깨워서 수유를 합니다. 모유는 우유보다 소화가 잘되기 때문에 처음 몇 주 동안은 낮엔 1.5~3시간마다, 밤엔 1~2시간 간격으로 수유합니다.

1회 수유량이 120~180cc를 넘거나, 수유 후 토하거나, 묽은 변을 1일 8회 이상 보면 섭취량이 지나치게 많은 경우입니다. 1일 4회 미만의 소변을 보고 수유 후도 계속 무엇인가를 빨려고 하거나 피부에 주름이 지어 있다면 수유량이 적은 것입니다.

6주가 지나면 수유 횟수를 줄일 수 있으며 수유 간격과 횟수는 아기의 체중과 성장상태에 따라 차이가 납니다. 수유 때마다 아기에게 주는 우유의 양이 다를 수 있으며 체중, 신장, 머리둘레가 계속 증가하고 있으면 걱정하실 필요가 없습니다(표 1 참조).

표 1. **체중별 적정 우유 양**

체중(kg)	3시간 간격 수유	4시간 간격 수유
2	45~65ml	60~90ml
2.5	55~70ml	75~90ml
3	65~85ml	90~110ml
3.5	75~95ml	100~130ml
4	90~110ml	120~150ml
4.5	95~120ml	130~165ml
5	105~130ml	159~185ml
6	120~140ml	180~220ml

- **칼로리 계산.** 아기가 칼로리를 계산하기에 조금 어리다고 생각할 수도 있지만, NICU의 간호사와 영양사는 실제로 아기가 매일 얼마나 많은 칼로리를 섭취하는지에 대해 매우 주의를 기울일 것입니다. 대부분의 이른둥이들에 대한 목표는 매일 체중 당 120~150 칼로리를 공급하는 것입니다. 이것은 아기의 몸무게가 약 2kg일 때, 하루 250~300 칼로리가 필요하다는 것을 의미합니다. 모유에는 100g 당 65 칼로리가 들어 있습니다. 분유는 종류에 따라서 다양한 칼로리(100g당 65~75 칼로리)를 가지고 있습니다. 2kg의 아기가 하루 240 칼로리를 필요로 한다면, 하루에 370g의 모유가 필요합니다.

이른둥이 젖병 수유 요령

- 사회적 상호작용이 가능한 높은 시간에 음식을 먹도록 합니다.
- 적은 양을 더 자주 제공합니다.
- 영양 공급 후 아기를 똑바로 세워서(적어도 수평 30도 이상), 최소 30 분 동안 조용히 안고있습니다.
- 아기가 영양을 공급받거나 공급받은 이후에 트림하도록 권장합니다.
- 천천히 먹이고 휴식을 취하도록 합니다.
- 모유를 사용하지 않는다면, DHA / ARA가 풍부한 분유를 사용합니다.
- 수유 일지를 작성합니다.

이른둥이를 위한 분유 고르기

혹시 어머니의 이른둥이 자녀에게 특별한 종류의 우유가 필요한가요?

마트에서 판매하는 영아용 분유들 중에서, 이른둥이 엄마는 자신의 아기에게 맞는 분유를 찾기가 어렵습니다. 분유 선택은 신생아 전문의나 소아과 전문의의 조언을 받아서 선택해야 합니다. 특별한 분유의 차이점을 알고 있으면 어머니가 자녀에게 알맞은 분유를 고를 때 도움을 줍니다.

1. 일반 분유

대부분의 영아용 분유는 소젖으로 만들고, 만삭아를 위해 제조되었습니다.

비록 영양학적으로나 면역학적으로 완벽한 영아용 음식을 만들지 못했지만, 영아용 분유는 안전한 대안입니다. 최신 분유는 엽산과 지방산이 풍부하여 두뇌발달에 도움을 주고 아기가 성장하는데 필요한 영양소들을 모두 갖추었습니다.

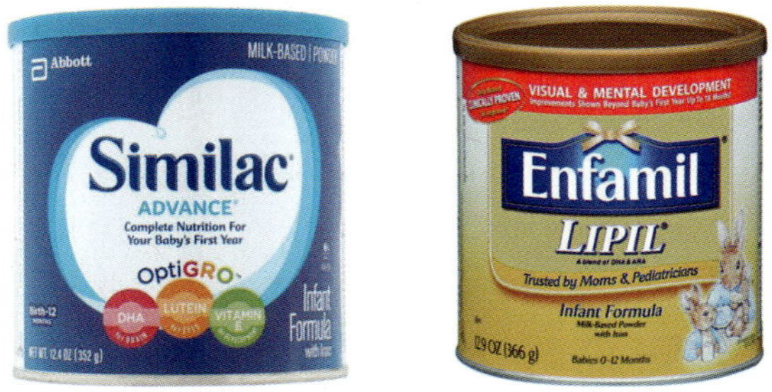

그림 2. Similac Advance, Enfamil LIPIL

(출처: 구글)

2. 이른둥이분유

이른둥이와 저출생체중아는 성장을 따라잡을 수 있는 특별분유가 필요합니다. 그래서 NICU 퇴원 후 집에서도 빠른 성장을 도울 수 있습니다.

▣ 퇴원 전 분유

이른둥이가 처음 분유 수유를 시작할 때는 의사는 모유 정도의 비율로 적은 양의 분유를 제공합니다. 아기들이 수유를 좀 더 늘리려고 할 때 의사는 아기의 빠른 성장에 도움을 줄 수 있는 칼로리가 높은 우유를 시작할 것입니다. NICU에서는 의사가 이른둥이를 위해 만들어진 분유를 사용합니다. 이러한 분유들은 단백질과 다른 영양소들이 더 첨가되어있고 높은 칼로리의 제제들과 혼합되어있기도 합니다.

그림 3. 남양 미숙아분유, 앱솔루트 베이비웰 프리미, Similac Special care

(출처: 구글)

■ 이른둥이 퇴원 후 분유

이른둥이와 저출생체중아는 병원에서 퇴원하기 전에 전형적으로 이른둥이 퇴원후 분유로 전환합니다. 이러한 분유들은 높은 칼로리와 고단백, 비타민 그리고 미네랄이 일반 영아분유에 비하여 많이 포함되어 있기 때문에, 병원에서 퇴원 후까지 성장 따라잡기를 시작할 때 사용합니다.

그림 4. 파스퇴르 위드맘, Similac Neosure

(출처: 구글)

■ 모유강화제

모유 수유 중이거나 모유 수유를 경험한 이른둥이나 저출생체중아에게는 모유에서보다 더 높은 칼로리를 제공해야 합니다. 모유강화제는 우유에 단백질, 칼로리, 칼슘, 인을 증가시키기 위하여 분말이나 액상 형태의 모유를 포함한 것입니다. 모유강화제는 이른둥이와 작은 아기들이 빠르게 체중을 늘리거나 동료들을 따라잡기에 도움을 줍니다. 모유강화제는 일반적으로 소젖으로 만들지만, 분유, 두유, 저알러지성, 그리고 락토프리(유당이 없는) 분유도 모유를 강화하는데 사용할 수 있다.

만약 어머니가 이른둥이 아기를 위하여 모유를 힘겹게 짜고 있다면, 의사가 모유강화제를 모유와 함께 먹이라고 처방할 것입니다. 비록 이른둥이 엄마의 모유는 만삭아 엄마의 모유보다 칼로리가 높지만 여전히 이른둥이 자녀에게 단백질을 추가로 제공해야만한다.

3. 소화불량을 돕는 특수분유

이른둥이 아기들은 소화기 문제를 동반하므로 분유를 다른 것과 섞어서 바꾸어 주는 것은 좋습니다.

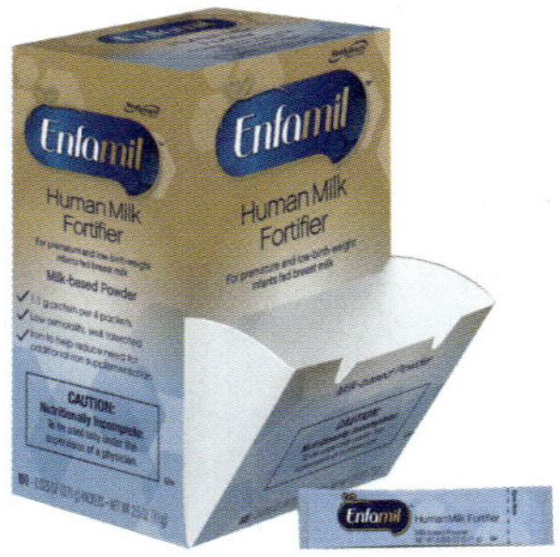

그림 5. Enfamil Human Milk Fortifler

(출처: 구글)

예민한 위장을 위한 분유는 만삭아를 기준으로 만들어졌고 이른둥이에게 필요한 만큼 충분한 칼로리를 제공하지 못하기 때문에 의사와 상담하지 않고 아래의 분유로 바꾸어서는 안됩니다.

▣ 대두단백분유(Soy formulas)

분유에서 단백질은 어떤 아동에게는 소화하기 어려울 수 있습니다. 우유 알러지가 있는 아기는 설사를 할 수도 있고, 때로는 혈액이 섞인 설사를 할 수도 있으며 피부와 호흡기 문제가 나타날 수도 있습니다. 대두단백분유는 소젖이 들어있지 않고 두유를 기본으로 했기 때문에 수유장애의 문제를 해결해줄 수 있습니다.

그림 6. 남양 앱솔루트 소이, Similac Soy Isomil

(출처: 구글)

▣ 가수분해 분유(Hypoallergenic formulas)

어떤 아기들은 소 우유 단백질(cow's milk proteins)과 두유 단백질에 모두 알러지를 가지고 있을 수 있습니다. 가수분해 분유는 분해된 단백질을 포함하고 있어서 우유 단백질에 알러지가 있는 아기도 저자극성 혼합물을 견딜 수 있습니다. 이러한 제품들은 락토프리입니다. 부분가수분해 분유를 먼저 먹고 완전가수분해 분유를 시도하는 것이 일반적입니다.

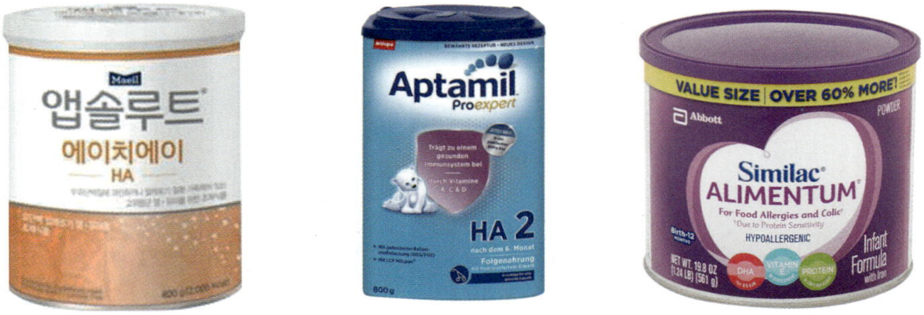

그림 7. **매일 앱솔루트 HA, Aptamil, Similac Alimentum**

(출처: 구글)

▣ 아미노산 분유(Amino acid-base formulas)

어떤 아기들은 소화기계의 심각한 문제가 있어서 저자극성 분유 제품의 완전히 분해된 단백질조차도 소화하지 못할 수 있다. 이런 아기들은 유리 아미노산(free amino acid)을 포함하고 있는 분유를 선택할 수 있다. 아미노산 분유는 장관 수술을 받았거나 심각한 위장관의 문제로 인해 심각하고 생명을 위협하는 음식알러지가 있는 아동에게 적합하다. 이런 제품은 유당이 없고(lactose-free) 특수한 지방들을 포함하고 있어서 일반 분유의 지방을 흡수하지 못하는 아동에게 적합하다.

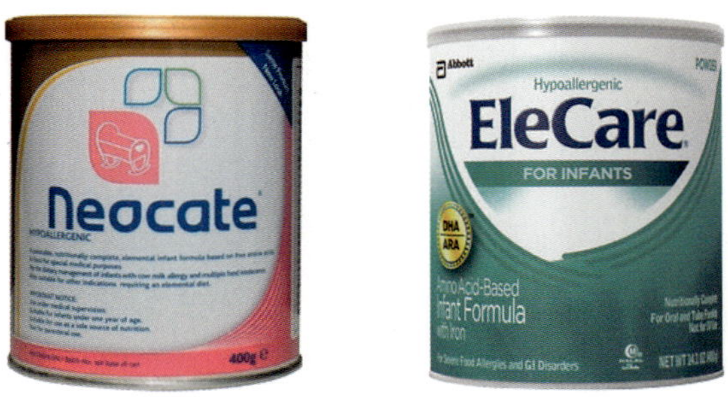

그림 8. Neocate, EleCare

(출처: 구글)

▣ 락토프리(유당이 없는) 분유

어떤 아기들은 우유속의 유당을 소화하는 락타아제가 충분하지 않다. 왜냐하면 이런 아기들은 우유 속의 유당을 잘 소화시키니 못하기 때문에 심하게 칭얼대거나 운다. 가수분해 분유는 아기들이 덜 울고 뱃속이 편안한 느낌을 갖도록 도와준다.

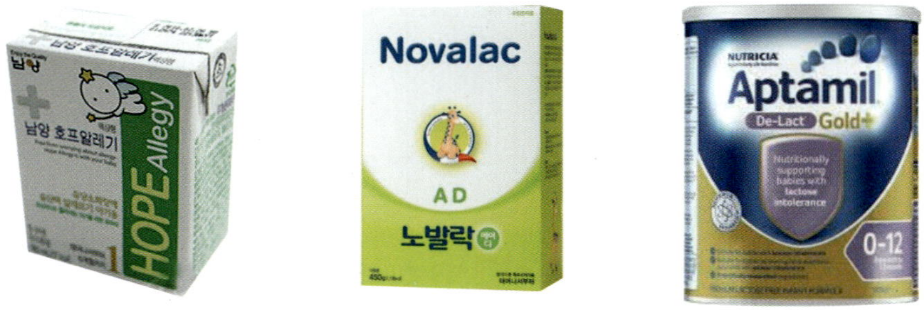

그림 9. 남양 HOPE, 노발락, Aptamil De-Lact

(출처: 구글)

분유 속에 포함된 "smart fats"

연구 결과에 따르면 필수 지방산, omega-3 docosahexanoeic acid(DHA) 및 omega-6 arachidonic acid(ARA) 이 풍부한 분유를 먹은 이른둥이가 이러한 지방들이 풍부하지 못한 분유를 먹은 아기보다 나중에 어린 시절의 발달 검사에서의 높은 점수와 향상된 시력을 나타냈습니다. 이것은 오메가-3 지방이 뇌와 눈의 망막의 주요 구성 요소이기 때문에 의미가 있습니다.

DHA와 ARA가 첨가된 분유는 유럽에서 수년간 사용되어 왔습니다. 2002년 2 월부터 제조사들은 이러한 두뇌를 형성하는 지방이 풍부한 아기용 분유를 미국에서 판매하기 시작했습니다. 그러나 모든 상업적 아기용 분유가 이러한 필수 지방을 포함하는 것은 아닙니다.

연구는 이들 지방을 식단에서 얻는 것이 필요하며 최적의 이른둥이 발달을 위해서 선택 사항이 아님을 제시합니다. 이른둥이는 아직 식단에 포함된 다른 지방을 이러한 중요한 물질로 변형시키는 신진 대사 능력을 아직 가지고 있지 않음을 시사합니다. 따라서 아기용 분유로부터 이미 만들어진 smart fats를 얻을 필요가 있습니다. 아시겠지만 모유에는 smart fats가 자연적으로 포함되어있습니다.

만약 어머니의 이른둥이가 모유를 먹지못하고 전적으로 분유만 먹는다면, omega-3 지방산이 포함된 분유를 선택합니다.

젖병 수유에 관한 질문들

이른둥이는 비타민이 부족할 수 있기 때문에 먹기 시작하면 종합 비타민제를 복용합니다. 엄마로부터 충분히 철분을 얻지 못하고 태어나기 때문에 출생 체중 2배 정도가 되면 보충하기 시작합니다. 생후 4주가 되면 비타민 E와 엽산은 중지하고 페로맥스 철분제를 보충합니다.

수유하는 도중 아기가 숨을 쉬지 않거나 입가가 파래지는 경우에는 젖병을 떼고 숨을 쉴 수 있게 해주어야 합니다. 발바닥을 때려 울릴 수도 있으며, 숨 쉬는 것이 안정적으로 돌아오면 다시 수유를 합니다. 산소와 모니터를 가지고 퇴원 한 경우에는 수유 중 심박동수가 80/분이하로 떨어지는 서맥이 보이거나 산호 포화도가 80%정도로 낮아지면 흡인의 위험성과 무호흡을 동반할 수 있기 때문에 수유를 중지하고 쉴 수 있게 합니다.

Q. 특정 분유가 제 아기와 맞지 않는지 어떻게 알 수 있습니까?

어떤 아기들은 어머니와 의사가 어느 것이 장에 친숙한 것인지를 발견하기 전에 많은 분유에 대한 변화를 겪습니다. 다행인것은 아기의 장이 성숙해짐에 따라, 아기의 배는 분유에 대해 그렇게 까다롭지 않다는 것입니다. 아기는 배가 불편하다고 엄마에게 말할 수는 없지만, 어머니가 아이가 어떻게 행동하는지에 대해 민감하게 관찰한다면 분유에 대한 변경이 필요한지를 결정하는 데 도움을 줄 수 있습니다. 다음의 경우에는 분유를 주면 안됩니다

- **뱉기.** 위와 장은 본능적으로 그들이 싫어하는 것을 거부합니다. 특히 이른둥이는 약간의 뱉는 행동을 하는 것은 정상적이지만, 모든 수유 시 뱉는다면 아기가 그 분유에 알레르기가 있다는 것을 나타낼 수 있습니다.

  우유가 역류하는 것은 일반적으로 분유의 종류 보다는 수유 기술과 관련이 있습니다. 수유를 하는 동안 아기가 많은 공기를 삼킬 때, 위장에 갇힌 공기 방울이 아기의 식도를 바로 젖히고 밖으로 우유를 밀어낼 수 있습니다. 아기가 다량의 분유를 자주 뱉은 경우, 분유의 종류를 변경하기 전에 수유 기술을 먼저 사용합니다. 아기에게 소량을 더 자주 먹입니다. 만일 뱉어 내는 행동이 잠잠해진다면, 다른 분유를 시도할 필요가 없습니다.

- **복부 팽만감.** 수유를 하고 10~20 분 후에 아기의 복부를 확인합니다. 쉽게 소화되고 배에서 빠르게 비워지는 분유는 복부가 부풀어 보이거나 부어오르게 하지 않을 것입니다. 반면에, 소화가 되지않아서 그냥 정체되어있는 우유는 가스를 내뿜어 아기의 민감한 장을 팽창시키고 자극하여 복통과 복부 팽만감을 유발합니

다. 아기의 배가 먹고 난 후 드럼처럼 느껴지면 수유하는 것을 늦추고 더 적은 양을 더 자주 제공합니다. 복부 팽만감이 향상되지 않으면, 분유를 변경합니다.

- **폭발성 대변.** 소화되지 않은 우유가 하부 장에 도달하면 아기의 대변에 영향을 줍니다. 아기의 배변 시마다 요란한 장 움직임과 폭팔적인 대변소리를 들을 것입니다. 다시 말하지만, 이것은 분유의 유형 때문이 아닐 수 있습니다. 폭발성 대변은 과다 수유의 흔한 징후입니다 (만삭아에서 조차도). 한쪽에서 너무 빨리 들어가면 반대쪽에서는 너무 빨리 나올 겁니다. 분유를 변경하기 전에 더 적은 양을 더 자주 느린 속도로 수유를 시도합니다.

- **항문 발진.** 소화되지 않은 우유는 하부 장에서 산성이 되며 그것은 항문 주위에 붉고 거친 화상 같은 발진을 일으킬 수 있습니다. 아기의 변의 산 함량이 피부를 자극합니다. 이것이 분유 불내성의 유일한 징후라면, 처음으로 해야 할 것은 기저귀를 교체 한 후에 아기의 엉덩이에 산화 아연이 들어있는 흰색 기저귀 크림을 발라보세요. 이렇게 하면 자극성 대변이 아기의 민감한 피부에 닿지 않게 됩니다. 심한 발진이 지속되면 분유를 변경합니다.

Q. 밤 동안 아기에게 수유해야 합니까?

이른둥이들은 아마도 NICU에서 밤새도록 일정에 따라 수유를 했을 것입니다. 집에서 잠시 동안 계속 그렇게 합니다. 아기는 여러 가지 이유로 밤새도록 수유를 하는 것을 필요로 합니다. 만약 아기가 밤중에 수유를 공급받지 못한다면, 그 아기는 낮 동안 더 많은 수유를 필요로 할 것입니다, 그리고 이른둥이의 배가 작아서 많은양의 수유는 견디지 못할것입니다.

또한, 밤에 오랫동안 음식을 먹지 않는 것은 혈당을 낮출 수 있어서 이른둥이에게 문제가 될 수 있습니다.

밤에 수유를 하는 것은 이른둥이 아기로 하여금 더 많은 칼로리를 섭취하고 잘 자랄 수 있도록 도울 수 있습니다. 이른둥이는 밤 동안에 3 – 4 시간마다 수유하는 것을 필요로 한다는 것을 예상하십시오. 아기가 더 나이를 먹고 밤에 더 오래 자기 시작하면서 어머니는 야간 수유를 줄일 수 있습니다.

CHAPTER 3

이른둥이의 일반적인 양육법

목욕

목욕의 목적은 피부에 자극을 주고 몸을 점검하면서 청결을 유지하는 데 있습니다. 신생아는 땀을 흘리지 않으므로 날마다 목욕시킬 필요는 없습니다. 수유 후에는 얼굴, 턱, 목을 깨끗이 닦아주고 기저귀 부위도 갈 때마다 청결하게 닦아줍니다.

피부상태와 주위온도는 목욕의 필요성을 평가하는데 좋은 지표가 됩니다. 더운 날씨에는 매일 목욕을 시켜야 되나, 겨울 동안에는 1주일에 3~4번 목욕시키면 된다. 목욕은 젖먹기 전이나 보채지 않을 때 하는 것이 좋습니다.

목욕하는 공간은 넓고 편안해야 하며 주위가 따뜻하고 바람이 없어야 합니다. 목욕물은 37~40℃ 가 적당합니다. 배꼽이 떨어지지 않은 아기는 통목욕 대신 스폰지로 부분 목욕을 합니다.

목욕을 시작하면 절대로 아기를 혼자 두지 않아야 합니다. 따라서 깨끗한 수건, 물수건, 순한비누, 빗, 갈아입힐 기저귀와 옷 등의 필요한 물품은 미리 옆에 준비해둡니다. 아기비누, 오일, 로션 등은 아기피부의 산도를 변화시키므로 사용하지 않는 것이 좋습니다. 아기 분을 사용하면 피부에 자극을 줄 수 있기 때문에 필요하지 않습니다.

아기를 목욕시키는 순서는 얼굴 → 머리 → 가슴과 배 → 등 → 팔다리로 합니다. 먼저 깨끗한 물수건으로 눈과 얼굴을 조심스럽게 닦으며, 귀나 코는 물수건 끝으로 부드럽게 닦습니다. 머리는 순한 비누를 이용해도 좋다. 아기 머리에 천문이 있으니 조심하여 닦습니다. 두피에 생기는 유가는 일부러 떼어내려고 하지 않으며, 미리 오일을 발라 두었다가 가는 빗으로 빗기면서 제거할 수 있습니다. 머리를 감길 때 아기를 미식축구공처럼 엄마 옆으로 안으면 안전하게 할 수 있습니다.

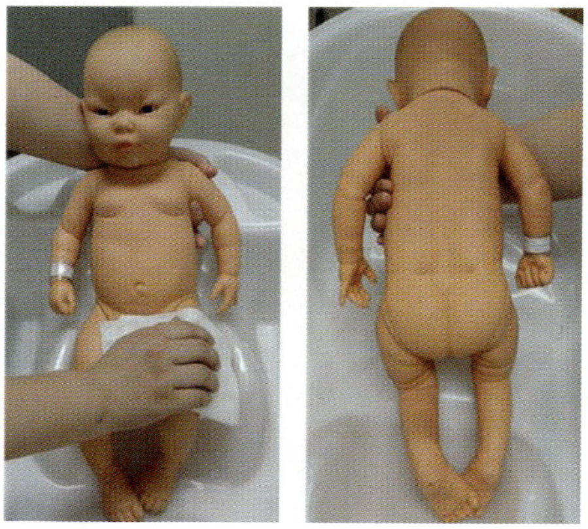

그림 1. **목욕 시 아기를 앉는 모습(전면과 후면)**

엄마의 왼손으로 아기의 겨드랑이를 감싸안고, 엄마의 왼손 손목 내측으로 아기의 목과 머리를 지지하면서 서서히 물속에 넣습니다. 다른 손으로 옷을 벗기고 아기의 가슴과 몸의 앞쪽을 닦습니다. 아기를 물속에 넣을 때 엄마는 부드러운 목소리로 목욕을 알려주고 아기의 표정을 살핍니다. 이 때의 접촉은 아기와 부모를 교감하고 애착을 형성하게 합니다. 비누를 사용할 경우는 미끄러우므로 조심해야 합니다. 아기의 등쪽을 닦을 때는 엄마의 오른손으로 아기를 바꾸어 잡고, 엄마의 오른손 손목 내측으로 아기의 턱과 가슴을 지지합니다. 아기를 물에서 꺼낼 때 역시 부드러운 목소리로 알려 줍니다. 아기를 꺼내어 큰 수건에 놓고 빠르게 몸 전체의 물기를 닦으며 아기의 피부에 이상 유무를 확인합니다. 준비한 기저귀와 옷을 입힙니다.

수면

아기의 수면 양상은 다양하고 수면 환경을 제공하는 것도 문화적인 차이에 따라 다양합니다. 그러나 아기가 잘 때는 단단한 침요를 사용하고 베개를 사용하지 않는 것이 안전한 수면을 위해 권장됩니다. 영아돌연사의 예방을 위하여 엎드려 재우지 않습니다.

신생아는 한 번에 2시간씩 자고, 7~8번의 낮잠을 포함하여 하루에 총 20~22시간을 잡니다.

이른둥이는 오랜 병원생활 때문에 시끄러운 환경에 적응이 되어 있습니다. 오히려 조용하고 어두운 환경이 익숙하지 않을 수 있기 때문에 약간의 불빛과 소리가 잠드는데 도움이 될 수 있습니다.

이른둥이는 신체적으로 미숙하여 정상아보다 오랫동안 잠을 잡니다. 아기가 수면 중에 숨을 쉬지 않을까봐 부모와 함께 재우는 경우가 많습니다. 아기침대를 부모님이 관찰하기 좋은 거실이나 주방에 두고, 밤에는 방에서 따로 재우는 것이 좋습니다. 시간이 지날수록 아기의 호흡은 더 좋아지며 규칙적인 수면을 잘 수 있습니다.

▣ 수면주기

만삭아는 한번에 15~20분 동안 깊은 잠을 자고 65~70분의 얕은 잠을 잡니다. 작은 이른둥이는 깊은 잠을 2~5분만 자고 얕은 잠으로 바뀝니다. 각 수면 기간 동안 얕은 잠 – 깊은 잠 – 얕은 잠의 주기가 2~3회 반복합니다. 수면 주기는 60~90분간 이어지며, 각 주기는 다음과 같습니다.

- **수면 단계**

  조용한 수면: 얼굴 표정이나 몸의 움직임 없이 안정되게 숨을 쉬고 쉽게 깨지 않는 상태

  활동적 수면: 불안정한 호흡과 약간의 얼굴표정, 몸과 눈의 움직임. 이 단계에는 쉽게 깰 수 있습니다.

- **과도기 단계**

  기면 수면: 불안정한 호흡, 반쯤 감긴 눈, 졸려 보이는 모습, 좀 덜 활발하거나, 하품, 노곤한 눈, 자극(배고픔, 젖은 기저귀와 같은 내적 자극과 소음 등의 외적 자극을 포함)으로 기면 수면을 깨울 수 있습니다.

- **각성 단계**

  조용히 깨어있는 단계: 깨어있지만 신체 움직임이 적고, 안정된 호흡을 하며, 좀 더 사물에 집중적으로 됩니다. 이 시기가 부모–아이 관계 형성에 가장 좋은 시기입니다.

- **활발한 각성 단계**

  좀 더 신체 움직임이 활발해지고, 호흡이 불안정하며, 잘 울고, 눈을 뜨게 되고, 배고픔과 같은 내적 요구가 증가되며 요구가 모두 충족된 후에 보다 안정적인 부모–자녀 관계가 형성됩니다.

놀이

놀이는 아기를 기쁘게 하면서 행동적 • 사회적 • 정신운동적 발달을 성취하게 합니다. 놀이는 아기의 발달과정의 중요한 부분입니다. 놀이를 통해 아기는 모양, 색깔, 원인과 결과 그리고 자신에 대해 배웁니다. 아동에게 놀이는 즐거움, 두려움, 슬픔, 불안에 대해 의사소통하는 방법입니다. 놀이의 기능은 다음과 같습니다.

- **신체발달:** 아기는 특정 신체운동을 재미있어서 반복하게 되는데, 이러한 운동은 신체 조절기능 발달에 도움을 줍니다. 예를들어 영아는 처음에는 딸랑이를 쳐보고, 다음은 잡으려고 시도하며, 그 다음은 집어들 수 있게 됩니다. 그리고 딸랑이를 흔들거나 입으로 가져갑니다.
- **인지발달:** 아기는 어떤 개념을 배우면, 그 개념에 대한 계속적인 경험을 통해 초기의 지식을 확장합니다. 아기는 놀이를 통해 자연, 주변의 사물이나 놀잇감 등 새로운 것에 흥미를 가질 수 있고, 여러 사물을 관찰하고 경험하면서 자연스럽게 색깔이나 크기 등을 배우고 구분합니다. 게임이나 퍼즐을 통해 문제해결능력을 키우고, 모방놀이는 통해 언어능력을 강화시킵니다.
- **정서발달:** 놀이는 정서적 갈등을 해결하는 방법이 됩니다. 상징적 놀이나 역할놀이를 통해 사건이나 상황을 탐험하면서 상상을 하기도 하고 점점 자신을 더 잘 알게 됩니다. 어른과 함께 놀이를 하면 주변 사람들의 반응을 보면서 자아존중감을 증가시킵니다.
- **사회성발달:** 신생아는 주변과 자신을 구분하지 못하며 이로인해 자기중심적 특성을 보입니다. 영아기에 다른 사람이나 사물과 놀이를 하게 되면서 자신과 다른 사람들 사이의 관계에 대한 개념이 발달합니다. 영아는 다른 사람들과의 상호작용에서 기쁨을 느끼기 시작하며, 다른 사람들의 관심을 끄는 행동을 시도합니다.
- **도덕성발달:** 아기는 친구나 가족들과 놀이를 하면서 어떤 행동이 옳고 그른지 배우게 됩니다. 그들은 차례를 지켜 교대로 하는 것은 보상을 받고, 속이는 것은 벌을 받는 다는 것을 배웁니다. 그룹놀이는 팀워크, 공감, 배려의 중요성을 인식하게 도와줍니다.

일반적으로 2개월 영아는 발성을 따라하고 미소짓기, 노래하기, 뒤집기 격려하기 등의 놀이를 할 수 있고, 4개월에는 밝은 색의 딸랑이, 촉각 자극 장난감, 거울 등으로 놀 수 있으며, 6개월에는 목욕 장난감, 큰 공, 부드러운 동물 장난감 등으로 놀 수 있다. 이때는 까꿍놀이 처럼 사회적인 놀이를 시도한다. 12개월에는 밀고 당기는 장난감, 다양한 크기의 공, 그림책, 인형과 봉제 동물인형, 모래상자 등으로 놀 수 있다.

구토

▣ 토하기와 게우기

구토는 토하기(vomiting)와 게우기(spitting up)로 나뉩니다. 아픈 아기들은 대부분 구토를 합니다. 구토는 특별한 치료가 없이 회복되기도 하지만 아기들은 매우 불편합니다. 무력감과 뭔가 나빠지는 듯한 공포감은 구토를 더 악화키며, 아기를 빨리 회복시키려는 엄마의 마음은 더욱 불안을 유발합니다. 구토의 이유와 대처법을 공부하는 것은 엄마의 마음을 편안하게 합니다.

토하기와 게우기는 다릅니다. 토하기는 위 내용물인 입으로 강하게 내뿜어져 나오는 것입니다. 토하기는 위의 수축운동으로 복부근육과 횡격막의 압력이 높아져서 나타나며, 세균과 바이러스의 감염, 약물부작용, 시야와 냄새의 변화, 멀미 등이 원인입니다.

게우기는 대부분 1세 미만의 아기들에게서 나타나고, 모유 수유를 하는 동안 모유가 삼킬 수 없을 만큼 갑자기 빨리 나오거나, 수유 중 아기의 자세가 부적절하거나, 젖꼭지 구멍이 너무 커서 우유를 삼키지 못할 때 생깁니다. 또한 아기의 식도 괄약근과 성대문이 완전히 발달되지 않아서 나타나는 위-식도 역류, 이른둥이, 다운증후군, 만성 폐질환이 있어서 아기가 빠는 힘이 약할 때 나타납니다.

▣ 게우기 예방법

모유가 갑자기 터져나오지 않도록 수유를 하기 전 모유를 짜내는 것이 게우기를 예방하기에 좋은 방법입니다. 젖병 수유는 1초에 2방울이 나오는 것이 적당합니다. 수유 중에 아기가 적절히 호흡을 하고 있는지 확인합니다. 산소와 모니터를 가지고 퇴원한 경우에는 수유 중 심박동수가 80/분 이하로 떨어지는 서맥이 보이거나 산소포화도가 80% 정도로 낮아지면 수유를 중지하고 쉬게합니다. 수유 중에 입과 코주변 혹은 얼굴 전체에 청색증이나 색깔변화가 나타난다면 수유를 중단해야 합니다. 아기의 호흡이 편

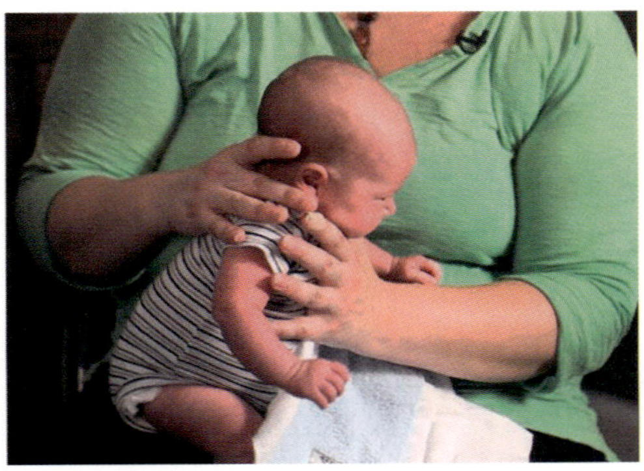

그림 2. 수유 후 트림시키기 자세

안해지고, 얼굴색깔이 핑크색으로 돌아오면 다시 수유를 시작합니다.

수유가 끝난 후에는 아기를 10분 정도 똑바로 세워서 앉고 트림을 시킵니다. 또는 아기를 오른쪽을 보도록 옆으로 눕히고 30분정도 유지하면 구토와 질식을 방지하는데 도움이 됩니다.

▣ 구토 시 중재법

구토 시 수유를 중단하고 아기의 머리를 옆으로 돌려서 우유가 입에서 흘러나오도록 합니다. 코와 입으로 나온 우유를 깨끗한 수건으로 닦아줍니다. 아기가 우유로 질식한 경우에는 아기의 상체를 낮추고 호흡이 돌아올 때까지 등을 두드립니다. 아기의 호흡이 편안해지면 수유를 다시 시작해도 좋습니다.

구토물에 혈액이나 푸른색의 담즙이 섞여있거나, 구토가 24시간 이상 계속되고, 배가 부어오르고, 아기의 호흡이 멈추고, 피부색이 파랗게 변하거나, 자극에 반응이 없이 늘어지면 병원에 가야 합니다.

배변

모유 수유 중인 신생아는 출생 첫날 1~2회 소변을 보고 점차로 횟수가 늘어납니다. 6~7일 이후부터 매일 6회 이상 소변을 기저귀가 흠뻑 젖을 정도로 봅니다.

모유 수유 중인 신생아는 매일 6~12번 대변을 봅니다. 첫날은 검은색에 가까운 암녹색으로 끈적끈적한 태변을 봅니다. 출생 후 3~4일부터 대변의 색깔이 옅어지면서 노랗게 됩니다. 어떤 아기는 2~3일에 한번 묽거나 덩어리 진 배변을 하고, 규칙적인 배변을 보기까지 10~14일 정도 걸리는 아기도 있습니다. 아기가 잘 먹고 체중증가가 정상이라면 배변이 위와 같아도 괜찮습니다.

일반적으로 영아는 하루에 1~3회 대변을 봅니다. 이른둥이의 대변은 만삭아와 다르지 않습니다. 부모는 아기의 변의 모양, 색깔, 냄새와 양을 관찰해야 합니다.

- **설사:** 아기의 변이 악취가 나거나, 신 냄새가 나거나, 무르거나 묽은 변이며, 점액질이 포함되어 있다면 설사를 의심해야 합니다. 설사는 열, 식욕저하, 체중감소, 복보팽창, 구토 등과 함께 나타납니다. 원인은 우유 알레르기, 과도하게 농축된 분유, 과도한 주스, 신선하지 못한 음식 때문이며, 바이러스나 세균에 의한 장염 때문이기도 합니다.

  아기가 설사를 할 때 보호자는 손씻기를 철저히 합니다. 분유는 끓인 물로 타며, 젖병을 소독해서 보관합니다. 설사가 심하지 않으면 우유를 희석하여 분유는 반,

물은 두배로 해서 줍니다. 영양결핍을 예방하기 위해 묽은 우유는 이틀 미만으로 먹입니다. 증세가 심해지면 탈수가 생길 수 있으므로 병원에 가야 합니다.

- **변비:** 변이 딱딱해지고, 장운동이 어려워져서 대변을 못봅니다. 영아의 배변 운동은 하루에 한번 정도입니다. 변비는 위와 장의 느린 연동운동, 너무 묽은 우유를 먹었을 때, 장폐색증이나 선천성 거대결장증 등이 있을 때 나타납니다.
  아기가 3일간 변을 보지 못했다면 면봉에 윤활제(바셀린)을 발라 항문 주변을 닦아주면 장의 연동운동이 자극되어 배변을 돕습니다. 계속해서 변비가 지속되면 의사와 상담해야 합니다.

발열

열은 아기가 면역을 향상시키고 세균과 싸울 때 나타나는 생리적 현상이며, 아기의 건강상태를 알려주는 신호입니다. 아기는 방안의 온도가 너무 높거나 두꺼운 옷을 입은 경우에도 열이 날 수 있으므로, 주변 온도에 따라서 아기에게 옷을 입히거나 벗기도록 합니다.

▣ 체온재기

체온은 겨드랑이, 고막, 이마에서 측정합니다. 고막체온계는 탐침을 삽입하기 전 귀를 당겨(3세 미만 후하방, 3세 이상 후상방) 고막을 노출하고, 꼭 맞게 이도 내로 삽입합니다. 소리가 울릴 때 꺼냅니다.

이마체온계는 센서가 아기의 측두동맥에 닿게 하고 바깥쪽으로 스캔하여 소리가 울리면 체온을 확인합니다. 전자체온계는 체온계의 끝에 센서를 아기의 겨드랑이 중간에 넣고 소리가 울릴 때 꺼냅니다.

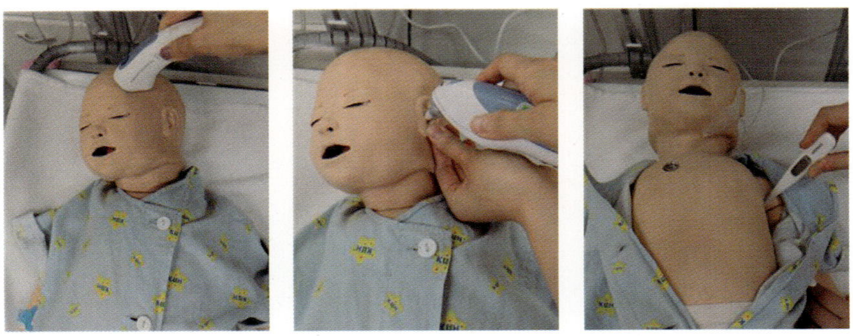

그림 3. 이마체온계, 고막체온계, 겨드랑이체온계

▣ 발열 시 중재

아기의 체온이 37.5℃ 이상으로 측정되면 옷과 이불을 벗기고 시원하게 해주며 30분 후에 다시 측정합니다. 38.0℃ 이상이면, 미지근한 물에 적신 수건으로 아기의 몸을 닦아줍니다. 이 때 아기가 몸을 떨면 해열제를 먹이고 몸을 이불로 덮어줍니다. 체온은 30분~1시간마다 측정합니다.

반대로 아기는 추위를 견디기 위한 충분한 피하지방이 없기 때문에 체온을 유지하기 어렵습니다. 아기의 체온이 36.5℃ 이하이면, 이불이나 옷을 덮어주고 방의 온도를 높입니다. 1시간 후 체온이 오르지 않으면 병원에 갑니다.

CHAPTER 4

이른둥이 엄마들의 감정

이른둥이 엄마들은 만삭아 엄마들에 비해서 양육스트레스가 높고, 불안과 걱정이 높아 실제로 마음 조절이 잘 안되고 공격적인 성향까지 보일 수 있습니다. 그리고 실제로 이러한 행동 양상들이 정작 아기의 발달에 좋지 않은 영향을 미칠 것이라고 염려하는 목소리도 있습니다. 그래서 이 장에서는 실제 이른둥이 부모들이 가지기 쉬운 다양한 문제들을 직접 다루어 보고, 건설적인 방향으로 시야를 돌리고, 주변에 건강한 자원들을 모으기 위한 길잡이 내용으로 안내하고자 합니다. 부정적인 감정이 드는 것은 극히 자연스러운 것이고, 다만 그것을 어떻게 표현하고 조율할지에 대해서는 보다 더 나은 방향을 생각해야 할 것입니다.

이른둥이 엄마의 산후 우울증

배 속에 있을 때만 해도 아이를 무척 사랑했지만, 막상 낳고 보니 아이를 거부하게 되었다는 엄마들, 요즘 들어 부쩍 이런 엄마들이 늘어나고 있다고 임상가들은 이야기합니다. 아무도 도와주지 않은 채 육아 부담을 혼자 지고 있다 지친 것이 그 이유입니다. 심리적인 문제가 있는 아이들을 보면, 대부분 엄마에게도 심리적인 문제가 있습니다. 그래서 아이에 대한 개입을 할 때 양육자에 대한 개입을 함께 해야 합니다. 게다가 예상치 못한 조산, 난산 등 출산 과정에서 어려움을 가졌을 이른둥이 엄마들의 산후우울증은 본질은 유사해도 그 마음의 어려움은 더 깊고 힘들 수 있습니다.

엄마는 임신과 출산을 경험하면서 급격한 호르몬의 변화와 함께 우울한 기분을 느끼게 됩니다. 이를 베이비 블루(Baby Blue)라고 합니다. 산모의 50~70%가 베이비 블루를 경험하고 그중 10~15%는 몇 주 동안 무기력과 우울을 겪으며 감정을 조절하지 못하는데, 이것이 본격적인 산후우울증입니다. 우울증을 흔히 마음의 감기라고 합니다. 처음에 빨리 손을 쓰면 무리 없이 치유되지만, 치료를 차일피일 미루면 폐렴으로도 번질 수 있는 병이 바로 감기입니다.

문제는 엄마의 이런 부정적인 감정이 아이에게 그대로 전달된다는 것입니다. 아이에게 가장 중요한 것은 자기를 이해하고 따뜻하게 감싸주는 엄마의 사랑입니다. 이 사랑이 부족하게 되면 아이는 최적의 상태에서 발달을 성취해 나가는 것에 방해가 될 수 있습니다. 그리고 이후 발달과정에서 문제가 생길 수 있음을 분명히 알아야 합니다.

엄마 자신의 감정부터 챙겨야 합니다, 아이에게 사랑을 주기 위해서라도 엄마는 늘 기분 좋고 행복한 상태를 유지해야 합니다. 기분이 좋지 않을 때에는 차라리 잠시 아이와 떨어져 있는 편이 낫습니다. 이 부분에 있어서 엄마 자신의 노력이 가장 중요합니다. 괜히 짜증이 많아지고 아이와 남편 등 가까운 사람들에게 이유 없이 화가 나는 일이 지속되면 되도록 빨리 심리치료를 받는 게 좋습니다. 또 집에만 있지 말고 취미 생활을 하거나 친구를 만나는 등 보다 적극적으로 자신을 돌보도록 해야 합니다. 이때 남편과 주변 사람들의 관심과 배려 또한 필수적입니다. 고통을 이해하고 짐을 나누려는 남편의 배려는 아내에게 큰 힘이 됩니다. 특히 이른둥이 출산 이후에는 가족 간의 유대감 형성과 응원이 중요합니다.

이른둥이 엄마의 감정 반응

인생이 계획한 대로 돌아가지 않으면서 엄마는 분노, 두려움, 외로운 감정들을 느끼게 될 수 있습니다. 아기를 갖게 되는 것은 기쁜 일로 여겨왔지만 출산 후 아기를 바로 품에 안지 못하는 상황 속에서 어떻게 대처해야만 하는 것인지 무거운 마음이 들 수 있습니다. 이 장에서는 이른둥이 부모, 특히 엄마들이 가지기 쉬운 다양한 부정적인 감정들과 대처방법에 대해서 자세히 기술하도록 할 것입니다.

그림 1. 슬픈 표정의 엄마

1. 무언가 잃어버린 것 같은 느낌이 들어요.

갑작스럽게 닥친 출산 과정은 어머니로 하여금 '말도 안돼!', '믿을 수 없어!' 이런 당혹스러운 생각들을 떠오르게 만들었을 것입니다. 그 심정을 잘 모르는 친구들이나 이웃은 어머니를 위로하려 하지만 가벼운 마음으로 정리되기란 쉽지 않을 것입니다. 엄마가 되기 위해서 남아있던 임신 기간에 대해 애도와 정리를 해야 하고, 기대했던 시간을 박탈당한 기분을 견디어 내는 것은 힘든 일입니다. 직장을 다니고 있었다면, 출산휴가 준비를 하기도 전에 갑자기 일어난 일을 해결해야 합니다. 평범한 산모들과는 전혀 다른 일상을 경험해야만 합니다. 임신 기간이 너무 빨리 끝나버린다는 감정이 드는 것은 매우 자연스러운 것입니다. 이른둥이 엄마들은 출산 후 아기를 바로 안아보고 인계받지 못하기 때문에 완성되지 못한 느낌이 들 수도 있습니다. 어머니가 지극히 당연한 상실감(legitimate losses)을 느끼게 되는 것을 인식하고 있는 것이 매우 중요합니다. 만약 아기의 예후가 좋다고 판정을 받는다 하더라도, 어머니가 잃어버린 임신 기관과 예정된 출산 경험에 대해서 상실감을 느끼고 슬픔을 느끼는 것은 아주 자연스러운 감정입니다.

2. 모든 과정들이 자연스럽지 않을 것 같아요.

이른둥이 부모들은 신생아중환자실이 딱딱하고 인공적인 느낌이 들 수 있습니다. 출산 후 엄마와 아기가 분리되어야 한다는 점, 아기를 가까이에서 볼 수 없다는 점, 그리고 관을 통해서 아기에게 음식을 제공해야 한다는 점으로만 보아도 매우 부자연스러운 상황으로 여겨집니다. 아기의 상태를 엄마의 상상을 통해서 그려내야만 한다는 점 또한 그러할 것입니다. 아기와 피부 접촉, 눈 맞춤, 수유와 안아주는 과정들을 통해서 자연스럽게 부모들은 아기에게 사랑을 느끼게 되는데 이러한 일련의 과정에서 부자연스러운 상태에 놓이게 되고 부정적인 감정을 느낄 수밖에 없을 것입니다. 몸과 마음, 정신적인 모든 면에서 본능적으로 아기를 만지고 안아주고자 하는 엄마는 그렇게 할 수 없는 상황에 놓이게 되는 것입니다. 인큐베이터 안에 놓인 아기를 그저 팔과 손끝으로만 부분적으로 돌보는 것으로는 자연스러운 양육을 충분히 이루어낼 수가 없다는 생각이 들 수 있습니다. 신생아중환자실에 아기를 남겨둔 채 매번 나와야 할 때에는, 출산 첫날의 고통이 외상처럼 매번 회상이 되어 떠오를 수도 있습니다.

3. 정말 두렵고 당황스러워요.

이른둥이 부모들이 가지는 두려움에 몇 가지 단계들이 존재합니다. 첫째는, "우리 아기가 살 수 있을까" 이며, 아기가 생존할 것이라는 확신이 든 이후에는 "우리 아이가 정상적으로 클까"에 대한 불안감을 가질 수 있습니다. 이후에 충분한 모유를 만들어내지 못할 것 같은 두려움, 아기를 안아줄 때 아기를 다치게 하지는 않을까 하는 두려움 등이 꼬리에 꼬리를 물고 생겨날 수도 있습니다. 위기 순간이 지나가면 그 다음 단계의 두려움을 계속 느끼게 되지요. 하지만 시간이 지나가면서 아기는 점점 건강해질 것이고 부모로서 가지는 두려움과 불안은 줄어들게 될 것입니다. 자신이 두려워하고 있는 것이 무엇인가에 대해서 인식하는 것은 바로 그 두려움을 다루기 위한 시작단계인 것입니다. 신생아중환자실에서 가장 좋은 소식은 작은 아기가 살아서 버티는 것뿐만 아니라, 건강하게 성장하는 것도 해당됩니다. 그곳에는 어머니와 아기에게 필요한 유용한 자원들이 풍부하다는 점을 잊지 말아야 합니다. 입원해있는 아기를 보고 엄청나게 당황스러운 감정을 느낄 수 있습니다. 엄마로서 어떻게 대처해야 할지 혼란감에 휩싸일 수도 있습니다. 부모로서 어머니는 의료진의 한 사람인 듯 모든 기술적인 의료용어를 다 알기 원하지 않을 수도 있습니다. 아기 출산 후 쏟아지는 의료 정보들 속에서 어머니는 더 이상 그 안에 있고 싶지 않고, 단지 엄마로서 아기를 대하고 싶은 욕구가 더 앞설 수 있습니다. 그것이 아기와 엄마 모두 바라는 일이겠지요. 출산 후 며칠 동안, 당황스러움과 충격에 휩싸여 있을 때, 그 모든 상황과 상태를 한 번에 다 이해하려고 너무 애쓰지 않는 것이 낫습니다. 특별히 불안이 높이 올라갈 때에는 어머니에게 도움이 되는 의료진을 찾아서 안정을 취하려고 노력하는 것도 방법입니다.

4. 하루에도 몇 번씩 오르락내리락 감정기복이 있어요.

이른둥이 아기들의 축산 후 성숙(maturity) 과정은 두 단계 전진하면 다시 한 단계 후퇴하는 예측하기 힘든 패턴으로 진행되는 경우가 많습니다. 신생아중환자실에서 당일 아기가 보여준 좋은 변화들을 보고 기뻐서 병실을 나왔다가도 다음 날 아침 다시 언제 그랬냐는 듯이 후퇴해있는 아기를 발견하게 됩니다. 저조한 상태에 있을 때에는 다시 회복되지 못할 것 같은 극심한 불안감을 느끼게 됩니다. 이러한 감정의 기복을 다루기 위한 첫 번째 단계는 한 발 물러나서 멀리 내다보면서 보다 큰 그림으로 이 상황을 지켜보려고 애써보는 것입니다. 아기의 컨디션은 매일 롤러코스터처럼 수시로 변화될 것이며, 어머니는 지난 주와 이번 주를 비교하고 어제와 오늘을 비교하며 조금이라도 진전된 모습을 찾으려 할 것입니다. 아기 상태에 관한 일지를 적을 때에 엄마의 기분 상태에 대해서도 메모를 해두는 것이 도움이 될 수 있습니다. 일주일 간격으로 아기 상태를 체크하고 자신의 감정 상태에 대해서도 점검해보는 것이 좋겠습니다. 이는 감정을 조절하는데 도움이 될 수도 있으나 무엇보다 후일 이 고통을 잘 견디어 낸 자녀에게 주는 소중한 선물이 되기도 할 것입니다. 아기에게 자신의 감정을 이야기하듯 설명해 주어도 좋습니다. 자녀에게 당시에 느꼈던 사랑과 다양한 감정에 대해서 알려준다면 자녀가 성장했을 때 아주 특별한 선물이 될 것입니다.

5. 반대의 감정이 뒤섞여 괴로운 심정이에요.

매일 아침 눈을 뜰 때마다 복잡하고 어려운 감정에 휩싸일 수 있습니다. 이렇듯 복잡한 감정이 뒤섞이는 것에 대해서 마음의 준비를 해야 합니다. 일어나자마자 바로 아기를 만나러 가고 싶은 마음이 들지만, 또 다시 새로운 위기가 들이닥친 것은 아닌지 걱정하게 될 것입니다. 단지 몇 분이라도 더 아기와 함께 있고 싶지만 어머니 자신을 위한 절대적인 시간도 필요한 시점에서 괴로운 마음들이 충돌하기도 합니다. 아기를 집으로 데려가고 싶지만 의료진처럼 아기를 돌볼 수 없을 것 같아서 두려워지기도 할 것입니다. 이렇게 양면적인 감정들이 서로 부딪치게 되는 것을 양가적이라고 표현하는데, 양가적인 감정은 아주 간단한 의사결정을 해야 할 때 더 확연하게 드러나기도 합니다. 병원에서 퇴원준비가 다 된 산모들은 아기를 병원에 둔 채 떠나기보다는 무슨 구실을 들어서라도 더 머물러있고 싶은 심정이 들게 됩니다. 이러한 스트레스 상황을 겪어보지 못했던 어머니는 당연히 이러한 상황에서 선택하는 것 자체에 어려움을 느끼고 둘 다 회피하고 싶은 욕구가 생길 수 있습니다. 이러한 감정 상태에 대해서 이해를 한다면, 당신이 전심으로 바라지는 않지만 그렇게 해야만 하는 쪽으로 선택해보는 것이 도움이 될 것입니다.

6. 아기에게 친밀감이 느껴지지 않아요.

이른둥이 엄마들은 종종 자신이 아기를 사랑하는 느낌이 들지 않는 것 같다는 이야기를 털어놓기도 합니다. 출산 전에 기대했던 모성의 충만한 느낌이나 애정을 경험하지 못하는 경우도 있습니다. 이러한 감정에 대해서 죄책감을 가지거나 당혹스러워하게 마련입니다. 사랑의 감정과 친밀감이 서서히 생겨나는 것에 대해서 걱정할 필요가 없습니다. 순산한 산모들이라 할지라도 출산 후 바로 모성애가 충만해지는 경우는 드물다고 보시면 됩니다. 엄마와 아기 사이에 서로 사랑이 자라나는 데에는 시간이 필요하며 어머니가 상상했던 건강한 아기 이미지를 떨쳐버리는 데에도 시간은 오래 걸릴 수 있습니다. 만약 아기가 중증 질환을 가지고 있거나 초이른둥이로 태어난 경우에, 부모 한 명이나 혹은 두 명 모두 잠재의식에서 아기가 생존하지 못할 수도 있다는 가능성에 대해서 "마음의 준비"를 하고 있는 경우가 있습니다. 이름을 지어주는 것을 미루고, 출산 아기에게 제공하는 여러 가지 것들을 회피하는 특성을 보일 수 있습니다. 상처받을 가능성에 대해서 자신을 보호하기 위해서 아기와 어떤 거리를 유지하려는 방어기제가 내재되어 있다고 볼 수 있습니다. 이러한 감정들은 상실에 대비한 마음의 움직임 중 하나이나 슬픔 감정은 피하기 어려운 것입니다. 반면, 어떤 부모들은 아기가 살아있는 짧은 기간에 많은 사랑을 주어야만 아기의 죽음 이후에 더욱 견디기 수월할 것이라는 믿음을 가지고 있기도 합니다. 두 가지 모두 자연스러운 부모의 대처라고 볼 수 있습니다. 어머니가 억지로 노력하지 않는다 하더라도 자연스럽게 "본딩 모드(bonding mode)"가 아기와 엄마 사이에 생겨날 것입니다. 자연스럽게 접촉하고 작은 소리로 속삭이며 아기를 매일 바라보고 보살핀다면, 자연스러운 애착의 과정이 뒤따를 것입니다. 또 하나의 애착에 대한 엄마들의 염려는 부모를 알아보지 못하는 것에 대한 것입니다. 그것도 걱정하지 않아도 됩니다. 아기들은 어머니들이 얼마나 특별한 부모인지 알게 될 것입니다.

7. 끝없는 기다림에 너무 지쳐요.

출산 후 아기를 처음 만나 만져보는 시간 사이에 영원의 시간이 있는 것처럼 느껴질 것입니다. 특히 신생아중환자실에 입원한 아기의 경우 부모들의 기다림이란 정말 고통에 가까울 수 있습니다. 기다림 끝에 아기를 처음 안아주고 첫 수유를 하는 소중한 경험을 겨우 하게 되는데, 거기까지도 쉽게 허락되지 않을 때가 많습니다. "며칠 더 기다려야 할 것입니다. 왜냐하면...", "퇴원 날짜를 며칠 연기해야 할 것 같아요. 왜냐하면..." 이러한 의료진의 말을 수차례 들으면서 지치고 힘이 들 수 있습니다. 아기의 몸무게가 늘어나는 것도 아주 조금씩 진전을 보이기에 오랜 시간을 기다려야만 합니다. 시간표나 마감시간을 두지 않고, 높은 기대 없이 기다리는 게임을 하는 것이 여러분을 위해 훨씬 나을 것입니다. 물론 마음처럼 쉽지 않겠지만 일일 계획에 매달리기 보다 더 먼 미래를 생각하고 계획하는 것이 부모가 견디기에 더 낫다고 보입니다.

8. 부모가 느끼는 분리불안과 낯가림

분리불안은 보통 엄마가 보이지 않을 때 아기가 느끼는 염려와 불안을 일컫습니다. 그런데 이른둥이를 양육할 때에는 이 과정에서 역할이 바뀌어버리는 현상이 발견됩니다. 즉 아기와 함께 할 수 없을 때 엄마 쪽에서 분리불안이 상승하는 현상이 나타나는 것입니다. 아기를 낳은 엄마는 여기 있는데, 갑자기 아기 주변에 퍼레이드처럼 밀려오는 낯선 이들이 아기를 밀착하여 보살피는 상황 속에서 엄마는 낯선 이에 대한 불안을 느낄 수 있습니다. 그들이 아기를 만지고, 먹이고 어머니가 해주어야 하는 모든 일을 해주고 있습니다. 부모로서 느껴지는 양육 본능은 어머니에게 이 낯선 이들로부터 아기를 보호하라고 이야기해줄 때가 있습니다. 그들이 마치 베테랑 부모인 양 모든 역할을 하고 어머니는 그저 신입사원 같은 위치에 있는 것 같아서 이 또한 좋은 감정으로 느껴지지 않을 것입니다. 어머니와 자녀는 그저 그들을 믿고 맡길 수밖에 없는 것입니다. 그들은 고도로 훈련된 전문가들이고 아기는 최대한 전문적인 최상의 케어를 받게 되는 것이니 안심하고 맡겨보는 것이 최선의 선택일 것입니다.

9. 아기에게 아무것도 해줄 수 없는 것 같아 무기력하고 우울해져요.

무기력감을 느끼는 것은 너무 당연하고 자연스러운 현상입니다. 이른둥이 아기의 모습을 보고 당황스러울 것이고, 복잡한 기계장치들 속에 있는 "부서질 것 같이 약해 보이는" 아기를 보고 너무 놀라게 됩니다. 아기가 너무 작아서 만져보는 것조차 겁이 날 수 있습니다. 하지만 만지는 것을 두려워하지 마세요. 아기에게 엄마의 접촉은 도움이 되고 유익하답니다. 어머니가 하지 못하는 것에 몰두하고 걱정하는 것보다 현재 할 수 있는 것들에 집중해야 합니다. 특히 남들이 해줄 수 없는 어머니만이 해줄 수 있는 것들이 있습니다. 유축이나 아기와의 특별한 피부 접촉 등 부모만이 해줄 수 있는 소중한 것들을 충분히 해주면 됩니다.

무기력한 감정을 극복하는 가장 좋은 방법은 낯선 상황과 의료적 지식에 빨리 익숙해지도록 노력하고 자극에 빨리 적응하도록 유연해져야 하는 것이에요. 부모가 빨리 의료진의 안내를 받아들이고 대처할수록, 아기도 더 잘 성장한다고 믿음을 가지세요. 어머니 자신이 이 모든 상황에서 잘 견디어내고 있다는 것을 발견할 수 있을 것입니다.

10. 다 내 탓인 것 같은 죄책감이 들어요.

이른둥이 아기를 출산한 이후에 산모들은 죄의식을 많이 가지게 됩니다. 예정일까지 아기를 품어주지 못했다는 자책과 자기비난은 아주 일반적인 현상이에요. 그리고 이런 자기비난은 이른둥이 아기에게 슈퍼맘으로 대해주지 못하는 것에 대한 죄책감으로 이어집니다. 아기에게 충분한 모유를 제공하지 못하는 것에 대한 죄책감, 24시간 동안 아기 옆에 있어주지 못하는 것에 대한 죄책감도 느낄 수 있습니다. 집으로 퇴원해서는 아기 옆에 있어주지 못한 것에 대해서 죄책감을 느끼게 되지요. 이러한 불필요한 죄책감이 오히려 엄마에게 통제감을 상실하게 만들 수 있답니다. 엄마가 통제할 수 없는 상황에까지 죄책감을 느낀다면 그것은 아기에게 좋은 영향을 줄 수 없지요. 아무리 민감한 엄마여도 모든 상황에서 아기에게 최상의 자극을 제공하는 것은 아닙니다. 어머니는 지금 엄마 수업을 하며 하나씩 배워가는 단계에 있어요. 적당한 불안감은 앞으로 더 잘 하게 도와주기도 해요. 하지만 모든 상황이 다 엄마가 통제할 수는 없다는 것을 알고 불안감과 죄의식을 스스로 조절해보도록 노력해야 합니다. 현재 할 수 있는 것에 집중해서 아기에게 제공해주고 나머지 시간에는 휴식을 취하는 것이 도움이 됩니다.

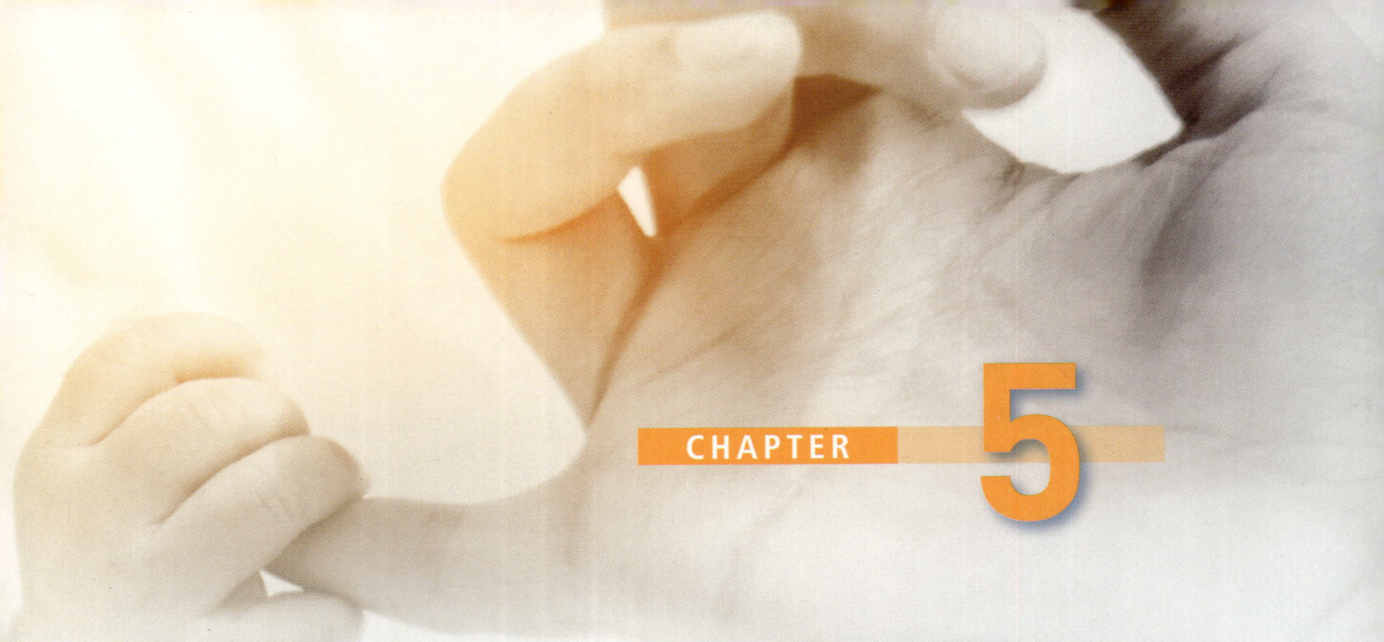

CHAPTER 5

첫해 동안 엄마들이 궁금해하는 것

영양 섭취

이른둥이에게 최적의 영양분을 주는 것은 부모가 할 수 있는 가장 중요한 일 중 하나입니다. 아기의 입맛이 모유나 유동식에서 다른 음식으로 확대될 때, 아기가 최적의 영양분을 계속 섭취하게 해야 합니다.

이유식은 모유 수유나 젖병 수유하던 것을 컵으로 먹도록 하는 것입니다. 이유식은 너무 일찍 시작하지 않습니다. 영아의 소화작용이 미성숙하고 입맛이 변할 수 있기 때문입니다. 4개월 전에 이유식을 먹기 시작한 영아는 후에 과체중이나 비만이 될 수 있습니다. 큰 영아는 모유나 분유만으로 충분한 영양분을 섭취할 수 없으므로 4~6개월 사이에는 고형음식을 공급해야 합니다.

다음의 행동이 나타나면 영아에게 이유식을 시작하셔도 됩니다.

- 영아가 앉을 수 있다.
- 영아의 체중이 출생 체중의 2배이상 적어도 6kg 이상이다.
- 영아가 물체에 다가가고 균형을 유지할 수 있다.
- 영아가 입을 벌리고 앞으로 기울여 음식을 먹으려 한다.
- 영아의 밀어내기 반사가 사라졌다.
- 영아는 숟가락으로 먹이면 삼킨다.

아이가 한 살이 될 때까지는 유동식을 충분히 먹일 수 있도록 합니다. 이후 아기의 식욕이 늘어나면 유동식을 줄이고 고형식의 양을 늘여야 합니다.

유동식은 모유나 분유의 1회씩 대체하여 먹이며 점진적으로 진행합니다. 수유하기 전에 컵으로 조금씩 주고, 아기가 거부하지 않으면 1회 양을 컵으로만 줍니다. 아기의 빠는 욕구가 지속되는 6개월까지는 억지로 모유나 분유를 끊으려고 하면 안됩니다. 잠자기 전의 수유를 가장 마지막에 끊습니다.

이유식은 한번에 한 가지씩 2~3일간 주고 음식의 알러지 여부를 확인해야 합니다. 일반적으로 쌀미음은 소화되기 쉽고 알레르기를 일으킬 가능성이 적기 때문에 처음 주는 음식으로 권장합니다. 일반적으로 쌀미음 → 곡물 → 으깬 채소 → 으깬 과일 → 으깬 고기와 계란 → 생선 순으로 진행합니다. 이유식은 처음에 으깬 음식으로 시작하여 점차 질감이 있는 음식으로 진행합니다. 아동에게 씹는 경험과 음식의 맛과 질을 느낄 수 있게 해야 합니다. 8~9개월에는 음식을 손으로 잡아서 입에 넣을 수 있게 만들어 주며, 질식을 막기 위해 딱딱하고 둥근 모양은 피합니다. 고형음식을 우유와 섞어서 큰 구멍이 있는 젖꼭지로 먹이는 것은 금해야 합니다. 소금과 설탕은 절대 첨가하지 않으며, 12개월 미만의 영아에게는 꿀을 먹이지 않습니다.

수유하는 동안에는 모유와 분유만으로 아기에게 충분한 수분을 제공합니다. 하지만 고형음식을 먹을 경우 따로 물을 주어야 합니다. 섭취량이 적거나 질병으로 수분을 상실했을 때에도 추가로 물을 섭취시켜야 합니다.

표 1. 교정일별 섭취 및 피해야 할 음식*(계속)*

교정일 1~4개월
모유와 철분강화 분유를 제공합니다. 아기가 원하는 만큼 먹입니다. 아기의 배고픔 신호를 관찰합니다. 아기가 한번에 먹는 양을 확인합니다. 규칙적인 시간에 먹는 것이 좋지만 너무 획일적일 필요는 없습니다. 아기의 배고픔 신호에 따르는 것이 좋습니다. 아기의 입맛이 날이갈수록 달라집니다. 일반적으로 아기는 하루에 8~12회 먹으며, 총 600~700g 먹습니다. 모유 수유 아기는 비타민 D가 추가로 필요할 수 있습니다.
교정일 4~6개월
모유 수유와 분유를 계속 제공합니다. 아기는 하루동안 4~6회 먹으며, 총 700~900g 먹습니다. 이유식은 1일 1회 모유나 분유를 먹이기 전에 제공합니다. 쌀미음으로 시작하고 오트밀, 곡식으로 된 시리얼을 걸쭉하게 줄 수 있습니다. 애호박, 감자, 고구마, 배추를 추가할 수 있습니다. 쌀미음이나 시리얼을 우윳병에 주어서는 안됩니다.

표 1. *(계속)*교정일별 섭취 및 피해야 할 음식

교정일 4~6개월
6개월까지 아기가 이유식을 먹지 않으면 철분이 부족해집니다. 이른둥이는 6개월까지 철분보충제가 필요합니다.
6~8개월
이유식 후에 모유나 분유를 제공합니다. 모유나 분유는 1일 4~6회 먹으며, 총 700~900g 먹습니다. 이유식은 1일 2회 모유나 분유를 먹이기 전에 제공합니다. 이유식은 혀로 부서지는 정도로 제공합니다. 흰쌀죽, 사과소스, 바나나, 보리시리얼, 당근, 오트밀, 배, 프룬, 호박, 고구마를 줍니다 새로운 음식은 한번에 한가지씩 주고, 2~3일간 먹인 후 알러지, 구토, 변비, 설사 등의 반응을 확인합니다. 절대로 혼합하여 주지 않습니다. 알러지가 나타난 음식은 의사에게 알립니다. 컵으로 먹기를 시도합니다. 물이나 100% 순수한 쥬스를 주고, 가공된 쥬스는 피합니다. 아기에게 철분과 불소가 필요한지를 의사와 상의합니다.
8~12개월
모유와 분유를 계속 제공합니다. 아기는 하루에 4~6회 먹으며, 총 700~900g 먹습니다. 이유식은 1일 3회 제공하며, 이유식 후에 수유는 중지합니다. 쌀죽, 밥, 빵, 토스트, 곡물 시리얼, 치즈, 망고, 멜론, 시금치, 달걀, 두부, 푸른생선, 쇠고기, 닭고기를 제공합니다. 스스로 먹을 수 있는 음식을 줍니다(빵, 국수, 과자, 바나나, 배, 삶은 채소, 치즈). 철 결핍이 오지 않도록 의사와 상의합니다.
피해야 할 음식
교정 1세까지는 아기의 소화기관이 미성숙하여 알러지가 나타날 수 있습니다. 쵸콜릿, 계란흰자, 생우유, 꿀, 땅콩버터는 피합니다. 가족에게 알러지가 나타났던 음식들도 피합니다. 3세가 될 때까지 땅콩은 질식될 수 있으므로 피합니다.

이유식은 어떤 변화나 스트레스가 있는 상황에서는 시작하면 안됩니다. 예를들어 질병이 생겼거나, 동생이 출생했거나 하는 상황은 영아에게 스트레스를 유발합니다. 이유식을 먹는 동안에는 아기에게 미소를 짓고 눈을 맞추며 대화를 시도하여 즐거운 식사시간을 기억하도록 돕습니다.

이른둥이는 철분이 부족하기 때문에 보충이 필요합니다. 철분 보충제는 한 방울씩 먹는 물약 형태로 모유 수유 시부터 유동식을 먹일 때까지 최소 6개월은 매일 줍니다. 고형식을 주기 시작하면 철분강화 시리얼, 두부, 고구마 및 쇠고기나 닭고기 죽 같은 철분이 많은 음식으로 제공할 수 있습니다.

이른둥이는 미성숙으로 혹은 신생아중환자실에서의 아픈 경험으로 구강혐오감이 있어, 자기의 입으로 들어가는 것에 예민할 수 있습니다. 젖꼭지가 아닌 것을 거부해도 강요하지 않습니다. 억지로 먹이면 식성이 까다로운 아기를 더 안먹게 만듭니다. 아기가 먹고 싶어하는 신호에 민감해야 합니다. 아기가 먹고 싶어하는 신호는 숟가락을 향해 입을 벌리고 몸을 앞으로 기울이는 것입니다. 반대로 몸을 뒤로 기대거나 돌리고 숟가락을 갖다 댈 때 입을 다물면 더 이상 먹고 싶지 않은 신호입니다.

이유식을 하면 아기는 더 이상 부모에게 안겨서 먹을 수 없기 때문에 자꾸 안기려고 합니다. 아기가 안기기를 원하면 그 요구를 들어주어야 합니다. 빠는 욕구를 보이는 아기에게는 노리개 젖꼭지를 줍니다.

바람직한 양육태도

영아기의 가장 중요한 발달심리적 과업은 행동과 정서, 신체적 기능의 조율로서 이 기능은 양육자와의 민감한 관계로부터 시작됩니다. 양육자의 민감성(sensitivity)이란 '아기가 보이는 신호를 정확히 해석하고 그에 따른 신속한 대응력을 갖추는 것'을 말합니다. 이른둥이가 태어난 후, 챙겨줄 것 많은 조그만 아기의 부모가 된다는 도전을 잘 감당할 수 있을지 걱정이 되었을 것입니다. 한밤중에 아기가 울거나 잠들려 하지 않거나 깨어날 때 무엇을 할지 어떻게 알 수 있을까요? 아울러 아기를 돌보는 것과 관련된 걱정과 힘든 일을 어머니는 어떻게 견딜 수 있을까요? 이른둥이 부모에게 가장 필요한 양육태도는 위의 민감성을 기반으로 한 애착증진 육아(attachment parenting)라고 할 수 있습니다. 이른둥이는 정말로 특별한 아기로서 그 잠재력을 모두 이루는 것을 돕기 위해 특별한 유형의 육아를 필요로 합니다. 애착증진 육아는 아기와 부모에게 최적화된 양육태도로서, 어머니의 특별한 아기에게 필요한 것들을 충족시키는 데 도움이 됩니다. '애착증진 육아'는 모든 아기에게 도움이 되지만, 특히 이른둥이와 그 부모에게 유용합니다. 아래의 조건을 기억하고 실천해보세요!

- **애착 증진 육아의 7가지 조건**

① 신체적인 접촉 유지하기
② 모유 수유하기
③ 아기 안아주는 최적의 방식 찾기
④ 울음 신호 파악하기
⑤ 아기는 훈련대상이 아니다!
⑥ 아이와 가까이에서 잠들기
⑦ 육아와 엄마 개인 시간에서 균형 잡기

이른둥이가 더 잘 자라고 더 잘 숨 쉬고 아울러 다른 많은 것을 더 잘하는 이유는 '애착증진 육아'가 이른둥이의 생리작용을 체계화하기 때문입니다. 이른둥이는 미숙한 생리 기관을 가지고 세상에 태어납니다. 심장, 폐, 중추 신경계, 내분비계, 소화 기관, 그리고 면역 체계가 최대 효율에 못 미쳐 작동합니다. 대개 아기 엄마가(아빠가 될 수도 있지만) 계속 함께 있으면, 아기의 스트레스 수준이 낮아지고, 그 결과 이들 기관이 좀 더 효율적으로 기능하게 됩니다. 엄마와 아기의 신체 접촉은 체온과 호흡 그리고 심장 박동수를 조절하는 데 도움이 됩니다.

이 육아법의 효과에 대한 구체적인 근거들은 아래와 같습니다.

- **아기의 생화학적 균형이 더 향상된다.**

  코티솔이라 불리는 부신 호르몬은 혈액 안에서 순환하여 도는데, 몸의 주요 장기 시스템이 모두 최적으로 기능하는 것을 돕니다. 이들 시스템은 알맞은 시간에 알맞은 양의 코티솔을 필요로 하지만 너무 많거나 너무 적으면 조화가 균형이 깨지기도 한다. 여러 연구에 따르면 엄마에게 가장 밀착된 아기의 경우 최고의 코티솔 균형을 보였다고 한다. 아기가 엄마와 오래 떨어져 있을수록 스트레스 호르몬의 수준이 높았다. 코티솔의 증가가 오래 계속되면 성장을 약화시키고 면역 체계를 억제한다.

  여섯명의 연구자가 '양육자-아기 분리'가 가져오는 결과를 연구함으로써 '밀착'의 생리적 이점에 대해 많은 것을 시사해준다. 아기가 양육자와 떨어져 있을 때 나타나는 생리적 증상은 고르지 못한 심장 박동과 고르지 못한 체온 그리고 렘수면(뇌의 성장을 자극하는 수면 단계)의 감소 등이다. 동물 대상 연구에서는, 어미와 가장 가까웠던 새끼가 성장 호르몬의 수준 및 뇌와 심장 성장에 필수적 효소의 수준이 가장 높았으며 어미로부터의 분리 또는 상호작용의 부족은 이 성장 촉진 생화학 물질의 수준을 감소시켰다.

  사람의 경우도 밀착하는 대상과의 상호작용이 아기에게 충분히 주어지지 낳으면 그 성장 호르몬의 수준이 더 낮을 수도 있다. 결론은 밀착, 즉 애착증진 육아를 제공해서 키운 아기는 성장 촉진 호르몬의 수준이 높을 가능성이 크고 아울러 다른 여러 호르몬이 제대로 균형을 이룬 데 힘입어 잘 자랄 가능성이 크다는 것이다.

- **아기가 에너지를 아끼는 데 도움이 된다.**

  생화학적 균형 향상이외에 애착증진 육아를 제공받은 아기는 덜 울고 덜 불안해하므로 에너지 낭비가 덜할 수 있다. 이런 아기는 신체적으로나 생리학적으로 또는 인지발달 성장을 위한 에너지를 더 많이 갖게 되는 것이다. 이를 통해 이른둥이의 성장과 발달도 촉진될 수 있다.

- **아기의 체내 시스템이 더욱 효과적으로 작동하는 데 도움이 된다.**

연구자들은 심장 박동수와 심장 박동수의 변화(생리적 필요에서의 변화에 대해 심장이 얼마나 잘 반응하는가)를 아기의 생리적 행복의 지표로 사용한다. 좀 더 거리를 둔 방식으로 키운 아기보다 밀착해서 키운 신생아가(특히 모유로 키운 아기) 심장 박동수가 좀 더 안정적이며 더 효과적인 심장 박동수 가변성을 가지고 있고 행동 관련 체계성이 개선되어 있다. 규칙성 있고 성장을 촉진하는 수면을 보인다는 것도 밝혀졌다. 연구자들이 내린 결론은 특히 모유 수유(breastfeeding)와 아기 둘러메기(babywearing)는 신생아가 에너지를 효율적으로 활용하는 데 도움을 준다는 것이다.

'아기를 그냥 울게 내버려 두어라'
– 이른둥이에게는 적합하지 않습니다.

주변 사람들이 아기 엄마에게 조언하기를 "아기가 큰 소리로 울게 내버려두고 버릇을 잘 들여라"라고 할 것입니다. 그렇게 하지 마십시오! 지나치게 울면 아기 혈액 속의 산소 수준이 낮아지는데, 이른둥이는 이 수준이 이미 최저 한계치에 가깝습니다. 만삭아로 태어난 유아나 걸음아 시기 아이조차도 지나치게 울면 '얼굴이 창백한 상태'가 됩니다. 이런 일이 이른둥이 아기에게는 되도록 일어나지 않게 하십시오. 오래 울면 아기 피의 산소가 어떻게 줄어들 수 있는지는 다음과 같습니다. 아기가 울 때 아기의 에너지는 모두 숨을 내쉬는 데 집중되며, 들이마시는 숨은 상대적으로 적습니다. 이는 상대적으로 적은 산소가 혈액 속으로 들어간다는 것을 뜻합니다. 또한, 정신없이 우는 동안 흉강에서 만들어진 비교적 높은 압력은 심장을 통과하는 혈행에 영향을 미칠 수 있습니다. 새로운 산소를 취하기 위해 피가 폐로 밀어내어지기 전에 그러지 못하고 방향을 바꾸어 몸속으로 갈 수도 있습니다. 오래 울면 이른둥이 아기의 뇌나 다른 필수 기관들이 상대적으로 적은 양의 산소를 받을 것입니다. 울음과 관련해서 배의 압력이 커져서 이미 이른둥이가 그런 경향을 가지고 있는 구토나 역류가 발생할 수도 있습니다. 간단히 말해, 울면 에너지, 산소, 음식이 헛되이 쓰이기 때문에 이러한 상황을 만들 필요가 없습니다.

애착 증진 육아

영아의 심리사회적 발달에서 가장 중요한 측면 중 하나는 부모–영아 애착입니다. 애착은 상호 소속감 혹은 연결감입니다. 부모와 영아 사이의 결속은 정상 발달과 생존에도 중요합니다. 출생 후 즉시 형성되기 시작하는 애착은 1개월간 부모와 신생아 간 만족스러운 상호작용으로 강화됩니다.

예를 들어 영아가 큰 소리를 내면 배고픔 같은 요구를 알리기 위한 신호입니다. 부모는 이때 수유를 하게되고, 아기는 젖을 먹으며 편안해집니다. 만족스러운 영아는 배고픔이 충분히 해결되고 부모는 아기를 성공적으로 보살피고 있다는 기쁨을 느낍니다. 부모가 아기와의 상호작용을 하며 아이를 먹이고 재우고 활동하는 것을 조절합니다.

▣ 모아상호작용

어머니의 상호작용에는 두드리기, 만지기, 이야기하기, 미소짓기, 노래하기 등이 있으며, 영아는 조용히 하기, 먹기, 보기, 미소짓기, 잠자기 등으로 반응합니다.

반대로 아기의 의존적 요구를 채워주지 못하는 부모는 영아를 불안정하게 합니다. 불만족한 부모는 양육자로서 좌절하게 되고 영아의 요구를 들어주는 데에 더 많은 어려움을 갖게 됩니다.

부모가 자신의 아기에게 적응하고, 아기의 요구를 채워주고 양육한다면 애착은 안정적입니다. 심리사회적 발달은 강한 애착을 바탕으로 발달합니다. 영아를 돌보는 부모의 성격이나 능력이 아기의 요구와 맞지 않으면 그 관계는 위험해집니다. 신뢰감 형성은 부모의 상호작용의 질에 전적으로 달려있지만, 영아 또한 가족 구조 내에서 일관성 있고 만족스러운 사회적 상호작용을 해야 합니다. 가족의 규칙적인 일상은 이러한 일관성을 주는데 도움이 됩니다. 접촉은 돌보는 느낌을 전달하는 가장 좋은 방법입니다.

6~7개월이 되면 인지적 능력이 향상되고 애착이 강해지면서 보호자와 낯선 사람을 구분할 수 있게 됩니다. 영아는 부모나 그 밖의 양육자와 친숙하지 않은 사람들에 대해 좋고 싫음을 뚜렷이 보입니다. 아기는 불안할 때 울거나 꼭 붙어있거나 낯선 사람을 멀리하는 등의 행동이 나타나며, 이것은 주로 부모와의 분리가 발생할 때 알 수 있습니다.

낯가림은 건강한 애착의 정상적 신호이지만 부모에게 부담이 되기도 합니다. 영아가 스트레스를 받는 것처럼 보일지라도 잠시 동안 아동의 곁을 떠나는 것은 해가되지 않습니다. 돌봄과 사랑 그리고 부모가 반드시 되돌아온다는 점을 강조하여 아기와의 분리가 달성되도록 해야 합니다.

외출하기

이른둥이 아동이 퇴원 후 집에 돌아와서 기쁜 것도 잠시, 아기는 외출을 해야할 때가 생깁니다. 차량을 이용한 여행이 불가피한 경우가 생길 수 있으므로 부모는 아기와의 외출을 준비해야 합니다.

이른둥이 자녀와 어머니는 차량 외출을 하기 전에 건강관리자에게서 교육을 받아야 합니다. 무엇보다 차량이 운행되는 동안에 아기를 반드시 카시트에 두고 고정해야 합니다. 대부분 판매하는 카시트는 만삭아동을 위한 것이므로 이른둥이 아동에게는 너무 큽니다. 이른둥이들은 머리와 목을 조절하는 것이 어렵기 때문에 차량이 멈출 때 머리가 앞으로 쏠리기 쉽습니다. 이름둥이들이 몸을 구부리거나 쭈그리는 자세는 호흡을 더욱 어렵게 만듭니다. 따라서 이른둥이 아동에게 적절한 카시트를 선택하는 것은 중요합니다.

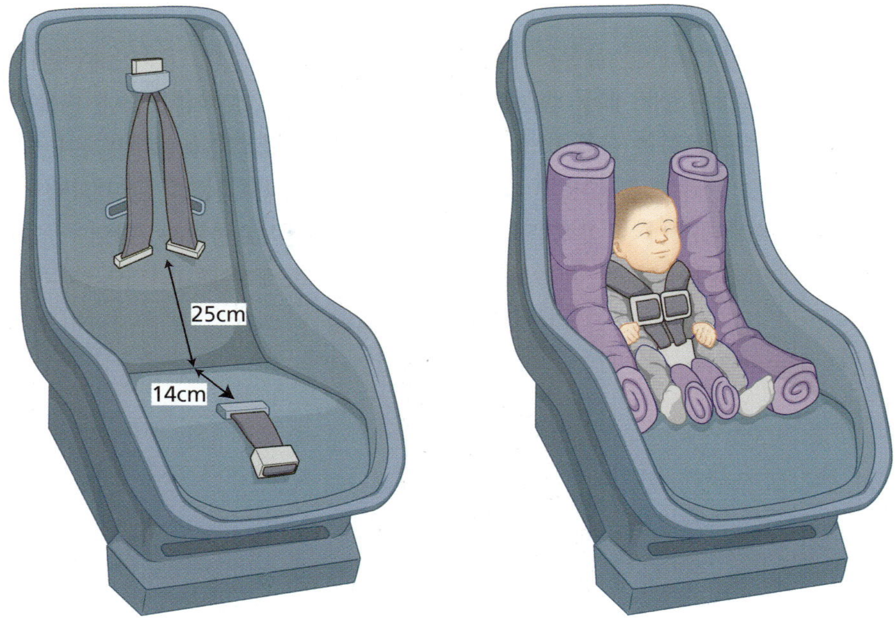

그림 1. 아기용 카시트

신생아중환자실(혹은 소아과)에 비치되어있는 카시트가 있다면 이것에 아기를 앉혀 보세요. 병원에는 무호흡 알람기와 산소포화도 측정기를 사용할 수 있으니 아기가 카시트에 앉아있을 때 상태를 확인하기 좋을 것입니다. 무호흡, 서맥, 역류가 나타나는 이른둥이의 경우 이런 시도를 퇴원하기 1~2일 전에 미리 해야 합니다. 아동이 카시트에 앉아있을 때의 상태를 확인하면서 누워있는 것에서 45도 각도로 기울어진 것 까지 아동에게 편안한 자세를 찾아야 합니다.

만약 아동의 카시트가 너무 수평에 가깝다면 머리가 바닥에 닿아있어서 아기의 등을 충분히 지지하지 못합니다. 반대로 아동의 카시트가 너무 수직에 가깝다면 갑자기 차량이 멈추는 경우에 아기의 머리가 앞으로 쏠릴 수 있습니다. 많은 이른둥이들에게 45도 각도로 카시트를 사용하는 것이 가장 적당한 것으로 나타났습니다. 이 각도를 유지하기 위하여 수건을 단단하게 말아서 카시트의 앞쪽을 받쳐주어야 합니다. 호흡이 불안정한 이른둥이들은 처음 몇 개월은 침대처럼 평평한 것이 카시트보다 좋습니다.

아래의 이른둥이는 카시트보다 침대형이 권장됩니다.

- 카시트에 앉았을 때 호흡이 불안정한 경우(무호흡, 서맥)
- 근육 긴장도나 저하되어 있거나 힘이 없는 경우
- 교정기를 사용하고 있는 경우

이른둥이 아동에게 적당한 기울기의 카시트를 선택했다면 아기의 얼굴과 몸 옆에 패드로 고정해야 합니다.

아기용 카시트의 바닥쪽 끈과 등받이 사이의 넓이는 14cm 이하여야 하며, 어깨끈과 엉덩이 받침 사이의 거리는 25cm 이하여야 합니다. 그렇지않으면 어깨끈이 아기의 귀를 누르게됩니다.

아기의 키가 좀더 클때까지는 어깨끈을 가장 낮은 구멍으로 빼서 사용해야 합니다. 가슴조임대는 아기의 가슴 정중앙에 위치해야 하며 목이나 배를 누르지 않도록 합니다.

아기를 카시트에 앉히고 수건, 기저귀, 담요 또는 시중에서 파는 패드를 아기의 머리와 몸 옆에 단단히 끼워넣습니다. 수건으로 아기와 카시트 사이의 공간을 메우지 않으면 아기의 몸이 앞으로 쏠릴 수 있습니다. 절대로 아기의 몸 뒤쪽과 아래쪽에 패드를 넣어야 합니다.

아기 카시트의 가장 안정적인 위치는 뒷자석의 가운데입니다. 절대로 아기 카시트를 앞 조수석에 전향(진행방향을 바라보는)위치로 두지 마세요.

카시트의 벨트는 3단계에서 5단계로 조절하는 것이 좋습니다. 햇볕가리개나 복부에 덮개가 있는 것은 안전하지 않습니다. 차량이 갑자기 정지하는 경우 이른둥이의 머리 반대쪽으로 햇볕가리개가 떨어져서 다칠 수 있습니다.

무호흡 모니터를 가지고 있는 경우 차량이동시에도 사용하는 것이 좋습니다. 장시간 차량으로 이동하는 경우에는 무호흡 모니터의 배터리를 확인하십시오.

아이에게서 눈을 떼지 마십시오. 카시트에서 아기에게 의도치 않게 자세가 나빠질 수 있으니 아기를 혼자 두어서는 안됩니다. 어머니가 운전을 하면서 아기와 단둘이 이동을 하는 경우에는 후방 거울에 확대경을 달아서 뒷자리에 앉아있는 아기를 볼 수 있도록 해야합니다.

비행기로 이동을 해야 하는 경우도 있습니다.

대부분 이른둥이 아동이 9개월이 되기 전까지 비행기를 타는 것은 위험합니다. 비행기 내부의 폐쇄된 공간은 공기중에 산소가 부족합니다. 일반적으로 비행기 내의 산소량은 부족하지 않습니다. 그러나 병원에서 저산소증이 있었던 이른둥이 아동에게는 좋지않습니다. 또한 비행기로 지대가 높은 곳을 여행하는 것은 산소포화도가 낮아질 수 있기 때문에 피해야 합니다.

또 하나의 문제는 감염입니다. 비행기 내부의 공기는 외부로부터 직접 들어오는 것이 아니고 내부의 공기를 재활용합니다. 이렇게 재사용하는 공기 중에는 세균이 많이 포함되어있습니다. 또한 습도도 매우 낮기 때문에 아기가 호흡을 하면서 건조하고 이물질을 만들게 됩니다. 아래의 내용을 참고하십시오.

- 만약 빈자리가 많다면 아기의 옆자리를 비워두는 것이 좋습니다.

- 비행기가 이륙 전 지상에서 움직이는 동안 아기를 카시트 안에 두어야 합니다. 만약 비행기가 갑자기 멈추더라도 안전합니다.
- 비행기가 착륙할 때 공기의 압력이 급격하게 변화할 때 아기의 유스타키오 관이 막히고 귀의 통증이 생깁니다. 이 때 아기가 우유를 삼키거나 빨아먹게하면 귀의 통증이 줄어듭니다. 만약 아기가 자고있다면 계속 자게 두십시오. 아기가 깨면 귀의 불편감으로 갑자기 큰소리로 울 수 있습니다.
- 아기를 비행기에 태우기 전에 미리 많이 먹이는 것이 좋습니다. 비행중에는 조금씩 자주 수유를 해서 공기를 많이 마시지않도록 하십시오. 비행기가 높은 지대에 있을 때 압력이 낮아지면, 장 속의 공기가 퍼져서 가스가 차고 복부의 불편감을 만듭니다.
- 아기가 습도를 유지하면서 호흡할 수 있도록 따뜻하고 축축한 젖은수건을 아기의 코 옆에 둡니다. 또는 매 시간마다 아기의 콧속으로 식염수를 몇방울 떨어뜨립니다.
- 아기를 어깨띠로 감싸고 다른 사람들이 호기심에 아기를 만지지않도록 합니다. 많은 사람들 속에서 줄을 서있을 때도 아기를 가능한 한 어깨띠로 감싸고 공기중에 있는 세균에 노출시키지 않도록 합니다.

가족과 형제자매 돌보기

이른둥이를 둔 가족에게는 다양한 스트레스 요인이 있습니다. 가족 중 누군가가 계속해서 마치 화산과 같은 감정 덩어리가 용솟음치는 것 같은 패턴을 보인다면, 가족구성원을 혹은 자기 자신을 더 잘 돌보고 관리해야 한다는 신호로 이해해야 합니다. 배고프거나 피곤하거나 외로운 감정이 들 때 화가 날 수도 있습니다. 머릿속에서 지나가는 자동적인 생각들이 좋지 않은 내용으로 계속 리허설이 일어나고 있는 것입니다. 이 때 이 분노의 자동차를 계속 타고 다닐지 선택해야 합니다. 잠시 숨을 고르고, 휴식을 취하거나 샤워를 해서 전환시켜 보는 것이 좋습니다. 혹은 편한 친구를 부르거나 조용히 앉아서 명상을 해보는 것을 권장합니다. 변화를 위해서 잠시 다른 생각을 떠올려 보는 것은 어떨까요? 이 장에서는 가족구성원이 느낄 수 있는 감정들에 대해서 나누어보고, 가족을 위한 건설적인 제안들을 하고자 합니다.

- **아빠에게도 낯을 가릴 수 있습니다.**

  생후 8개월까지 육아의 목표는 엄마, 즉 주 양육자와의 애착 형성이라고 해도 과언이 아닙니다. 그 발달과업에 대한 성적표라고 할 수 있는 것이 바로 낯가림입니다. 그러나 이 경우 아이에게 문제가 있는 것은 전혀 아닙니다. 다만 아빠와의 애착 관계가 형성되지 않았다는 점은 한번 생각해 봐야 합니다. 엄마와 아이의 애착이 물론 제일 중요하지만 8개월쯤 되면 매일 보는 아빠나 할아버지 할머니와도 애착이 형성될 수 있도록 해야 합니다. 평소 아빠와 지낸 시간이 적어 애착 관계가 잘 형성되지 않았다면 아이는 낯을 가리기 시작하는 8개월 전후에 아빠를 싫어하거나 아빠만 보면 울어 버립니다. 어떤 이유로든 아기와의 유대감을 쌓지 못한 아빠라면 지금부터라도 노력해야 합니다. 밖에서 동분서주 바쁘게 일하고 있겠지만 틈틈이 육아에 참여해 육아에 지친 아내도 돕고, 아이와의 애착 관계도 잘 형성해 나가길 바랍니다. 특히 이른둥이 아기들에게 아빠와 즐거운 신체 놀이는 더더욱 좋은 발달 자극이 될 수 있습니다.

- **아기 퇴원 후에 형제자매 다루기**

병원에서 이른둥이가 퇴원해서 집으로 돌아갈 때, 집에 있는 큰 아이들이 잘 적응할지 부모들은 걱정하게 됩니다. 형제자매의 나이게 따라서 아기를 맞이하는 반응은 달라질 것입니다. 다섯 살 정도 된 아이들이라면 아기에 대한 질투심은 상대적으로 적을 것이고 새로운 가족이 생긴 것에 대해서 흥분되어 있고 반갑게 맞이하는 경우가 많습니다. 하지만 두세 살의 아이의 경우는 새로운 아기에 대해서 복잡한 감정을 가지기 쉽습니다. 보통의 형제자매가 가지기 쉬운 형제간의 경쟁이나 갈등 이외에도 이른둥이 동생을 본다는 것 자체가 그들에게 특별한 경험이 됩니다. 큰 아이들의 경우 이 작은 아기의 건강에 대해서 걱정을 많이 할 수도 있습니다. 병원으로 다시 돌아가야 한다거나 아기의 건강이 악화되지는 않을까 불안감을 가질 수도 있습니다. 최대한 아이들의 궁금증에 대해서 설명해주고 안심할 수 있도록 도와주어야 합니다. 형제자매가 걸음마 시기의 어린 아이라면 아기가 병원에 있는 동안 엄마랑 오래 떨어져 있어야 했기 때문에 아기에 대해서 분노감이 내재되어 있을 가능성도 있습니다. 동생을 대하는 태도를 아기가 모방할 수 있도록 엄마도 편안하고 평화스러운 태도를 유지하려고 애써보세요. 그리고 큰 아이의 발달도 충분히 고려해야 합니다.

큰 아이와의 의사소통을 막는 아주 단순하면서 좋지 않은 방법은 “넌 형이니까, 오빠니까, 언니니까, 누나니까” 하면서 큰 아이로서의 역할을 받아들이도록 강요하는 것입니다. 그 아이들도 충분히 어린 아이들일 수 있습니다. 각자 발달 수준을 잘 파악해서 너무 버거운 몫을 해내려고 애쓰지 않도록 해주세요. 이른둥이가 작고 조심스럽게 대해야 한다는 강박적인 생각에 사로잡혀, 큰 아이들이 자연스럽게 놀고 싶어 하고 돌보아주고 싶어 하는 욕구를 계속 좌절시키는 것은 바람직하지 않습니다. 안전한 방식으로 아기를 도와주고 돌보면서 유대감을 느끼도록 도와주어야 합니다.

- **평화롭고 긍정적인 태도의 모범 보이기**

여러분이 긍정적인 태도를 유지하면 여러분의 아이도 그러한 태도를 배웁니다. 엄마아빠가 걱정하지 않으면 아이들도 걱정하지 않습니다. 아이들은 여러분이 생각하는 것보다 더 예리하게 여러분을 읽고 있습니다. 긍정적인 태도를 섣불리 바꿔도 안 됩니다. 여러분이 이른둥이에게 일어날 수 있는 합병증을 걱정하는 것을 아이들이 들으면 아이들도 아기가 잘못될까봐 걱정하기 시작합니다. 아이들은 동생을 걱정할 뿐만 아니라, 더 악화되면 행동 문제로도 표출됩니다. 아이들에게 다 잘 될거라는 인상을 주십시오. 그러면 여러분의 불안도 줄어들 것입니다.

- **나이든 형제자매에게 솔직하게 말하기**

아이들이 얼마나 상황을 이해할 수 있는지 알고 아이들에게 어디까지 말할지 결정해야 합니다. 아기가 이른둥이로 태어났기 때문에 가지고 있었던 건강 문제가 해결되어 아주 건강하다면 다른 아이들에게 이 점을 강조해서 말해주십시오. 아기에게 아직 건강 문제가 좀 있다면 이 점을 아이들에게 이야기는 하되 자세하게 알려줄 필요는 없습니다. 아이들이 묻는 질문에 간단하게 답해주되 화제를 회피하지 마십시오. 그렇지 않으면 아이들은 엄마아빠가 뭔가를 숨긴다고 생각해 걱정할 수 있습니다. 아이들이 무엇을 상상하든 그 내용은 현실과 동떨어져 있는데다 사실보다 훨씬 더 무서운 것일 가능성이 있습니다.

- **아이들과 함께 아기 돌보기**

아이들의 질투를 잠재우는 확실한 방법은 다 같이 함께 지내게 하는 것입니다. 아기에게 젖을 먹이거나 기저귀를 갈면서 계속 다른 아이와 이야기를 나누십시오. 새 기저귀나 물티슈를 갖다 달라거나 아기 손을 잡고 있으라고 하거나 목욕을 도와달라고 부탁하십시오. 하지만 아기를 돌볼 때만 엄마아빠가 같이 있어준다고 생각하지 않게 주의하십시오. 책을 읽거나 조용한 놀이를 하는 등 아기를 먹이거나 안고 있는 와중에도 다른 아이와 함께 할 수 있을 찾아보십시오.

- **조심스럽게 하지만 지나치지 않게 다루기**

이른둥이 부모는 특히나 더 조심스럽게 아기를 다룹니다. 그래서 아기의 손위 형제자매가 아기를 안거나 아기와 놀고 싶어 할 때면 아기가 너무 약하다는 생각에 형제자매들을 말리려고 합니다. 그러면 아이는 새 아기가 왔는데 엄마아빠가 숨겨두고 안 보여준다고 생각하게 됩니다. 계속 안 된다, 조심해라, 만지지 말라고 하면 아기의 형제자매는 아기를 미워하게 됩니다. 형제자매는 아기와 친해지고 싶어 하고, 여러분이 이를 도와주지 않으면 안좋은 방식으로 아기와 관계를 맺을 방법을 찾게 될 것입니다.

언니오빠가 안전하게 아기와 친해질 수 있도록 해주십시오. 안 된다고만 하지 마시고 아기에게 뽀뽀하거나 안거나 아기 배를 만지고 아기 등을 두드리고 아기의 손발을 만지며 놀 수 있게 해주고, 안전하고 부드럽게 아기를 사랑하는 방법을 보여주십시오. 아기를 지나치게 자극하지 않는 방식으로 아기와 친해질 수 있게 가르쳐주십시오.

Part III

이른둥이의 발달촉진

CHAPTER 1

이른둥이 두뇌발달

마침내 집으로 온 이른둥이 아기는 새로운 환경에 적응하기 위한 여정을 시작합니다. 부모와 가족 역시 아기에게 가장 좋은 환경을 만들기 위한 노력을 하면서 아기를 알아갑니다. 때로는 무언가 많은 것을 해주면 아기가 더 빨리 발달할 것 같은 생각에 부모는 조바심을 느끼기도 합니다. 하지만 아기의 발달은 아기 스스로 결정합니다. 환경적 자극과 유전적 요소에 의해서 스스로 발달합니다.

인간 발달을 이끄는 것은 두뇌입니다. 이른둥이의 두뇌발달을 이해하는 것이 부모가 할 수 있는 우선 과제일 것입니다. 최근 연구들은 인간두뇌 특히 영아 두뇌에 관한 많은 사실들을 밝혀내고 있습니다. 조산이 두뇌발달에 끼친 영향과 두뇌발달을 시킬 수 있는 적절한 환경에 대한 연구는 부모에게 좋은 양육 조언을 해줍니다.

이 장에서는 영아기의 일반적인 두뇌발달 및 이른둥이 두뇌발달에 관련된 내용을 정리합니다.

영아기 두뇌의 변화

1. 두뇌 크기

1000억 개의 뇌세포가 임신 초기에 만들어집니다. 이들 세포들을 연결하여 사용하는 것이 두뇌발달입니다. 이 두뇌세포간의 연결을 시냅스(synapse)라고 합니다. 임신 후반기에 시냅스 형성이 활발하게 일어나 두뇌는 아주 많은 변화와 발달을 합니다. 그림 1은 태아기의 두뇌 변화입니다. 두뇌의 시냅스가 많아지면서 주름이 많은 형태로 부피가 크게 늘어납니다.

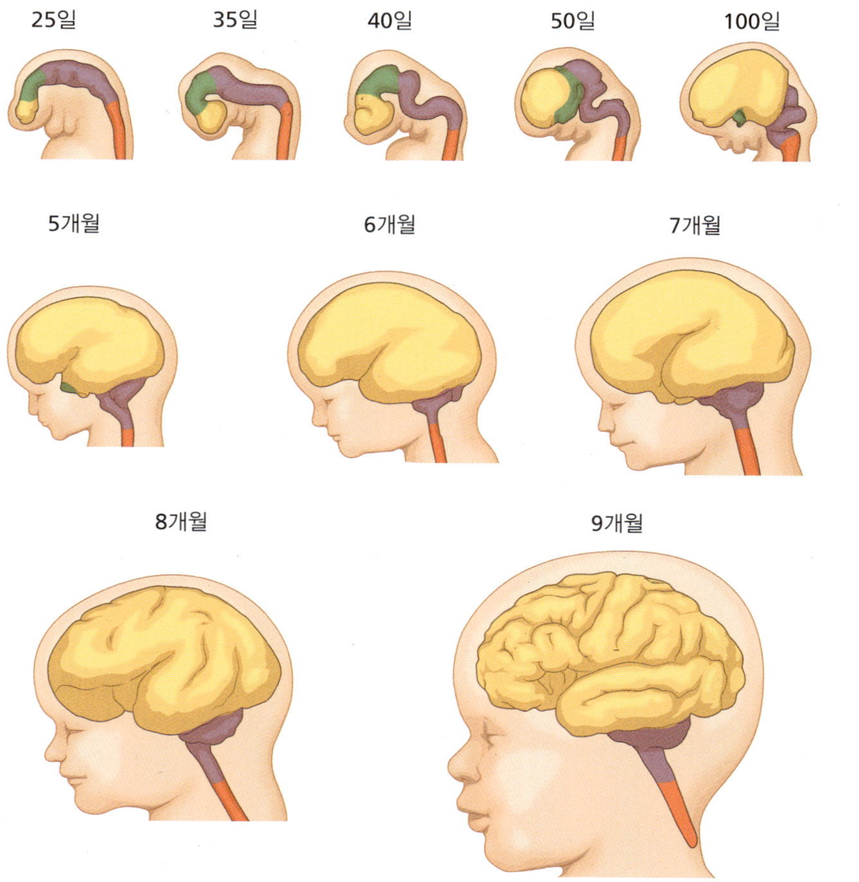

그림 1. 태아기의 두뇌발달

이런 두뇌 크기변화와 발달은 영아기(생의 초기 3년간)에 가장 빠르게 일어납니다. 이 시기는 평생 사용할 두뇌의 기초구조를 만듭니다. 이후에는 이전과 질적으로 다른 두뇌발달이 많이 이루어집니다. 신생아의 두뇌 무게는 첫돌이 되었을 때 출생 시 무게의 3배가 되고, 5세 무렵에는 어른과 거의 비슷하게 됩니다. 하지만 아기가 주변 환경과 상호작용을 하면서 세포를 연결하는 시냅스가 늘어납니다.

두뇌의 양적 변화

- **두뇌는 출생 후 3년간 생애에 있어 가장 빠른 발달**

뇌의 무게: 출생 시 350g
첫돌 때 1000g (약 3배)
뇌의 크기: 출생 시 어른의 1/4
만3세 – 출생 시의 2배
만5세 – 어른의 90%

- **뇌세포 연결(시냅스)의 증가**

출생 시: 50조개의 시냅스
1개월: 1천조개의 시냅스(약20배)
2살 : 어른의 두 배에 가까운 시냅스

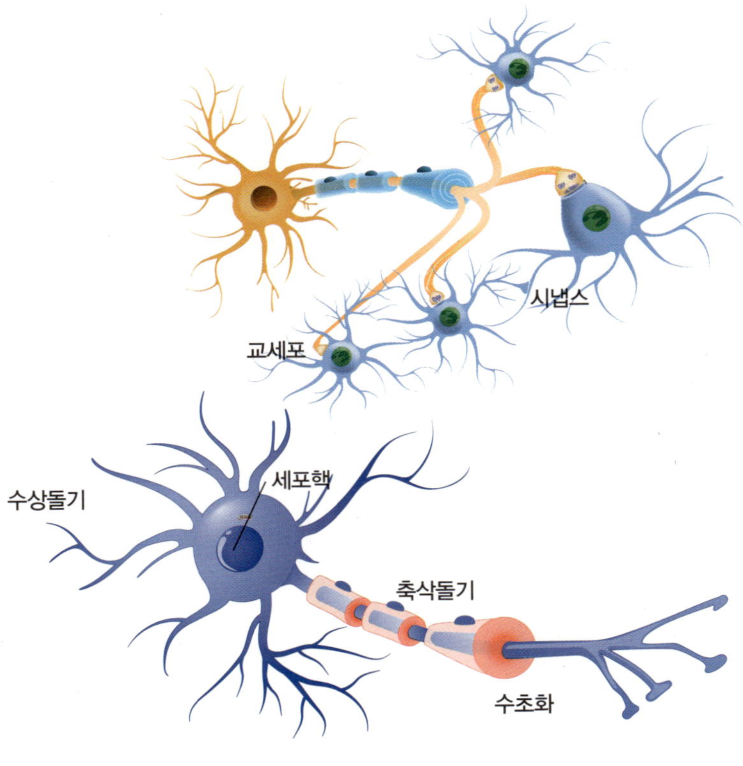

그림 2. 뇌세포 형태와 연결

2. 수초화

같은 정보가 반복되어 제공되면 뇌세포간의 연결이 점차 굵어지고 보호막이 덮혀져 세포간의 시냅스연결이 빨라집니다. 세포간의 고가도로를 만든 것과 같아서 정보전달이 자동으로 연결됩니다. 이를 수초화라고 합니다(그림 3). 이 수초막은 백색을 띄는 지방입니다. 두뇌발달을 위해서는 지방을 섭취하는 것이 필수적입니다. 뇌세포는 핏줄로 쌓여있어 촬영하면 회백색으로 보입니다. 뇌의 회질(gray matter)과 백질(white matter)의 단어가 이렇게 만들어졌습니다.

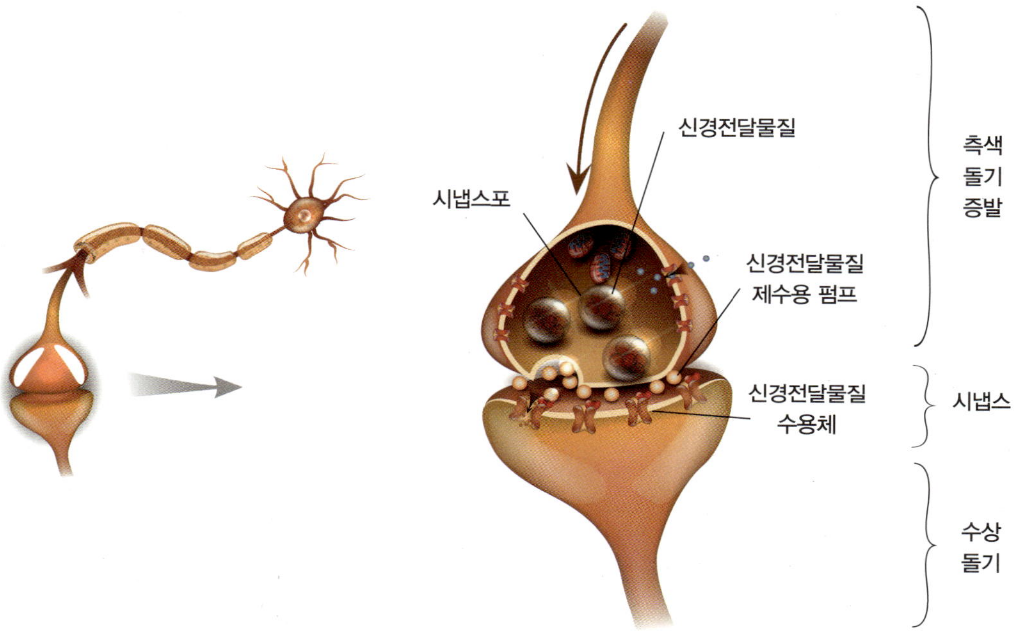

그림 3. **시냅스 구조**

영아기에 엄청난 시냅스가 만들어지는 이유를 생각해 보세요. 이 새내기들에게는 모든 것이 새로운 정보여서 많은 시냅스가 형성됩니다. 영아가 하루 종일 접촉하는 부모와 가족, 그리고 가정환경이 중요한 이유가 여기에 있습니다. 영아와 항상 상호작용을 하는 부모와 가정에서의 경험(예, 수유, 목욕, 기저귀 갈기, 놀이, 등)은 많은 시냅스를 만듭니다. 이런 많은 시냅스들이 일상적으로 반복되면, 이런 경험과 관련된 세포간의 시냅스가 강화되는 수초화가 일어납니다. 즉, 자동 정보전달 시스템을 통해 두뇌가 빠른 연결을 하게 됩니다. 그러므로 이런 경험을 제공하는 부모나 가족이 아기 두뇌발달을 시킬 수 있는 가장 중요한 존재가 됩니다.

예를 들어, 아기가 울 때 엄마가 다가와서 친숙한 목소리로 달래고 눈을 마주치며 상

그림 4. 아기와 눈 맞추는 엄마 모습

호작용을 합니다. 이런 경험이 일상화되면 뇌세포들 간에 많은 시냅스들이 수초화되어 아기두뇌는 엄마에 대한 많은 정보를 저장합니다. 아기가 단순히 엄마 목소리만 들어도 이러한 시냅스들의 정보가 작동됩니다. '저 소리는 엄마다', '엄마가 오겠다', '나를 편하게 해 줄꺼다' 등의 생각을 하게 됩니다.

새로운 시냅스가 많아지면 두뇌는 점점 더 커지고, 시냅스간의 정보소통도 원활하지 못하게 될 것입니다. 꽉 막힌 도시의 교통체증을 겪는 것과 같을 것입니다. 인간의 두뇌는 이런 문제를 해결할 수 있게 만들어졌습니다. 아기에게 의미가 없는 많은 시냅스는 가지치기로 없어집니다. 낯선 사람이 지나갈 때도 아기의 뇌세포 시냅스가 연결됩니다. 하지만 아주 강렬한 정보(예, 공포감)이나 아주 특별한 정보(예, 너무 기분 좋은 자극)를 제외하고는 이런 한 번의 단순한 경험은 다시 시냅스를 재생하지 못합니다.

인간의 학습은 끊임없이 경험하고, 이 경험과 관련된 과거의 시냅스들을 들쳐보고, 새로운 정보와 과거의 정보를 연결하는 시냅스를 만들어 내고 자신에게 의미없는 시냅스는 잘라내는 과정이라고 볼 수 있습니다.

3. 두뇌의 3부분

두뇌는 위치와 기능에 따라 간단히 3부분으로 나누어 설명됩니다. 가장 아래 부분은 파충류 두뇌라고 불리는 뇌간과 소뇌, 그 위를 감싸고 있는 포유동물의 두뇌인 변연계, 뇌의 가장 바깥쪽에 있으며 큰 부위를 차지하는 이성적인 두뇌인 대뇌피질입니다. 이들 부분의 기능은 간단히 정리하면 다음과 같습니다.

두뇌의 3부분

- 뇌간(파충류 두뇌)과 소뇌 : 생명유지와 움직임(근육조정)
- 변연계(포유동물의 두뇌): 감정/정서 관장, 호르몬 분비, 단기기억, 공간지각
- 대뇌피질(이성적 두뇌): 감각정보 이해처리, 문제해결, 말하기, 창의적 활동, 움직임/감각정보 협응.

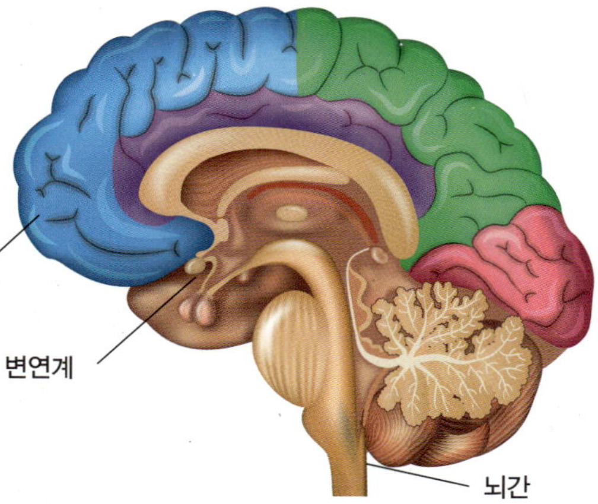

그림 5. 두뇌의 3층 구조

4. 정서발달과 변연계

영아기에는 뇌중심부의 변연계가 가장 빠른 발달을 합니다. 여기는 감정발달, 호르몬 분비, 단기기억력, 공간지각 등을 관장하는 기관들이 모여 있습니다. 다음은 변연계의 주요 기관들의 기능을 요약한 내용입니다.

변연계의 주요 기관들

- 시상: 감각기관을 통해 들어온 정보(후각감각 제외)를 대뇌피질로 보내는 정보 흐름의 안내소
- 시상하부: 자율신경계(호흡, 체온조절 등)와 내분비(호르몬)계의 중추. 충동성, 성욕, 쾌락의 조절
- 편도체: 감정조절 담당, 대뇌피질의 감각연합영역, 뇌간, 시상하부, 후각구와 연결하고 시상에서 보낸 정보를 판단, 시상하부자극(호르몬 분비), 해마의 기억 검토하여 유해성 유무 판단
- 해마: 기억담당, 중요한 것을 대뇌피질(장기기억)로 보냄, 스트레스호르몬 분비, 공간지각 및 위치감 인식

변연계에서는 만 2세 이전에 성인 수준의 시냅스가 만들어지고 수초화가 일어납니다. 그러므로 영아기의 애착이나 정서발달이 이후 아동기, 사춘기, 성인기 정서의 기본이 됩니다. 이 영역의 세포 연결에 따라 이후의 대뇌피질로 연결되는 연결망의 강도와 질이 결정됩니다. 이런 이유로 영아기에 부모 및 주변 사람들과의 안정된 관계 형성이 중요합니다(하버드아동발달연구소, 2011).

그림 6. 부모와 상호작용을 통한 영아기의 정서적 발달

5. 집중력과 변연계

아기의 의사표현에 부모가 민감하고 적절하게 반응을 하게 되면 변연계의 시냅스 형성이 많아집니다. 부모의 지속적이고 일관성 있는 반응은 변연계 시냅스의 수초화를 촉진합니다. 안정된 변연계 수초화는 대뇌피질로의 정보전달이 잘 일어나게 하고, 장기 기억을 돕게 됩니다. 주의 집중력을 늘려 학습능력을 상승시킵니다(표 1 참조).

표 1. 집중력과 변연계

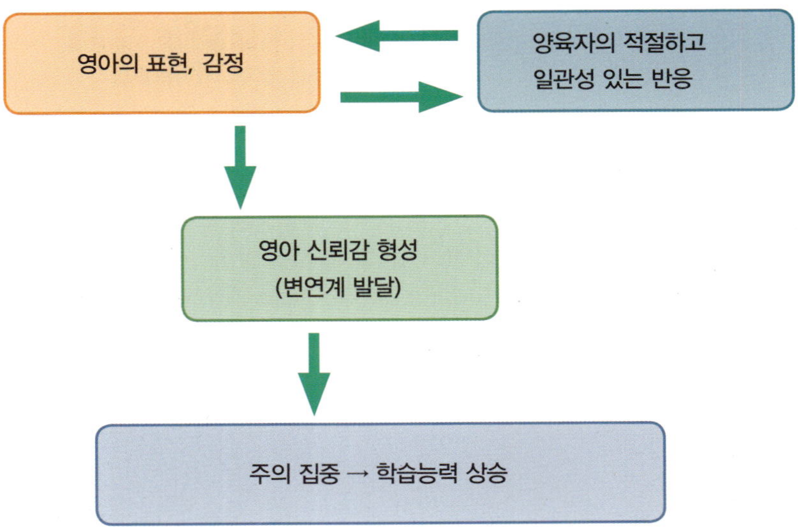

6. 스트레스와 자기조절력

아기가 스트레스를 받으면 교감신경이 작동하여 혈압과 심장박동이 빨라지는 변화를 겪습니다. 이때 스트레스 대처 호르몬인 아드레날린이 나옵니다. 이로 인해 혈액이 정상적으로 흐르게 되면서 아기는 스트레스 원인에 관심을 갖게 됩니다. 스트레스가 지나치지 않고 적절하면 스트레스 원인에 관심을 가지고 해결하려고 합니다.

부모와 기분 좋은 상호작용이 일어나면 즐거움을 주는 호로몬인 옥시토신이 나오게 됩니다. 스트레스를 받고 있는 경우도 부모와 관계가 잘 형성된 아기는 부모의 도움으로 쉽게 안정될 수 있습니다. 아기는 자신의 감정을 조절하게 되는 것입니다.

예를 들어, 낯선 사람을 보고 우는 아기를 부모가 얼러주면서 같이 있어주면, 아기는 안정감을 느끼고 낯선 사람을 관찰할 수 있게 됩니다. 부모가 일관성 있게 아기에게 적절한 반응을 하면 아기는 스트레스에 적응하는 법을 알면서 자기조절력을 키우게 됩니다. 아래는 스트레스 관련 호로몬에 대한 설명을 요약하였습니다.

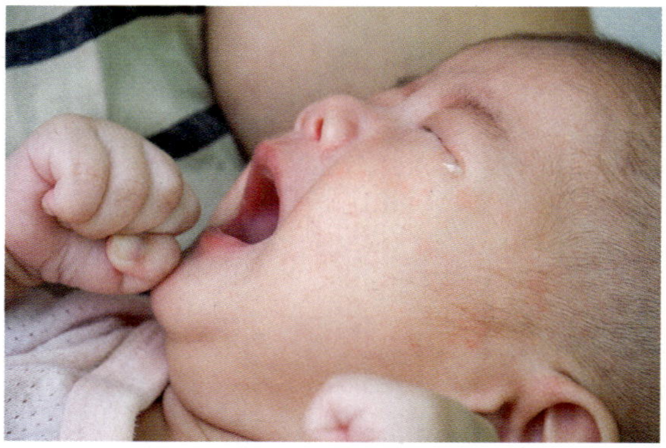

그림 7. 영아기의 스트레스와 자기조절력

스트레스 관련 호르몬

- 스트레스 → 교감신경 활성화 → 혈압과 심장박동변화
- 아드레날린: 스트레스 대응 호르몬(혈액의 흐름을 정상화하고 스트레스 원인에 관심을 갖게 함)
- 옥시토신과 바소프레신 : 유대감 증진, 유쾌한 감정 증진스트레스에 적응하는 법 가르침 (자기조절력 발달)

지속적인 스트레스의 부정적 영향

- 많은 코티졸 (스트레스 호르몬) 분비→ 변연계 크기 줄임 (기억, 감정 관리, 등에 부정적 영향)
- 영아기의 스트레스는 두뇌 세포, 구조, 그리고 기능의 변화를 초래 (스트레스가 있을 때마다 자동적으로 부적절한 반응을 함– 스트레스의 내면화)
- 스트레스 호르몬 관련연구들은 스트레스가 두뇌뿐만 아니라 전반적인 신체 기능에 영향을 준다고 밝힘 (성장을 더디게 하고 질병에 약하게 함)
- 지속적인 스트레스에 살고 있는 영아는 자기 감정조절을 하는 법을 배우지 못하여 이후의 더 많은 학습과 행동, 정신적 문제를 가질 확률이 높음(변연계 발달 지체)
- 집중적 재활치료가 뇌성마비 영유아의 코티졸(스트레스 호르몬)의 수치를 높임 (Zhao, et al., 2015)

7. 두뇌 발달에 따른 민감기

두뇌는 뒤쪽에서 앞쪽으로 세포 이동과 시냅스 형성이 일어나며 발달합니다. 이런 두뇌 위치에 따른 발달을 이해한다면, 어떻게 아기의 발달을 도울 수 있는지 그 도움의 내용이 달라집니다. 영아기에 보고(후두엽), 듣고(측두엽), 만지고, 움직여보고, 몸으로 해보는(두정엽) 실제 경험 없이는 두뇌 앞부분의 이성적인 판단과 학습이 이루어질 수 없습니다. 유명한 발달심리학자인 피아제는 영아기 발달을 감각운동기라고 했습니다. 영아의 스스로 움직이고 감각하는 경험이 발달에 가장 기본이 됩니다.

어른들은 때로는 아기 발달 단계보다 앞선 과제를 반복학습(선행학습)하게 하면 두뇌발달을 촉진할 수 있다고 생각합니다. 두뇌발달의 순서를 무시한 학습은 아기 발달에 부정적인 영향을 많이 줍니다. 아기 두뇌 발달의 기초가 되는 많은 경험(시냅스 형성)을 하지 못하면 앞으로의 학습이 잘 이루어지지 않습니다. 또한 아기가 자신의 관심, 능력이나 의지와 상관없는 과제로 스트레스를 받을 수도 있습니다.

예를 들어, 그림카드로 사물의 이름을 가르치는 과제를 생각해 보세요. '강아지' 라는 단어를 듣고 강아지 그림카드를 찾는 능력은 두뇌의 단순한 시각적 청각적 기억력에만 의존합니다. 어른들이 기대하는 전두엽에서 일어나는 높은 단계의 인지 학습이 이루어지는 것은 아닙니다. 다른 강아지 그림을 보여주었을 때 이를 강아지로 받아들일 수 있을 만큼 강아지에 대한 적절한 정보를 아기는 가지고 있지 않을 수도 있습니다. 실제로 강아지를 아는 것은 아닙니다. 강아지가 어떻게 움직이고, 짖고, 부드러운 털을 가지고 있는지의 정보를 아는 것은 아닙니다. 강아지와 함께 사는 아기는 그림카드의 강아지를 아는 아기보다 강아지에 대한 더 많은 정보를 뇌에 가지고 있고 이후에 강아지와 관련된 다양한 상황에 이 정보를 사용하고 응용할 수 있습니다.

한편 뇌세포의 이동과 시냅스 형성 시기에 관련된 정보는 발달에 문제가 있는 아기의 재활치료에도 도움이 됩니다. 시각장애 영아에게 잔존시력을 살리기 위한 조기 개입을 제공하는 것은 후두엽에 뇌세포 시냅스를 많이 형성되는 1세 이전에 하는 것이 아주 중요합니다. 청각장애 아동에게는 측두엽의 발달에 영향을 주는 인공와우수술을 영아기에 해야 더 효과적입니다.

8. 두뇌의 총체적 상호작용

앞에서 언급한 두뇌 발달 순서는 대체적인 뇌세포의 이동과 연결에 따른 발달을 보여주고 있지만, 영아의 발달이 두뇌 영역별(예, 후두엽, 측두엽, 등)로 정확히 구분되어 이루어진다는 의미는 아닙니다. 어떤 영역의 발달이 먼저 시작되지만 이는 다른 영역의 발달을 이끌어주고 영역간의 상호작용을 합니다. 마치 오케스트라의 연주를 바이올린이 시작하였을 때, 이어서 많은 다른 악기들은 화음을 맞추어 각자의 소리를 내고 전체가 하나의 소리가 되는 것과도 같습니다.

그림 8. 두뇌 총체적 상호작용

발달은 두뇌영역별로 분리되지 않고 연관되어 이루어집니다. 자극이 두뇌에 들어가면 이를 해석하고 반응하기 위해서 수많은 시냅스가 연결됩니다. 예를 들어, 음악소리를 들었을 때, 어른과 마찬가지로 어떤 자극이든지 각 아기의 감정이 먼저 개입됩니다. 이 자극을 기억속의 사건을 찾아 연관 짓습니다. 어디서 들었는지, 어떤 장면이 있었는지, 신체적으로 어떤 경험을 했는지, 어떤 감정이 있었는지를 순간 생각하게 됩니다. 과거와 현재를 연결하는 새로운 시냅스를 만들고 이 소리에 대한 반응을 합니다. 음악소리를 들으며, 아기는 소리를 내기도 하고, 몸을 움직이고, 웃기도 합니다. 영아기는 일반적으로 사용하는 발달영역 즉, 움직이고(대근육운동 영역), 손사용하고(소근육운동 영역), 생각하고(인지 영역), 남과 어울리고(사회/정서 영역), 말을 이해하고 표현하고

(언어영역), 먹고, 자고, 대소변 가리는(자조기술 영역) 발달이 영역별로 분리되지 않고 다 같이 연관되어 발달됩니다.

예를 또 들어보겠습니다. 바나나를 먹어본 경험이 없는 아기가 반복적으로 바나나 그림을 보고 기억할 수는 있지만, 바나나의 그림만 보고 실제 바나나 관련 시냅스를 만드는 것은 많지 않습니다. 이 바나나 그림이 아기에게 큰 의미가 없을 때는 이에 관련된 시냅스는 가지치기를 하고 사라집니다. 실제로 바나나를 보고, 만지고, 먹고, 주는 사람의 감정을 알고, 자신의 감정이 개입되고 (변연계가 기분 좋게 하는 호르몬을 분비하고), 엄마의 단어('바나나')를 들었을 때, 얼마나 많은 시냅스가 형성이 될지 상상해 보십시오. 단순히 바나나 그림과 글자를 시각적으로 잠시 기억하는 것과는 다릅니다. 배고플 때 무엇을 먹을까 생각할 때 바나나를 생각해 낼 수 있거나, 엄마가 먹여 주던 바나나를 생각하고 인형에게 바나나를 먹일 수도 있습니다.

그림 9. **두뇌영역별 발달과 연관성의 예**

그러므로 영아기는 발달 어려움이 있어 재활이나 교육을 받을 때 발달영역을 나누어 교육하거나 치료하는 것은 큰 효과가 없을 수 있습니다. 두뇌연구나 재활치료 연구로 이는 이미 입증되었습니다. 아기의 운동발달의 문제로 물리치료를 받을 때도, 영아가 움직이려는 동기가 있고 어른과 상호작용이 일어나야, 스스로 움직이는 것이 증가하고 치료의 효과가 커진다는 것이 잘 증명되었습니다.

이른둥이 두뇌발달

1. 태내에서 발달 못한 부분

임신 중반까지 생명유지를 위한 기관들이 빠른 발달을 한다면 임신 후반기에는 외부 자극을 인식하고 이해하는 두뇌 발달이 두드러집니다. 조용하고 따뜻하고 자극이 많지 않은 엄마의 뱃속에서 두뇌의 기본구조가 형성됩니다. 변연계(포유동물 두뇌)와 대뇌피질(이성적 두뇌)로 뇌세포가 이동하고, 뇌 세포간의 시냅스를 태내에서부터 만듭니다. 조산으로 인해 이런 뇌기능이 발달되지 않은 상태에서 엄마의 자궁 밖으로 나온 이른둥이들은 발달상 어려움을 겪을 수 있습니다. 뇌출혈, 백질연화증 등 뇌손상도 이른둥이 발달에 걸림돌이 됩니다.

부적절한 외부 자극을 최대한 줄인 환경이 이른둥이 발달에 도움이 된다는 사실은 잘 알려져 있습니다. 이를 반영한 신생아집중치료실(NICU) 및 캉가루케어 등은 이른둥이 발달에 도움을 주고 있습니다. 하지만 신생아집중치료실에서 받게 되는 많은 치료와 자극이 이른둥이에게 스트레스가 되고 두뇌발달에 부정적 영향을 주기도 합니다. 아기와 부모간의 적절한 상호작용이 초기 신생아집중치료실에서 받은 스트레스의 부정적 영향을 극복하는데 중요한 역할을 합니다.

그림 10. 엄마품에서 쉬는 아기

최근 연구들은 이른둥이의 장기적 발달에 대한 새로운 정보를 제공해 줍니다. 앞에서 설명된 것처럼, 조산으로 인해 두뇌 부분들이 잘 발달하지 못한 상태에서 태어난 이른둥이들은 인지발달이나 사회성 발달에 관련된 두뇌부분에 문제를 보이기도 합니다. 〈그림 11〉는 조산한 신생아와 만삭아의 뇌신경연결망입니다. 주의 집중이나 사회정서적 기능을 위한 신경연결망이 이른둥이들은 부족합니다. 영아기는 신체발달이 가장 눈

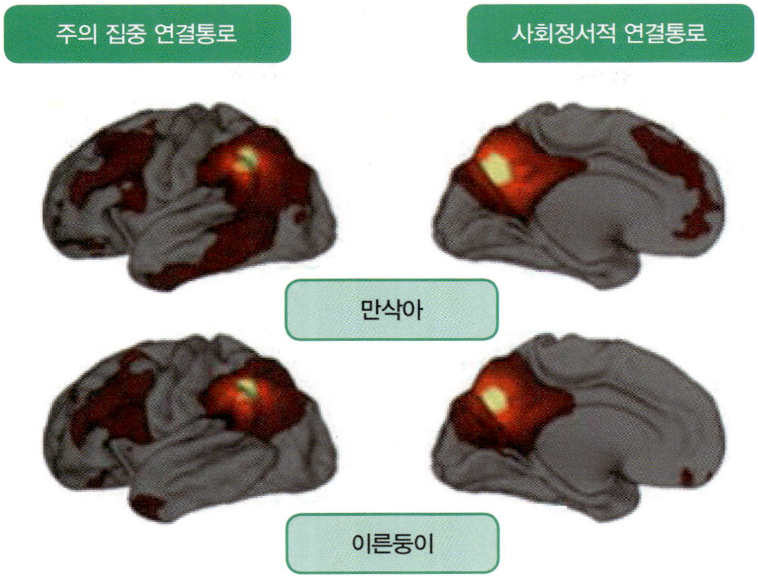

그림 11. 이른둥이와 만삭아의 초기 두뇌반응의 차이

(출처) Rogers, C., Smyser, T., Ackerman, J., Neil, J., Smyser, C. Impact of preterm birth on structural and functional connectivity in neonates. Abstract presented at Neuroscienc 2015, Chicage, Oct. 19, 2015.

에 띄기 때문에 부모들이 다른 발달에는 관심을 쓰지 못할 수 있습니다. 하지만 부모와 정서적 안정감이 형성될 기회가 주어지지 않거나 집중하고 관심을 가지고 놀 수 있는 기회가 주어지지 않는다면, 유아기나 학령기에 주의집중력장애, 학습장애, 행동장애, 사회성의 문제를 보일 확률이 높습니다.

2. 반응의 차이

자극에 대한 이른둥이의 반응은 만삭아와 다를 수도 있습니다. 그 한 예로 신체적 접촉에 대한 두뇌 반응속도와 질의 차이를 들 수 있습니다. 그림 12에서 보듯이 이른둥이는 성인이나 만삭아에 비해 두뇌에 자극이 늦게 전달됩니다. 그리고 이른둥이는 자극에 대한 반응을 더 오랫동안 합니다. 부모가 이를 이해한다면 아기와 더 적절한 상호작용을 할 수 있을 것입니다. 아기가 주어진 자극에 반응하기를 원한다면 반응할 시간을 더 주고 기다려주어야 합니다. 또한 아기의 반응 행동을 멈추는 자기조절 능력이 떨어지므로 자극을 제공할 때 신중해야 됩니다. 여러 자극을 한꺼번에 주거나 연달아 주는 것은 아기의 두뇌세포 시냅스를 잘 연결하는 것을 방해할 수 있습니다. 하나의 자극에 대한 반응이 끝나기도 전에 다른 자극이 들어오면 두뇌는 혼란스러워 할 수도 있습니다.

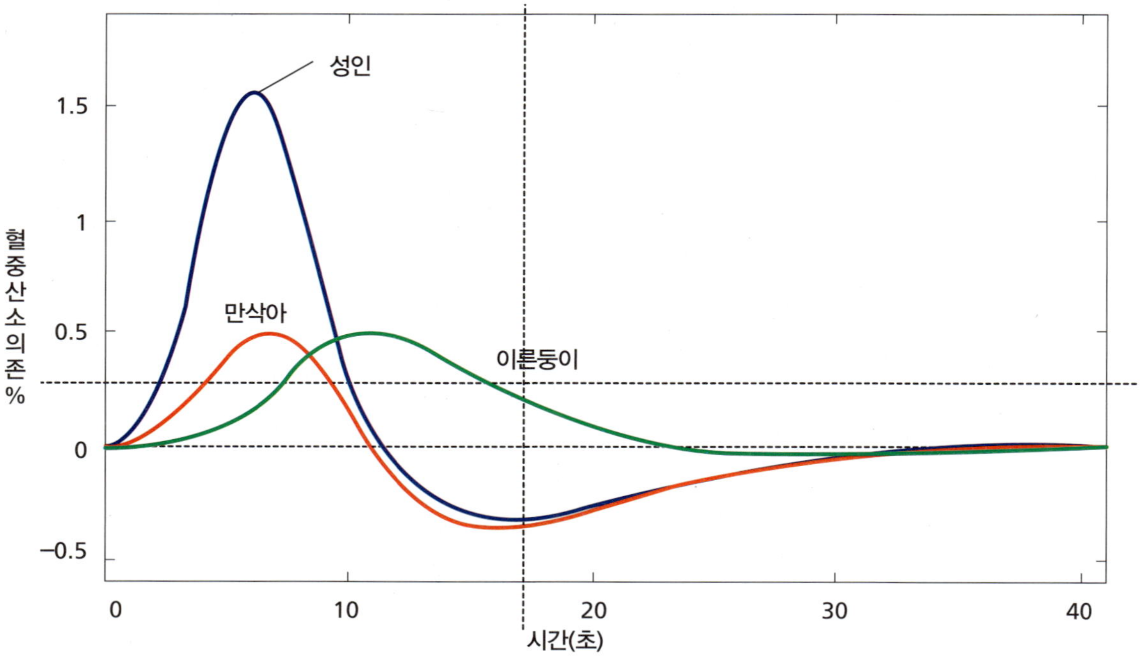

그림 12. **이른둥이의 신체접촉에 대한 두뇌반응**

(출처) Arichi, T. et al, (2012). Development of BOLD signal Hemodynamic Responses in the Human Brain. NeuroImage PMID: 22776460

3. 두뇌발달의 동질성

이른둥이가 조산으로 인해 초기 두뇌발달의 어려움을 가지고 있지만 한편 만삭아와 같은 두뇌발달과정을 거치게 됩니다. 앞서 언급된 영아기 두뇌발달의 특성(예, 경험에 의한 뇌세포간의 많은 시냅스 연결, 안정된 변연계의 발달이 대뇌피질에 가장 큰 영향, 두뇌발달의 민감기, 두뇌의 총체적 발달 등)이 이른둥이에게도 적용됩니다.

적절한 발달환경을 제공하면, 아기는 많은 시냅스를 연결하면서 빠른 발달을 할 수 있게 됩니다. 뇌손상이나 발달의 어려움이 있는 이른둥이의 경우도 스스로 이를 해결하기 위한 노력을 하며, 환경에 의해 두뇌의 장애 영향을 줄일 수도 있습니다. 부모와의 안정된 관계가 형성되면 변연계의 발달이 잘 이루어지고, 이는 바로 이성적 판단, 학습, 움직임을 연결하는 대뇌피질의 활동을 촉진하게 합니다.

CHAPTER 2

이른둥이 발달촉진

발달 이해하기

1. 아기 입장에서의 발달

이른둥이 뿐만 아니라 모든 아기의 발달과제는 같습니다. 아기의 입장에서 볼 때, 새로운 환경 속에서 자신에 대해서 알아가는 것, 주변 환경(사람, 사물 등)과 상호작용하면서 세상을 알아가는 것, 그리고 자기조절력을 키우며 점차 새로운 과제를 할 수 있게 되는 것입니다. 이 세 가지는 서로 연결되어 있습니다. 자신을 알려면 주변환경과 상호작용을 해야 하고, 이는 새로운 과제를 하는 것이며 자신을 만들어 가는 것입니다. 여기서는 간단히 아기의 입장에서 이 과제를 분리해서 생각해 보겠습니다.

▣ 자신을 알아가기

아기 스스로 자신의 존재를 느끼고 자신을 변화시켜가는 것이 발달입니다. 자신의 몸, 자신이 좋아하는 것, 자신의 감정, 자신의 기질, 자신의 능력을 인식하게 되는 것입니다. 아주 어릴 때는 한 아기가 울면 다른 아기도 같이 웁니다. 자신과 주변 세상이 분리되어 있다는 것을 인식하지 못하고 있기 때문입니다. 다른 아기의 울음소리가 자신의 울음소리로 들립니다. 아기가 거울에 비친 자신의 모습을 보고 거울을 두드리거나 만지려합니다. 자신의 몸이 어떻게 생긴 지 아직 몰라서 다른 아기가 앞에 있다고 생각

그림 1. 경험을 통한 아기의 발달

하고 하는 행동입니다. 점차 나에게 속한 것이 무엇인지 알고, 나를 들어내는 주장(고집)도 생기며 자아를 발달시켜 갑니다.

아기는 경험을 통해서 '내가 손이라는 것이 있어 잡을 수 있고, 오래 안 먹으며 배고프고, 관심이 있는 것을 보려니까 고개를 들게 되고, "하지마"라는 말에 내 기분이 나쁘다'는 것을 알게 됩니다. '빨간색 차가 곰 인형보다 내 눈에 띄고, 남의 도움 없이도 혼자서도 먹을 수 있고, 엄마 손을 잡지 않아도 내가 가고 싶은 곳으로 갈 수 있고' 등 나는 남과 다르다는 것을 알게 되는 것이 아기의 발달입니다.

▣ 주변환경 알아가기

자신 주변에 있는 사람과 물건, 환경에 대해서 알게 되고, 상호작용을 하면서 자신과 주변의 변화를 가져오는 과정 또한 발달입니다. 앞에서 언급한 것처럼, 출생 후 주변 환경과 상호작용이 뇌세포들을 연결하는 시냅스를 기하급수적으로 많이 만듭니다. 두뇌발달이 일어나게 됩니다.

아기는 다른 사람과의 관계에서 사람들을 알아가고 적응하고 그리고 새로운 관계로 발달시키게 됩니다. 아기는 '엄마에게 안겨서 젖을 먹을 때 기분이 좋아지므로 엄마를 찾게 되고, 내가 졸려서 울면 엄마가 안아주고, 아빠가 간지름을 태우면 긴장되지만 웃음이 나오고, 내가 웃으면 아빠가 또 하신다'는 것을 발견합니다. '할아버지 목소리가 무섭게 느껴져 울게 되면 할아버지는 멀리서 손만 흔드시고, 엄마가 "안돼" 라고 할 때는 무슨 뜻이 있는 것 같아 엄마를 쳐다보게 되고, 내가 엄마 소리를 따라하면 엄마가 손뼉을 쳐주고, 나는 다시 엄마 소리를 따라하면서 새로운 소리(말)를 알게 된다'는 것을 배우게 됩니다.

아기는 또한 주변 물건과도 상호작용을 하게 됩니다. '젖병을 빨면 우유가 나오고, 공을 차면 굴러가고, 청소기 소리는 불안하게 만들고, 과자는 씹으면 재미있고, 엄마 핸드폰은 내 눈을 고정시켜서 다른 것을 가지고 노는 것이 별 재미가 없게 된다'는 것을 아기는 알게 됩니다. '아빠 신발을 신으며 너무 크고, 작은 물건은 작은 통속에 들어가지만 큰 것을 넣으려면 큰 통을 찾아야 되고, 바닥에 깔린 포대기를 잡아당기니 그 위에 있는 자동차도 같이 딸려오고, 통속에 있는 과자를 먹으려고 알고 있는 여러 방법을 다 사용해 보니 (통을 만져보고, 쳐보고, 던지고, 뒤집어 보고) 해결책을 발견할 수 있다'는

그림 2. 주변환경을 통한 아기의 발달
(출처: 구글)

것을 아기는 알게 됩니다. 환경과의 상호작용에서 알게 된 새로운 사실이 아기의 발달입니다.

▣ 자기조절을 하면서 새로운 것 시도하기

아기는 어떤 것에 관심을 가지면 그것에 집중하고, 문제가 있으면 해결하려고 하고, 때로는 해결하는 단계까지 미리 생각하는 능력을 가지기 시작합니다. 자기를 조절하는 능력이 발달하고, 관련된 내용들을 기억하고 종합하여 생각하며 점차 새로운 과제를 할 수 있는 인지적 능력이 발달합니다. 때로는 수행기능(executive function)이라고도 합니다. IQ가 아니라 이 수행기능이 학교와 사회에 적응하고 성공적인 삶을 살아가는데 더 중요합니다.

이른둥이들이 만삭아보다 수행기능 발달에 어려움을 가질 확률이 높습니다. 이는 다른 발달장애 아동에서도 보이는 문제입니다. 항상 부모가 제시하는 것을 하는 것이 아니라, 스스로 관심을 가지고, 집중하고, 행동을 결정하고, 문제를 해결하려는 아기의 노력이 수행기능을 발달시킵니다.

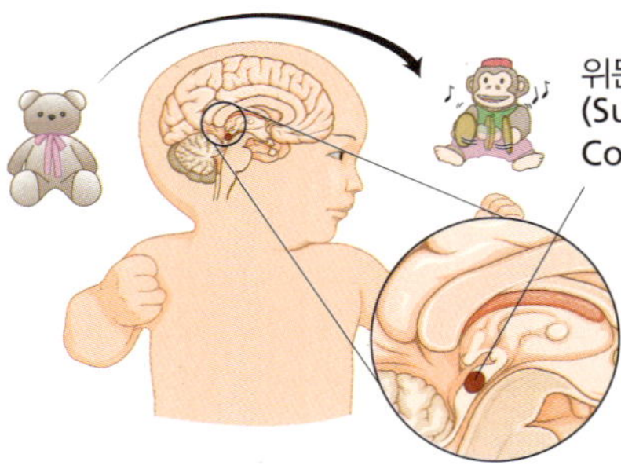

그림 3. 장남감을 통한 경험학습과 아기의 발달
(출처: 구글)

'두 장난감 중 어느 것이 더 재미있어 보이는지 미리 생각하고 난후 하나를 잡으면 더 집중해 놀 수 있고, 엄마가 "밥 줄게. 기다려"하면 우는 것보다 식탁으로 기어가 기다리면 더 편하고, 식탁 위에 내 요구르트가 있으면 일단 의자에 기어 올라가고 나서 식탁 위로 올라가면 요구르트를 잡을 수 있다는 것'을 아기는 스스로 배웁니다. 이런 시도를 통해 아기는 성취감과 자신감을 가지고 창의적으로 문제를 해결하면서 성장합니다.

2. 일반적 의미의 발달

앞서 언급했듯이 어른들이나 전문가들이 생각하는 아기의 발달은 임의적으로 영역을 나누어 생각합니다. 사회정서발달, 언어발달, 인지발달, 대근육운동, 소근육운동, 자조기술 발달로 분류하기도 합니다. 아기가 이 발달영역의 세분화된 단계에 어디 있는지를 평가하고, 이 세분화된 단계에서 더 윗 단계의 행동을 보이면 발달했다고 합니다. 두뇌는 이렇게 분류되어 발달하지 않고, 총체적으로 발달하는 것은 앞에서 이미 언급하였습니다.

예를 들어, 운동발달을 보면, 목 가누고, 앉고, 기고, 서고, 걷고, 뛰는 것이 세분화된 단계입니다. 아기는 이런 단계를 목표로 움직이지는 않습니다. 반대로 앞서 제시한 스스로의 발달과제를 하다보니까 이런 움직임과 자세의 변화를 가져오게 된 것입니다. 또한 이런 움직임과 자세의 변화는 인간의 유전자 안에 들어있는 순서에 따라 환경에 적응하면서 나타나는 것입니다.

자칫 부모, 치료사나 교사들은 아기의 발달을 촉진하기 위해 발달단계를 가르치기도 합니다. 앉기, 걷기, 통속에 블록 넣기 등을 목표로 잡고 그 기술들을 가르칩니다. 아기에게 큰 의미가 없는 과제가 될 수도 있습니다. 앉으면 엄마얼굴을 더 잘 볼 수 있고, 스텐 통에 숟가락을 떨어뜨리니 소리가 나는 것이 재미있다고 생각하면 이런 활동을 계속하고 잘하려는 동기가 생겨 발달이 촉진될 수 있을 것입니다. 물론 아기가 이런 것을 할 수 있는 신체기능과 생각의 발달이 준비되어야 되겠지요.

일반적인 발달영역에서의 발달단계를 더 중요한 것은 아기의 입장에서 발달을 고려한 물리적 환경을 만들고 부모가 효과적인 상호작용을 하는 것입니다. 스스로 발달하게 도와주면 아기는 행복하게 성장할 것입니다. 다음은 이런 환경을 만들기 위한 제안들입니다.

발달환경 만들기

1. 너무 많은 자극을 주는 환경을 피해주세요.

이른둥이 생의 초기에 빠른 두뇌발달을 하지만, 많은 부분은 태내에서 하지 못한 부분을 만들어 가는 과정입니다. 지나친 자극은 오히려 아이의 두뇌발달에 도움이 되지 못합니다. 아이가 안정감을 느끼는 환경이 필요합니다. TV, 라디오 등의 소음, 빛, 빠른 움직임 등의 과잉자극은 줄이는 것이 좋습니다. 특히 병원에서 집에 온 첫 달은 따뜻하고 조용한 환경에서 아기가 안정감을 느끼게 도와주는 것이 필요합니다.

그림 4. 장남감을 통한 경험학습과 아기의 발달

많은 장난감은 아이가 장난감과 의미 있는 시냅스 연결을 하는데 도움이 되지 않습니다. 많은 자극이 한꺼번에 주어지면 아이는 집중하기가 힘듭니다. 한 두가지 장난감만으로도 아기가 많은 것을 배우게 됩니다. 아기가 커가면서 점차 주변에 많은 장난감을 두게 됩니다. 가지고 놀지 않아도 시각적으로 이미 흥미를 잃게 되어 관심이 없어집니다. 제한된 수의 장난감만 두고, 나머지는 보이지 않는 곳에 두었다가 3~4주 간격으로 교체해 주는 것도 좋습니다. 새것처럼 느끼게 됩니다.

2. 일상활동을 통해 발달하게 도와주세요.

이른둥이는 주변에서 벌어지는 모든 활동에 직면할 준비가 덜 된 채 태어났습니다. 그래서 빨리 지칠 수 있고 많은 휴식이 필요합니다. 낮과 밤을 혼란스러워 할 수 있고 수면도 불규칙적일 수 있습니다. 수유, 수면, 목욕, 기저귀 가는 것, 노는 것 등을 할 때 일정한 방법으로 규칙적으로 지속하는 것이 좋습니다. 이러면 아기는 자신의 일상과 돌봐주는 사람에 대한 예상을 할 수 있어 빨리 적응하게 됩니다. 앞서 말한 뇌세포 간 연결(시냅스)의 수초화가 이루어지는 것입니다. 수초화가 된 과제들은 불안감 없이 받아들이게 되고, 서서히 이에 맞춰 자신의 행동을 조절하는 더 높은 단계의 두뇌발달을 합니다.

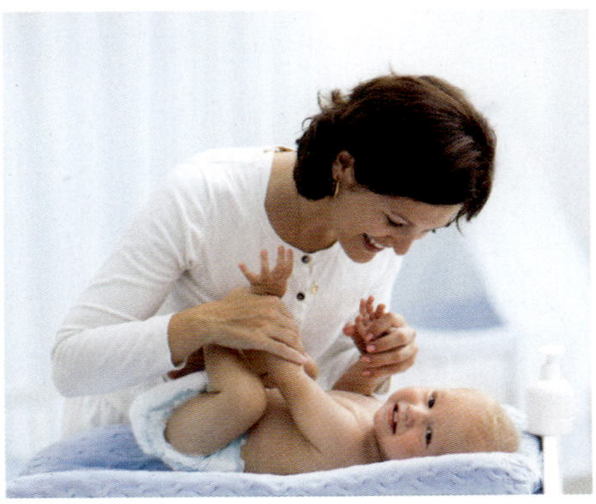

그림 5. 일상활동을 통한 아기의 발달

그림 6. 일상활동을 통한 발달

일상적인 생활이 아기의 발달과제가 됩니다. 부모가 아기와 긴 시간을 정해놓고 노는 것보다 아기에게 일상적으로 하는 것을 통해 상호작용하는 것이 중요합니다. 아기가 커가면서 점차 노는 시간을 늘려 가면 좋습니다. 예를 들어, 기저귀를 갈 때, 아기와 눈 마주치면서 말을 하거나 노래를 하면서 아기의 기분을 말해 줄 수 있습니다. 또는 마사지나 엄마 손가락을 잡아당기게 하는 놀이를 할 수도 있습니다.

상호작용하기

1. 아기 반응 패턴 알기

아기의 일상 패턴을 보고 아기가 어떤 행동이나 반응을 하는지 기록하는 것이 도움이 될 수 있습니다. 이런 기록을 통해 아기가 보내는 신호를 구별할 수 있습니다. 예를 들어, 배고픈지, 몸이 아픈지, 졸리는지, 관심받기를 원하는 지 등을 알 수 있습니다. 또한 시간에 따른 아기의 필요를 예측할 수도 있습니다. 아기가 어떤 시간에 초롱초롱한지, 기분이 좋은지, 놀고 싶어 하는지 등을 알면 아기의 발달을 촉진할 수 있는 시간에 적절한 놀이를 같이 할 수 있습니다. 이는 아기의 발달뿐만 아니라 아기와 즐거운 시간을 보낸 부모에게도 자신감과 행복감을 높여 줍니다.

2. 아기반응에 소통하기

부모와 아기 간 소통의 문제는 흔히 일어납니다. 이는 정상입니다. 보통 부모들이 어려워하는 것 중의 하나가 아기의 몸짓이나 울음의 의미를 이해하기 힘들다는 것입니다. 아기의 신호는 굉장히 미묘하고 때로는 부모가 반응해 줄수록 더 달래기 힘들 수도 있습니다. 그 어떤 부모와 아기의 관계도 완벽하게 들어맞을 수 없습니다.

그림 7. **아기의 반응 이해하기**

사실 아기는 자신을 표현하는 방법을 부모와의 상호작용 속에서 배워나갑니다. 아기가 나타내는 것(울음, 몸짓, 표정, 생리적 변화-체온, 호흡, 배설, 섭식) 등에 어른이 어떻게 반응하는가에 따라 아기의 상호작용하고 의사소통하는 능력이 발달합니다. 부모는 아기가 보내는 감정표현과 신호들을 파악하고 배우는데 인내심이 필요합니다.

아기울음은 무엇인가 잘못되었거나 불편하거나 스트레스를 받았다는 것을 부모에게 말하기 위한 한 방법입니다. 울 때 다독거려 준다고 아기의 버릇을 망치는 것은 아닙니다. 실제로 아기가 스트레스 받을 때, 최선을 다하여 아기를 편안하게 해주려는 노력은 상호작용의 중요한 부분입니다. 차츰 아기는 부모의 도움을 인식하고 안정된 애착관계를 가지게 됩니다. 그리고 점차 아기는 부모에게 보내는 신호를 부모의 반응을 기대하면서 조절해갑니다. 울기보다는 부모를 쳐다보고, 젖병이 오는 쪽을 바라보고 기다리는 자기조절 행동을 하고, 좋다는 것을 몸짓과 소리로 표현하는 것을 익히게 됩니다. 이렇게 아기가 점차 차분하게 의사소통을 하도록 부모가 도움을 줄 수 있습니다.

그림 8. **아기 반응과 소통하기**

(출처: 구글)

하지만 만약 아기가 부모의 관심을 끌기 위해 한 노력들이(예를 들어, 울거나, 쳐다보거나, 옹알이를 하거나, 소리를 내거나, 미소를 짓는 행동) 지속적으로 부모의 반응을 이끌어내는데 실패한다면 아기는 무력감을 느끼고 부모와 소통하는 "노력"을 그만 둘 수도 있습니다. 또는 부모의 일관성 없는 반응 때문에 아기가 더 많이 울거나, 적절한 상호작용 행동(눈맞춤, 옹아리, 언어, 몸짓)을 배우는 것이 지연될 수도 있습니다.

3. 즐거운 관계 만들기

조산과 관련된 여러 가지 어려움이 있지만 여느 부모처럼 편안하게 아기를 바라보는 시간들이 중요합니다. 특히 합병증으로 신생아집중치료실에 오래 있었던 아기의 부모는 아기를 불필요하게 과보호하려는 경향이 있습니다. 우선 부모가 너무 걱정하지 말고 긴장하지 않는 것입니다. 아기들은 생존본능으로 자신을 돌봐주는 사람의 감정이나 행동에 굉장히 민감합니다. 부모의 걱정은 아이에게도 전달됩니다.

아기와 즐거움에 빠지는 시간을 많이 가지려는 노력이 필요합니다. 즐거울 때 옥시토신, 엔돌핀, 도파민, 세라토닌 등 호르몬의 분비가 촉진됩니다. 이는 아기두뇌의 동기유발 체계를 활성화시키고, 과제에 집중하거나 탐색하게 합니다. 부모의 두뇌 역시 이런 즐거운 순간들이 늘어나면서 즐거움을 주는 호르몬이 나오고 스트레스가 줄게 되고 행복감을 느끼게 됩니다.

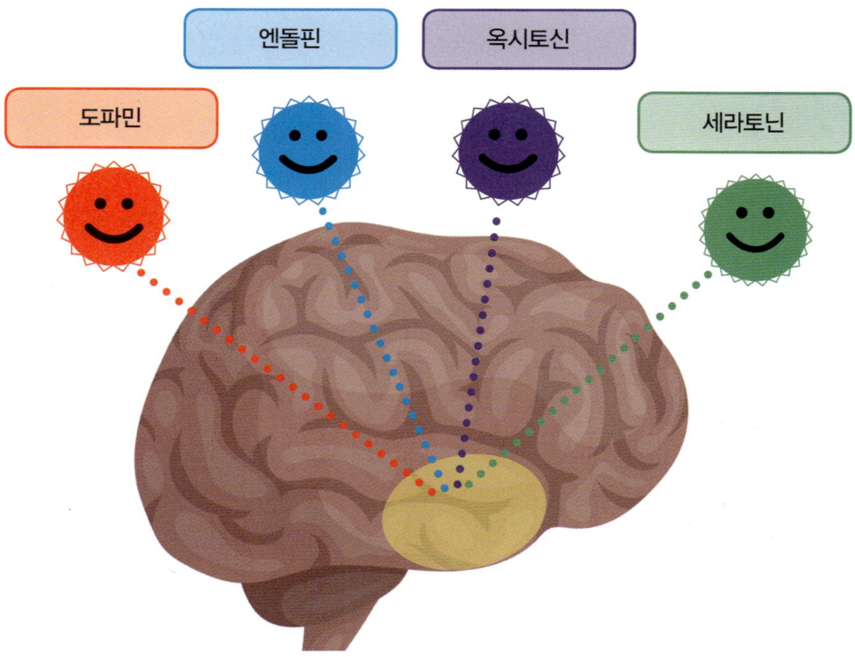

그림 9. 즐거움을 주는 호르몬

4. 얼굴 쳐다보는 시간을 많이 갖기

아기의 얼굴을 쳐다보고 이야기해 주세요. 주변의 시각적 자극으로부터 벗어나 부모 얼굴에 집중하는 것이 두뇌발달에 도움이 됩니다. 얼굴은 많은 것을 표현합니다. 눈 맞춤은 의사소통에 있어 가장 중요한 요소입니다. 부모의 얼굴을 쳐다보면서 아기는 부모의 입에서 나오는 소리와 울림을 느낍니다. 입술모양의 변화를 통해 소리를 내는 법도 배우게 됩니다.

그림 10. **아기 얼굴 쳐다보기**

부모가 스마트기기(핸드폰 등)에 익숙해진 생활에서 이를 멀리하기는 힘듭니다. 하지만 수유를 할 때, 기저귀갈 때, 아기와 놀 때는 핸드폰을 멀리하고 아기에게 집중하는 것이 중요합니다. 예를 들어, 수유 때는 단순히 아기가 엄마로부터 영양분 공급을 받거나 젖병을 잡아주는 사람이 주는 분유만 먹는 시간이 아닙니다. 아기는 모든 관심을 양육자에게 집중하고 있는 시간입니다. 엄마의 목소리, 피부감촉, 체취, 체온, 엄마의 눈빛 등을 느끼고 안정감에 대한 기억을 만들어 갑니다. 이런 시간은 아기와 부모가 서로에게 애착을 갖게 만듭니다.

다음은 아기와 부모의 상호작용의 이점을 아래에 정리했습니다.

아기와 부모 간 상호작용의 이점

아기의 뇌는 당신과 교류함으로써 중요한 뇌 회로들을 구축합니다.

- 사회적 교류와 관계들은 즐거운 것이다.
- 내 행동들(예, 울음, 미소)이 지속적으로 누군가의 행동에 영향을 끼치고 있다.
- 날 보살펴주는 사람(들)이 내가 무엇을 좋아하고 무엇을 싫어하는지 이해하고 있다.
- 나의 요구가 누군가의 관심의 대상이다.
- 다른 사람들이 나를 보살피고 나를 안전하게 해준다.

당신은 아기와 상호작용하면서 많은 것을 알게 됩니다.
- 나는 유능하고 효과적으로 아기를 보살피는 능력이 있다.
- 내가 내 아기의 성격을 알아가기 시작했다.
- 나는 내 아기가 무엇을 좋아하고 무엇을 싫어하는지 알고 있다.
- 나는 내 아기의 건강한 발달에 도움을 주고 있다.

다음은 아기와 부모의 상호작용을 촉진하기 위한 팁입니다.

아기와 상호작용을 위한 팁

- 아기와 당신 모두 적극적인 참여자가 되세요.
- 짧고 고저가 있는 말투로 아기와 대화하세요.
- 아기가 만드는 표정과 소리들을 따라하면서 아이에게 반응해 주세요.
- 아기와 장난감이나 물건을 가지고 같이 노는 연습을 하세요.
  (예, 장난감을 당신 얼굴 가까이에 들고, 천천히 당신의 시선을 아기와 물건을 번갈아 보고 난 후, 장난감을 흔들어 주세요.)
- 아기의 신호에 주의를 기울이고 반응해 주세요.
  - 아기가 계속 상호작용하고 싶어 하는지, 잠시 쉬고 싶어 하는지를 살피고 적절한 반응을 해 주세요.
  - 아기가 쉬고 싶어하는 반응을 할 때는 혼자 있는 시간을 주세요.
    (예, 얼굴표정 – 짜증, 울음, 따분해 함, 눈 맞춤을 회피
    자세 – 몸을 뻗침, 몸을 돌림
    주의 집중 – 쳐다보지 않음, 천장을 쳐다봄, 두리번거림)

스스로 발달하게 기다려주기

이른둥이 자녀가 빨리 발달하도록 많은 것을 가르쳐주려고 하지 마세요. 이는 부모마음이지 아기가 이를 이해하고 잘 반응을 해주지는 않습니다. 그러면 부모는 오히려 무력감을 느끼게 될 수 있습니다.

아기는 부모의 분신이 아닙니다. 나와 다른 완전한 한 사람입니다. 사람은 스스로 느끼고, 생각하고, 경험을 하면서 변화 성장을 합니다. 이른둥이에게 이 과정은 아주 중요합니다. 이 과정이 두뇌를 발달시키기 때문입니다. 아기가 어떻게 세상을 느끼고 스스로 적응하면서 성장하는지 아기의 작은 변화를 찾고 반응해 주는 세심함도 필요합니다. 예를 들어, 장난감을 아기 앞에 놓고 잡기를 기대합니다. 아기가 잡지 않으면 어른은 아기 손을 끌어다 잡게 합니다. 하지만 아기는 눈으로 탐색하고, 무엇일까 고민하는

시간을 갖고 있습니다. 부모의 덕목 중 하나는 인내심이라는 것을 잊지 말아야 합니다.

아기의 스트레스 알기

1. 스트레스 반응에 민감해지기

아기가 스트레스를 받게 되는 것은 여러 이유가 있고 아기마다 다릅니다. 아기가 스트레스 사인을 보낼 때 도움을 주거나 환경의 변화를 주는 것이 필요합니다. 아기를 잘 관찰하고, 아기의 의료적 문제도 잘 알고 있어야 이런 도움을 줄 수 있습니다. 예를 들어, 아기가 심하게 울 때, 낯선 환경의 지나치게 많은 자극에 자기조절을 할 수 없기 때문인지, 위산역류로 인한 불편함 때문인지를 부모가 알 수 있으면 아기에게 적절한 도움을 줄 수 있습니다.

앞서 언급했듯이 아기가 지속적이고 반복적인 스트레스에 노출되어 있는지도 생각해 보아야 합니다. 이런 스트레스는 아기의 정서발달과 자기조절 능력을 키우는 두뇌발달에 부정적 영향을 줍니다. 예를 들어, 과도한 재활치료로 인해 아기가 지나친 스트레스를 계속 받게 되면, 아기 뇌에서 코르티솔이 과잉 분비되어 결과적으로 치료효과를 줄이게 됩니다.

2. 스트레스 증후를 알기

아기가 다음의 싸인를 보일 때는 스트레스를 받고 있는지 확인할 필요가 있습니다.

표 1. 이른둥이의 스트레스 싸인

1. 시선을 다른 곳으로 옮기거나, 눈을 감거나, 하품함
2. 놀라는 반응, 경련 반응, 떠는 반응
3. 정신없이 울거나 피하는 반응
4. 손을 얼굴로 가져가 뻗치거나, 손가락을 쫙 펴거나, 몸을 뒤로 뻗침
5. 긴장하면서 배변
6. 구역질, 토하거나, 딸꾹질을 함
7. 호흡과 맥박의 변화와 함께 혈색이 변함
8. 극심함 공포를 느끼는 표정이나 무감각한 시선

3. 자기조절 도와주기

스트레스에 있는 아기에게 민감하게 반응을 해주면 애착을 형성하는데 도움이 됩니

다. 생의 초기의 이른둥이들이 아직 스스로를 달랠 능력을 가지고 있지 못해서 부모에게 의지하고 있습니다. 예를 들어, 아기가 딸꾹질을 한다고 꼭 스트레스를 받아서 그렇다고 말하기는 힘듭니다. 그러나 아기가 주변 자극에 압도되기 시작했다는 표시가 될 수 있어, 과잉 자극이 되기 전에 아기의 환경이나 활동을 바꿔주는 것이 바람직할 수도 있습니다. 또는 아기가 스스로 안정되게 도와주면 자기조절능력이 길러집니다. 다음은 아기가 자기조절을 하도록 도울 수 있는 방법들을 나열하였습니다.

이른둥이 자기조절을 돕는 방법

- 부모의 손가락을 잡고 있게 하거나, 아기 이불 또는 자신의 두 손을 잡고 있게 함
- 아기 자신의 손가락을 빨게 함
- 잠이 들게 도와줌
- 두 발을 꼬거나 몸을 안으로 모아줌
- 조용조용한 소리로 아기에게 말함
- 너무 밝은 곳이며 빛을 차단함
- 조용한 곳으로 이동함
- 아기를 안아줌(아기에 따라 좌우로 리듬감을 주면서 천천히 흔들어 줌)
- 아기를 안고 귀 가까이에서 '쉬 쉬'(엄마 뱃속에서 들었던 것과 같은 물소리) 소리를 내어 줌

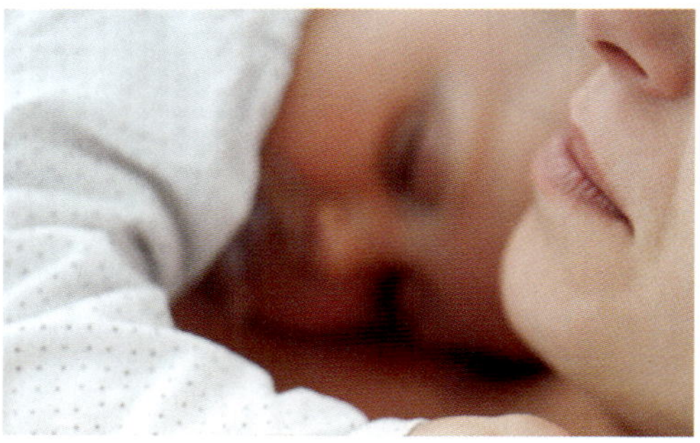

그림 11. 이른둥이 자기조절

피부 및 신체 접촉하기

두뇌와 피부는 아기가 처음 생길 때 수정란의 같은 부위(외배엽)에서 분화됩니다. 두뇌발달과 피부 자극은 긴밀한 관계를 가지고 있습니다. 신생아집중치료실에서 이른둥이와 부모의 피부가 서로 닿은 채 상호작용하게 하는 캥거루 케어는 이미 일반화되었습니다. 이는 의료적 처치의 효과를 높이고 아기 발달을 촉진합니다.

아기 신체를 접촉하는 것이 중요한 만큼 그 방법을 알면 도움이 됩니다. 부모의 가슴에 아기를 엎드려 쉬게 한다면 부모의 규칙적인 심장소리를 들으며 안정감을 느끼고 리듬감에 맞춰 자기조절을 할 수 있습니다. 가볍게 건드리는 것보다는 부드럽게 누르는 듯한 접촉이 예민한 피부감각을 안정시킬 수도 있습니다. 베이비 마사지도 아기의 긴장감을 풀어주는 좋은 방법입니다. 다양한 방법이 있지만 아기마다 좋아하는 자극이 다르므로 아기의 얼굴을 보고 반응을 보면서 하는 것이 중요합니다.

신생아 집중치료실에 오래 있었을수록 많은 의료적 처치를 받은 이른둥이일수록 피부나 신체 접촉에 아주 민감합니다. 앞서 언급했듯이, 접촉 시 반응이 바로 나타나지 않고 느리게 나타나기도 합니다. 또한 한번 나타난 반응이 없어지는 데는 시간이 걸리기도 합니다. 그러므로 한꺼번에 여러 자극을 주는 것보다 아기의 반응을 기다려주면서 한 부분씩 천천히 하는 것이 바람직합니다.

조산아의 피부는 만삭아에 비해 얇고 피하지방이 적어서 만져지는 것에 더 예민합니다. 경우에 따라서 심한 압박을 주는 자극에 통증을 더 많이 느끼게 됩니다. 만일 아기가 피부압박이 많은 재활치료를 받는다면 통증으로 인한 스트레스를 고려해야 합니다.

베이비 마사지의 한 예

- 베이비 오일을 부모 손에 묻히기
- 심장에서 먼 곳(예, 발바닥, 발가락, 발 뒤꿈치)부터 시작하여 마사지 하기
- 점차 다리 엉덩이, 등, 배, 가슴으로 올라가며 문지르기
- 손가락, 손바닥, 팔, 어깨로 올라가면 문지르기
- 얼굴은 더 민감함으로 위에서 아래로 눌러주는 느낌으로 만져주기
- 입주변은 가장 나중에 함
- 마지막으로 몸 전체를 '쭉쭉이'를 해 주거나 몸을 모아주기를 하면서 정리하기

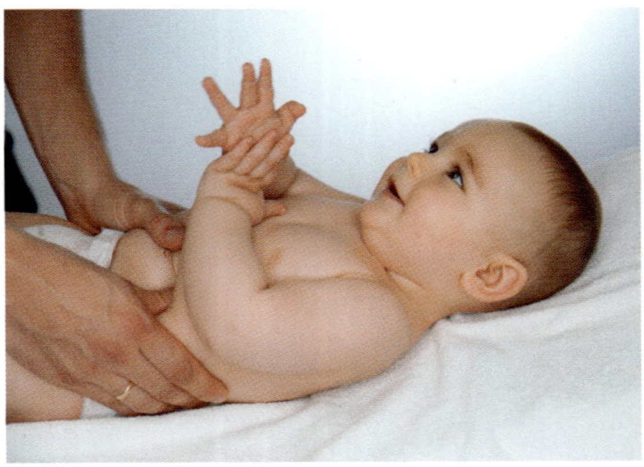

그림 12. **베이비 마사지**

움직임 발달 돕기

1. 태아의 경험과 이른둥이 자세

태아가 엄마 뱃속 환경에 적응하면서 발달해나가는 과정은 참 신비스럽고 경이롭습니다. 엄마 배 속은 태아가 커갈수록 점차 움직일 공간이 줄어듭니다. 몸을 모으고 근육을 좀 더 긴장시키게 됩니다. 관절들이 굽혀지고 몸이 구부려진 자세입니다. 자연스럽게 두 손이 몸 가운데로 모이고 입으로 손이 들어가기도 합니다. 아기의 몸은 엄마 자궁벽에 닿게 됩니다. 태아가 움직일 때 자궁벽이 보호막을 만들어줍니다. 엄마 배를 발로 차고, 팔꿈치로 밀면서 엄마배의 탄력과 경계를 느낍니다. 이는 아기의 안정된 움직임을 유도하고 태아가 스스로 자신을 조절하는 기능도 발달시키게 됩니다.

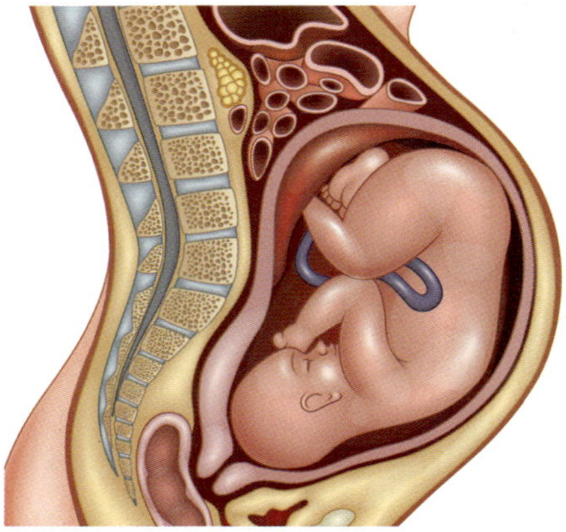

그림 13. **배 속의 태아 그림**

태내에서 이런 경험이 없거나 적은 이른둥이는 움직일 때 자기조절 기능이 떨어질 수 있습니다. 누워있을 때 바닥으로 당기는 중력에 대항하여 몸을 모우고 있기보다 좀 늘어진 자세로 있습니다. 어깨가 바닥에 닿고 팔다리를 밖으로 펴고 있고 머리를 한쪽으로 기울이는 자세를 하고 있는 경우가 많습니다. 주변의 자극에 대비할 수 있는 신체적 능력이 충분히 발달되지 않아서 예민하기도 합니다. 때로는 팔다리를 뻗치거나, 등을 뒤로 활처럼 휘는 자세를 만들기도 합니다. 초기 신체발달 과제는 안정된 자세를 유지하게 하는 것과 움직임을 촉진하는 것입니다.

2. 자세유지 및 머리두기

아기가 몸을 안으로 모으고 있는 자세를 많이 해 주세요. 몸을 모아 안아 주고, 혼자 누워 있을 때 보조 도구(부드럽지만 너무 푹신하지 않은 몸 배게)를 사용하여, 어깨, 다리, 등, 머리가 뻗치지 않게 해 주는 것이 바람직합니다. 초기 이른둥이 아기에게는 너

그림 14. **포대기로 싸서 몸 모우기**

그림 15. **네스트 필로우(nest pillow)로 몸 모우기**

그림 16. **바디필로우(body pillow)를 사용한 다리 모우기와 등지지 하기**

무 느슨하게 입힌 옷이나 포대기보다 좀 조이게 싸주면 아기 몸이 엄마 자궁벽에 닿으며 느꼈던 안정감을 느끼게 되고, 몸이 뻗치는 것을 막아주게 됩니다. 등대고 누워있을 때 아기가 한쪽으로 머리를 두는 경우가 많습니다. 똑바로 누운 상태에서 아기의 머리 뒷부분을 양손으로 만져보고 머리가 더 납작해진 부분이 있는지 양쪽의 비대칭을 확인해 보세요. 이런 자세는 다양한 이유가 있을 수 있습니다. 엄마 배속이나 신생아집중실에서의 누운 방향 때문일 수도 있고, 시력이나 청력이 좋은 쪽으로 고개를 돌리고 있거나, 근육이 좀 늘어진 상태(저긴장성) 때문에 목을 가누고 머리를 중심에 두는 것이 힘들어 한쪽으로 기울일 수도 있고, 편마비나 사경(torticollis: 목의 한쪽 근육이 다른 쪽

근육보다 더 수축되어 고개가 기울여지는 증세)에 의해서 일어날 수도 있습니다. 편마비나 사경의 경우 소아재활의학과 전문가의 진단과 물리치료사의 치료가 중요합니다. 다음은 고개를 가운데 두고 눕게 돕는 일반적인 전략들을 소개했습니다.

머리 가운데 두기

- 머리를 가운데 두고 누워있게 돕는 가운데가 푹 들어간 아기베개 사용
- 아기침대나 자는 위치를 반대로 바꿔주기(아기는 부모를 볼 수 있는 쪽으로 고개를 돌리고 있는 경우가 많음)
- 머리가 납작해진 쪽을 위로해서 옆으로 누운 자세로 놀기(예, 등 쪽에 쿠션을 대어주면 옆으로 누운 자세를 유지함)
- 아기가 고개를 돌리고 있는 반대쪽에서 이야기해주고, 장난감을 제시해 놀아주기

또한 이른둥이의 뒷머리가 지나치게 납작한 경우가 많고 때로는 옆 부분이 납작하여 머리가 앞뒤로 길쭉한 경우도 있습니다. 두상이 심하게 비대칭이거나 비정상적 형태의 경우 의사와 상의를 하고 헬멧을 착용하여 교정을 할 수도 있습니다.

3. 움직임 유도

아기 움직임의 발달은 스스로 움직이려는 동기가 생겨서 움직이면 발달이 더 빨라집니다. 이는 두뇌가 기능하는 과정이라는 것을 이미 앞에서 밝혔습니다. 아기들은 스스로 몸의 중심을 잃지 않기 위해 몸통, 팔과 다리를 움직이고, 몸을 가누려하고, 골반을 움직이는 등의 안정성을 가지려는 움직임을 합니다. 버둥댄다고 합니다. 아기가 이런 움직임이 적다면 일어나게 유도하는 것이 필요합니다. 아기가 관심이 있는 활동을 통해 아기를 흥분시키고 몸을 버둥대게 해 주십시오. 부모의 얼굴이나 젖병을 아기 얼굴에 가까이 가져가거나, 소리나거나 움직이는 장난감을 손이나 발에 닿을 거리에 두어 잡거나 발로차기위해 온몸을 버둥거리게 해 주세요. 아기는 버둥거리며 몸 전체를 움

그림 17. 아기의 움직임 유도

직이다가 차츰 몸 부분들을 나누어 쓰는 것을 익히게 됩니다. 점차 장난감을 잡기 위해 온몸을 움직이지 않고도 팔이 나가고 손으로 잡게 됩니다.

신생아집중치료실에 오래 있었거나, 의료적인 문제나 지나치게 예민한 이른둥이를 둔 부모의 경우, 자녀의 신체적 움직임을 도우면서 노는 것이 어려울 수도 있습니다. 처음에는 걱정될 수 있지만 지속적으로 아기와 같이 움직이는 활동을 하면 아기와 부모 모두에게 도움이 됩니다. 부모와 신체적 접촉을 하면서 움직임을 유도하는 것도 좋습니다. 예를 들어, 부모 가슴 위에 배대고 누운 아기는 고개를 들고 부모를 쳐다보고 손을 움직여 부모의 옷을 잡기도 하면서 신체적 접촉을 할 수 있습니다. 편안한 상태에서 움직임이 증가되고 운동기능이 발달될 수 있습니다. 물론 부모와의 상호작용이 더 쉽게 이루어질 수 있고 정서적 안정감도 느끼게 됩니다.

그림 18. **엄마 배 위에서 놀기**

아기가 배대고 있으면서 많은 신체발달을 하게 됩니다. 이를 터미 타임(tummy time)이라 부르고 아기 발달에 아주 중요합니다. 목을 들고 가누고, 팔의 힘을 기르고, 기어가게 되는 등을 생각할 수 있습니다. 아기 앞에서 부모가 아기와 눈높이를 맞추고 있으면, 아기의 관심을 끌거나 앞에 장난감을 두고 가지고 놀게 하는 것이 쉬워질 수 있습니다. 이 시간이 즐거우면 스트레스 없이 운동도 될 수 있습니다.

그림 19. **터미 타임**

하지만 수면시간은 꼭 아기가 등대고 누운 자세로 잠자게 해야 합니다. 영아돌연질식사(SIDS: Sudden Infant Death Syndrome)를 예방할 수 있습니다. 또한 특정 건강 상태(심장이나 폐 관련한 문제, 산소호흡기를 사용하는 경우, 기관절개, 장루, 뼈와 근육 이상 등)의 이른둥이 경우, 아기의 자세나 움직임과 관련하여 반드시 의사와 상의하고 전문치료사의 도움이 필요합니다. 하지만 이 아기들도 적절한 방법의 터미 타임이 필요합니다.

운동발달을 위해 일상적으로 하는 활동들을 생각해볼 수 있습니다. 아기의 신체를 주물러주는 마사지와 스트레칭 해주기, 누운 상태에서 쭉쭉이, 노래에 맞춰 팔과 다리 움직여주기, 무릎 굽혔다 펴주기, 몸통 좌우로 움직여 주기, 몸을 돌려 물체를 보게 하기 등 아기의 운동발달에 맞춰 할 수 있습니다. 이런 움직임을 할 때 아기에게 충분한 시간을 주고 천천히 단계적으로 해 주는 것이 적절합니다. 아이의 관절과 근육이 너무 뻣뻣하고 움직이는 것을 싫어하는 경우는 억지로 움직이는 것보다 만지기 전에 긴장감을 풀어주는 시간을 갖는 것이 필요합니다. 아이의 긴장감을 낮춰주기 위해 즐거운 상호작용을 하거나 적절한 소리나 노래를 부르는 것도 바람직합니다. 필요시 물리치료사의 도움을 받도록 합니다.

4. 손사용 유도하기

출생 후 3개월 정도까지 만삭아들은 파악반사(grasp reflex: 손바닥에 닿은 것을 꽉 주는 반사)를 보입니다. 이른 둥이는 이런 쥐는 힘이 약한 경우가 많습니다. 때로는 손을 꽉주고 있거나, 엄지손가락을 주먹 안에 넣은 채 밖으로 빼내지 않고 있거나, 손에 닿은 것을 잡지 않기도 합니다.

아기손바닥에 부모님의 손가락을 대어주거나 작은 딸랑이나 링을 주어 잡게 하면 잡는 행동을 발달시키고 엄지손가락이 밖으로 나와서 손가락을 빨 수도 있습니다. 자신의 손을 보고 놀 수 있게 팔을 올려 받쳐주거나 입에 손을 넣어 주어도 손사용을 촉진할 수 있습니다.

아기가 손톱으로 얼굴을 긁지 않게 손싸개를 사용하기도 합니다. 가능하면 깨어서 놀 때 손싸개를 사용하지 않는 것이 아기의 손사용 기능을 발달시킵니다. 손을 쳐다보면서 자신의 몸에 대한 인식이 생기고, 손에 닿은 것을 느끼고, 손가락도 펴고 잡게 됩니다. 이유식을 할 때 손에 음식을 묻혀서 먹게 하거나, 숟가락을 잡고 놀게 하는 것도 바람직합니다.

아기가 특정한 쪽의 손을 더 많이 쓰면 다른 쪽 손도 쓸 수 있게 하는 것이 중요합니다. 양손사용은 두뇌의 양쪽을 다 같이 발달시킬 수 있게 합니다. 점차 양손을 스스로 잡고, 손뼉도 치면서 자신의 두 손에 대해 알아갑니다. 그러다가 '곤지 곤지' 놀이를 할 수 있을 정도로 양손을 다른 형태로 사용하게 되고 장난감을 양손을 동시에 사용하여 조작하게 됩니다.

시각과 청각 발달 촉진

1. 이른둥이 시각발달

▣ 시각발달의 특성

가장 덜 발달한 채 태어나는 발달영역이 시각입니다. 어두운 자궁 안에서 눈을 사용할 일이 거의 없었습니다. 그러나 앞서 설명했듯이 영아기 두뇌발달은 시각을 담당하는 두뇌 뒤부분(후두엽)에서 먼저 시작됩니다. 최근 연구는 조산을 하여도 만삭아와 같이 태어난 후의 날들이 시각발달에 영향을 준다고 합니다. 40%이상의 두뇌가 시각기능과 관련되어 있고, 영아의 경우 주변정보를 이해하는 데 시각에 가장 많이 의존하고 있습니다. 대부분의 이른둥이들은 시각에 문제가 없고 건강하게 눈을 사용합니다.

만약 아기가 시각에 문제가 있다면 조기에 발견하여 적절한 개입을 하는 것 이 중요합니다. 미숙아 망막증이 발생해 치료를 받은 아이의 경우 생후 4~6주경에 안과 검사를 받아서 이상 유무를 확인하고 조산아 망막증 정도에 따라 추후 관찰과 치료가 필요합니다. 안과 검사 외에도 실제 일상에서 사용하는 기능적 시력이나 시야의 범위를 알아보는 평가를 받으며 도움이 됩니다. 이는 지속적으로 아기가 시력을 사용할 수 있는 방법을 찾아서 시각 발달을 하게하고, 남아 있는 시력을 잘 사용하게 하는데 도움을 줄 수 있습니다. 또한 사시, 난시, 원시, 근시 등을 일찍 발견하여 적절한 조치(예, 안경, 패치, 수술 등)를 하는 것이 양눈 사용을 촉진하고 시력발달을 돕게 합니다.

뇌손상(뇌출혈, 백질연화증, 영아연축 등)이 있는 이른둥이 경우, 때로는 피질시각 장애의 위험이 있습니다. 피질시각장애는 안구 등 눈 자체의 이상이 아닙니다. 눈에서 보내는 시각적 정보가 후두엽(시각피질)으로 전달되는 과정의 문제로 나타나는 시각장애입니다. 때로는 눈의 이상으로 인한 시각장애와 동시에 나타나기도 합니다. 피질시각 장애를 일찍 발견하고 적절한 환경과 교육을 제공한다면 시각발달에 큰 도움을 줄 수 있습니다. 피질시각장애의 경우 치료실에서의 치료가 아닌 가정에서 시각을 사용할 수 있는 환경을 만드는 것이 중요합니다. 아기가 다음의 반응을 보일 때 피질시각장애(cortical visual impairment)를 의심해보고 소아안과나 시각장애 전공 특수교사의 기능적 피질시각평가를 받는 것이 중요합니다.

피질시각장애의 증상들

- 아기가 보는 것 같지 않다(안과검사 시 눈에 이상은 없지만).
- 아기가 본다고 느끼는 경우도 있고 그렇지 않다고 느끼는 경우도 많다.
- 아기가 보는 것 같은데 눈은 마주치지 않는다.
- 아기가 물건을 쳐다보면서 손을 뻗어 잡지 않는다(손 사용이 가능하지만).
- 아기가 곁눈질을 하면서 쳐다본다.

- 얼굴 중심에 보여주는 물체보다 옆에 있는 물체를 쳐다본다.
- 아기가 환한 곳에서는 물체를 쳐다보지 않다가 어두운 곳에서는 불빛이나 반짝이는 물체를 본다.
- 아기가 천장 불빛이나 창문 밖을 의미 없이 쳐다보고 있다.
- 교정 3개월이 지났는데도 물체나 손이 눈 가까이 다가가도 눈 깜박이는 반사를 하지 않는 것 같다.
- 배경에 다양한 색이 있을 때 보다 진한 단색 배경에서 사물을 잘 쳐다본다.
- 소리 없는 장난감은 잘 보지 않지만 소리 나는 장난감에는 반응한다.

▣ 시각 사용 촉진하기

- **생후 3개월 이전:** 신생아는 흑백의 그림을 더 잘 보지만 시각발달을 위해서는
  선명한 색이나 단색의 장난감 보여주기
  20 cm ~ 1m 이내의 물체를 보여주기
  천천히 움직이는 모빌 보여주기
  엄마와 눈 맞추기
  소리 나지 않는 장난감도 쳐다보기
  (청각이 아닌 시각만 사용하게 하는 장난감을 인식하는 놀이)
- **3~6 개월 :** 아기가 눈 맞추고 난 후 그 물건을 움직여 추적 하게 하기
  두 개 장난감을 제시했을 때 번갈아 보기
- **6~9개월 :** 굴러가는 공 따라서 보기
  어른이 보는 물건을 같이 쳐다보기
  간단한 그림책 보기
- **9~12개월 :** 멀리서 움직이는 물체 추적하기(아빠가 어디가지?)
  간단한 그림책에 있는 익숙한 그림 찾기
  부모가 손가락으로 가리키는 익숙한 물체 쳐다보기

2. 이른둥이 청각발달

임신 28개월 정도부터 청각 세포가 익숙한 사람의 소리를 구별할 수 있습니다. 신생아집중치료실에 입원한 이른둥이의 경우 엄마소리보다 많은 소음으로 인해 청력발달에 영향을 받기도 합니다. 청력 문제는 언어발달뿐만 아니라 상호작용하는 방법이나 주변 환경을 이해하는 것에도 어려움을 줍니다. 이른둥이뿐만 아니라 모든 신생아에게 간단한 청력검사가 병원에서 이루어지고 있어 청각장애의 조기선별이 용이해졌습니다. 시력과 마찬가지로 청력에 관련되는 두뇌부위의 시냅스 형성이 생의 초기에 일어납니

다. 청력손실이 있는 경우 조기에 이비인후과 진료와 함께 적절한 치료법(예, 보청기, 인공와우 등)을 사용하는 것이 바람직합니다.

다음은 청각적 예민함을 발달시키고, 이를 언어발달로 연결하는데 도움이 되는 내용을 간략히 정리하였습니다.

- 항상 좋은 음악을 틀어 놓는 것이 아기에게 안정감을 주기도 하지만 부모와 상호작용을 할 때는 끄는 것이 좋습니다. 부모 말소리를 듣고 집중하고 소리를 구별하는데 방해가 될 수 있습니다.
- TV나 라디오를 항상 켜 놓는 것은 바람직하지 않습니다. 소음에 노출이 되고 있습니다.
- 소리를 듣고 장난감이나 사람 쪽을 쳐다보게 기다려 보세요. 소리에 민감하게 해주세요.
- 말을 할 때 아기의 관심을 받을 수 있는 약간 높은 톤의 높낮이가 있는 말투를 사용하면 좋습니다.
- 아기가 부모의 입을 보게 입으로 다양한 소리를 내 보세요. (예, 혀차기, 입술떠는 소리, 혀 낼름 거리기)
- 의성어, 의태어는 아기의 귀를 즐겁게 하고 쉽게 따라할 수 있게 합니다. (예, 부르릉, 멍멍, 어흥 등)
- 아기의 소리를 따라해 주세요. 아기가 자신의 소리와 타인의 소리를 구별하게 합니다.

CHAPTER 3

이른둥이 발달 체크

이른둥이와 정상발달

많은 이른둥이 부모들은 앞으로의 자녀 발달에 대한 걱정을 합니다. 특히 신생아집중치료실(NICU)에 오래 있었거나, 만성적인 질환 및 장애가 발견된 경우 신체적 성장뿐만 아니라 전반적 발달에 관심을 갖게 됩니다. 이른둥이 자녀의 행동, 반응 등이 정상인지 또는 문제가 있는지, 언제 쯤 만삭아와 같은 발달을 할지 등 궁금해지는 것은 당연합니다.

아기의 어떤 행동이 정상인지 문제인지 판단하는 것은 언제나 쉽지 않습니다. 의학적인 문제가 없이 엄마배 속에서 열 달을 채우고 태어난 아기일지라고 아기 행동 및 발달 측면에서 정상범위는 아주 폭이 큽니다. 예를 들어, 첫 돌이 되었을 때 평균 50%의 아이들이 걷을 수 있지만 그 이전이나 이후에 걷는 아이들도 반은 됩니다. 어떤 아기는 9개월에 걷고 어떤 아기는 15개월에 걷습니다. 그래서 첫돌에 걷지 않는 것을 발달이 늦다고는 할 수 없습니다. 이렇듯 영아기의 발달을 이야기할 때 '12개월에는 걸어야 정상이다'라고 말할 수는 없습니다. 특히 의료적 문제를 가진 이른둥이의 경우 몇 개월부터 걷지 않는 것을 걱정해야 될 지 결정하는 것은 더 어려울 수 있습니다. 중요한 것은 발달이 다른 아기와 비교하는 경쟁이 아니라는 것입니다. 아기는 자신만의 속도와 특성을 가지고 발달합니다. 많은 이른둥이들은 서서히 또래의 발달을 따라 갑니다.

이른둥이의 발달을 이야기할 때는 교정연령(adjusted age)을 사용합니다. 아기가 태어난 날부터 계산하는 연령(생활연령)이 아니라 출산예정일을 기준으로 계산하는 나이입니다. 예를 들어, 8월 8일에 출산예정이었던 지영이가 5월 1일에 태어났으면 3개월 일찍 조산한 것입니다. 오늘이 12월 10일이라고 가정해 보겠습니다. 지영이의 교정연령은 다음과 같이 계산합니다.

- **지영이의 생활연령 :** 7개월

  12월 10일 (오늘 날짜)
  − 5월 1일 (태어난 날짜)
  7개월 9일 (생활연령)

- **지영이의 교정연령 :** 4개월

  7개월 9일 (생활연령)
  − 3개월 (조산개월수)
  4개월

교정연령을 언제까지 사용해야 할지는 전문가들 간에 이견이 있습니다. 이는 이른둥이가 언제쯤 또래의 발달에 따라갈 수 있는가와 관련이 있습니다. 많은 경우 2년 또는 3년 정도 걸립니다. 하지만 아기에 따라서 개인차를 보입니다. 의료기관이나 조기개입기관에서는 교정연령 적용을 만 2세까지 사용하는 경우가 많습니다. 아기가 정상발달을 하리라 기대하고 교정연령을 오랫동안 사용할 수도 있습니다. 교정연령을 오래 사용할수록 발달지체나 장애를 조기발견 하는데 어려움을 줄 수 있습니다. 적절한 때(만 2세) 생활연령에 맞추어서 아기발달을 평가하고 필요시 빨리 도움을 요청하는 것이 더 바람직합니다.

이른둥이 발달검사

발달이정표(developmental milestones)는 아기발달을 순서대로 나열해 놓은 것입니다. 대부분 아기의 움직이고, 생각하고, 놀이하고, 의사소통하고, 감정을 발달시키고, 스스로 먹고, 옷입고 하는 등의 기술이 월별이나 연령별로 어떻게 변하는지 이 표를 통해 알 수 있습니다. 하지만 발달이정표는 발달을 알기 위한 가이드입니다. 영아기발달을 가지고 앞으로의 발달을 예상하는 것이 어려울 때도 많습니다.

평균 연령에서 어느 정도 늦으면 전문가의 도움이 필요한지 알 수 있는 방법들이 있습니다. 발달선별도구가 있습니다. 한국 영유아 발달선별검사(K-DST: Korean Developmental Screening Test for Infants & Children)를 받아보실 수 있습니다. 이

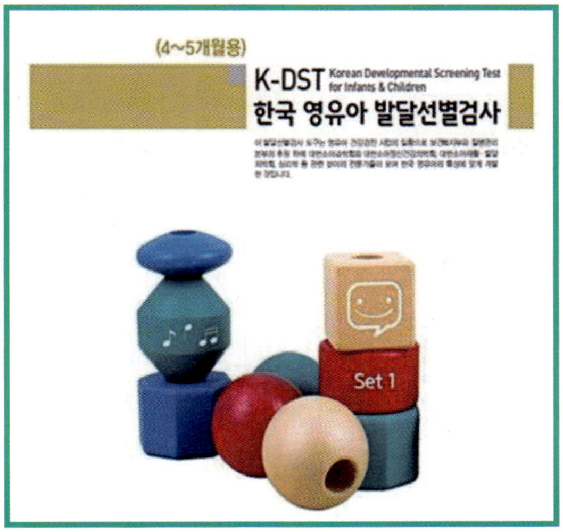

그림 1. K-DST 한국 영유아 발달선별검사

(출처: 구글)

도구는 부모의 보고에 의해 아이가 발달지체 가능성을 판별하고 더 자세한 검사가 필요한지를 알려줍니다. 4개월부터 가능하며 소아과나 보건소에서 하고 있습니다. 이 검사는 국민건강보험공단 웹사이트'건강IN(hi.nhis.or.kr)'에서 직접 작성하고 출력할 수도 있습니다.

조산으로 인한 것보다 다른 이유로 발달지연이나 장애를 보일 수도 있습니다. 교정연령(출산예정일에 맞춘 연령)으로 본 아기발달이 발달이정표에 적힌 내용보다 많이 뒤처지는 경우는 전문가의 더 자세한 평가와 진단을 받아야 합니다.

발달의 적신호

다음은 아기 발달의 이상여부를 나타내는 신호가 될 수 있는 사항들입니다.
이런 경우 전문가도움을 받기를 권합니다.

교정 연령 기준

■ **1개월**

- 수유하기 전에 깨어있지 않아요

■ **2개월**

- 수유할 때 엄마 얼굴을 쳐다보지 않아요.
- 안기는 것을 좋아하지 않거나, 몸을 뒤로 많이 뻗쳐요.
- 큰 소리에도 반응을 하지 않아요.

■ **3개월**

- 등대고 누워서 허공에 다리를 들거나 차는 것을 어려워해요.
- 안고 있을 때 목을 가누지 못해요.
- 소리 나는 쪽으로 고개를 돌리지 않아요.

■ **4개월**

- 몸을 움직이거나 손을 뻗어 장난감을 잡으려 하지 않아요.
- 엎드려 놓았을 때 고개를 들거나 상체를 들지 못해요.
- 부모를 보며 눈 맞추고 웃지 않아요.
- 심하게 울 때, 달래고 진정시키기가 힘들어요.

■ **5개월**

- 수유할 준비를 하는 엄마나 우유병을 보고 기대하고 반기는 반응을 하지 않아요.
- 엄마나 주양육자와 낯선 사람을 구별하는 반응을 하지 않아요.
- 손을 입으로 가져가 넣거나 빨려고 하지 않아요.
- 안아 세웠을 때 다리를 펴거나 바닥에 발을 대려하지 않아요.

■ **6개월**

- 옹알이를 하지 않아요.
- 주변에서 일어나는 일에 관심이 없어요.
- 앉혀 놓았을 때 몸을 스스로 가누기 힘들어 해요.
- 이유식을 게워 내거나 삼키지 않아요.

■ **8개월**

- 엎드려 누어서 제자리에서 돌거나 앞으로 이동하지 않아요.
- 까꿍놀이에 반응을 하지 않아요.
- 한 손에 장난감 하나씩 잡고 놀지 않아요.
- "잼잼" "곤지곤지" 등 손동작을 보고 손을 움직이며 따라하려 시도하지 않아요.

■ **10개월**

- "마마", "빠빠" 등의 자음과 모음이 섞인 소리를 내지 않아요.
- 물건을 잡고 뒤집거나 두드리거나 하면서 탐색을 하지 않아요.
- 누워 있다가 스스로 일어나 앉지 못해요.
- 이름을 불렀을 때 쳐다보지 않아요.

■ **12개월**

- "주세요" "이리 와" 등 간단한 지시를 따르지 못해요.
- 손가락으로 물건을 가리키지 않아요.
- 붙잡고 일어서지 않아요.
- 어른의 일상적인 활동 (예, 바닥 닦기, 숟가락 사용하기)을 모방하지 않아요.
- 익숙한 소리(예, "부릉", "맘마")를 모방하지 않아요.

■ 이외에도

- 몸이 뻣뻣하거나 관절을 굽히는 것을 힘들어 해요.
- 몸이 너무 축 쳐져있거나 움직임이 적어요.
- 몸을 움직일 때, 한쪽을 더 많이 사용해요.
- 종종 몸을 활처럼 등 쪽으로 휘게 하고 있어요.
- 이유식을 삼키지 않아요.
- 손으로 만지는 것을 싫어해요.
- 한 번 울면 달래기가 어려워요.
- 열이 나지 않으면서 경련을 하거나 눈동자의 움직임이 멈추거나 고개를 떨구는 등의 경기하는 것 같은 모습을 보여요.
- 소리 내서 울지 않아요.
- 부모가 놀아줄 때 눈 맞추고 즐거워하는 행동을 보이지 않아요.

아이의 발달에 관련되어 걱정이 될 때

1. 아이를 관찰하고 행동을 기록해 보세요.

- 걱정되는 행동이나 상태를 적어보세요.
- 시간이 지나면서 변화가 있는지, 당신이 이를 변화시키기 위해 한 노력이 무엇인지, 이 노력이 아이의 반응이나 변화를 이끌어 내는지 등.

2. 간단한 영아발달 선별검사를 받아보세요.

앞에서 언급한 한국영유아선별검사 등 보건소나 소아과병원에서 받을 수 있습니다.

3. 전문가를 찾아가 보다 정확한 진단을 받아보세요.

- 소아재활의학과, 소아정신과, 장애인복지관, 발달심리검사센터 등에서 더 정확한 진단과 평가를 받을 수 있습니다.
- 아기의 발달상 문제를 혼자 걱정하기보다 전문가의 검사를 받아서 당신의 우려가 기우에 지나지 않았다는 것을 알면 마음이 편해집니다. 또는 아이가 발달상 문제가 있다면 조기에 적절한 치료 교육 등 조치를 할 수 있습니다.

4. 아이 발달을 촉진하는 기관들을 알아볼 수 있습니다.

- 종합병원(소아재활과, 소아정신과), 장애인복지관, 특수교육지원센터, 소아재활

병원, 사설 치료/교육센터 등 치료교육 기관에서 필요시 적절한 서비스를 받는 것이 중요합니다.

- 가족중심 조기개입 서비스를 제공하는 기관에 문의하세요. 종합적인 평가를 받고 아이와 가족에게 필요한 치료, 교육, 가족지원 서비스를 함께 받을 수 있습니다.

표 1. 치료교육 기관

기관	연락처
서초구립한우리정보문화센터 부설 영유아발달가족지원연구소	02-2055-0909
안산장애인복지관	070-4612-9519
김포장애인 복지관	070-7327-4100
여수베타니아 복지재단	061-652-0791
청주혜원장애인 복지관	043-295-2505
부천장애인 복지관	032-670-1100
부산장애인복지관	051-790-6145
포항장애인복지관	070-5039-8917
대구달구벌복지관	053-527-0223
서천군장애인복지관	041-950-1253
여주시장애인복지관	031-883-2100
서울시장애인복지관	02-440-5700

가족중심 조기개입 서비스 소개

앞서 언급한 가족중심 조기개입서비스는 아직 우리나라에서는 익숙한 서비스가 아닙니다. 미국, 유럽, 호주, 캐나다 등에서 국가가 하는 발달지체, 장애-위험군, 장애 영아와 가족을 위한 서비스입니다. 발달에 도움이 필요한 영아에게 다양한 재활치료와 특수교육, 가족지원을 가정으로 가서 해 줍니다.

1. 목적과 서비스 시행과정

지난 수십 년간 외국의 연구와 시행을 통해 이른둥이에게 가장 적절하고 효과적인 조기개입은 아기가 생활하고 있는 공간에서 가족이 중심이 되어서 이루어져야 한다는 것입니다. 앞서에서 언급되었듯이, 두뇌발달과 이른둥이 연구들은 아기가 태어나서 부모, 가정환경과 상호작용하면서 발달하며, 부모와 가족이 이른둥이에게 가장 중요한 영향을 주는 사람들 입니다.

가족중심 조기개입의 목적은 발달의 어려움이 있는 영아의 발달촉진과 가족의 역량강화입니다. 그 형태는 아기와 가족을 지원하는 조기개입팀이 가족과 함께 아기와 가족의 필요와 욕구를 평가하고, 이에 따른 개별화가족지원계획(IFSP: Individualized Family Service Plan)을 세우고, 아기가 생활하는 공간인 가정이나 어린이집에서 방문서비스를 하는 것입니다. 다음 도표는 서초구립한우리정보문화센터 부설 영유아발달가족지원연구소에서 시행하고 있는 가족중심 조기개입서비스의 시행과정입니다.

표 2. 가족중심 조기개입서비스의 과정

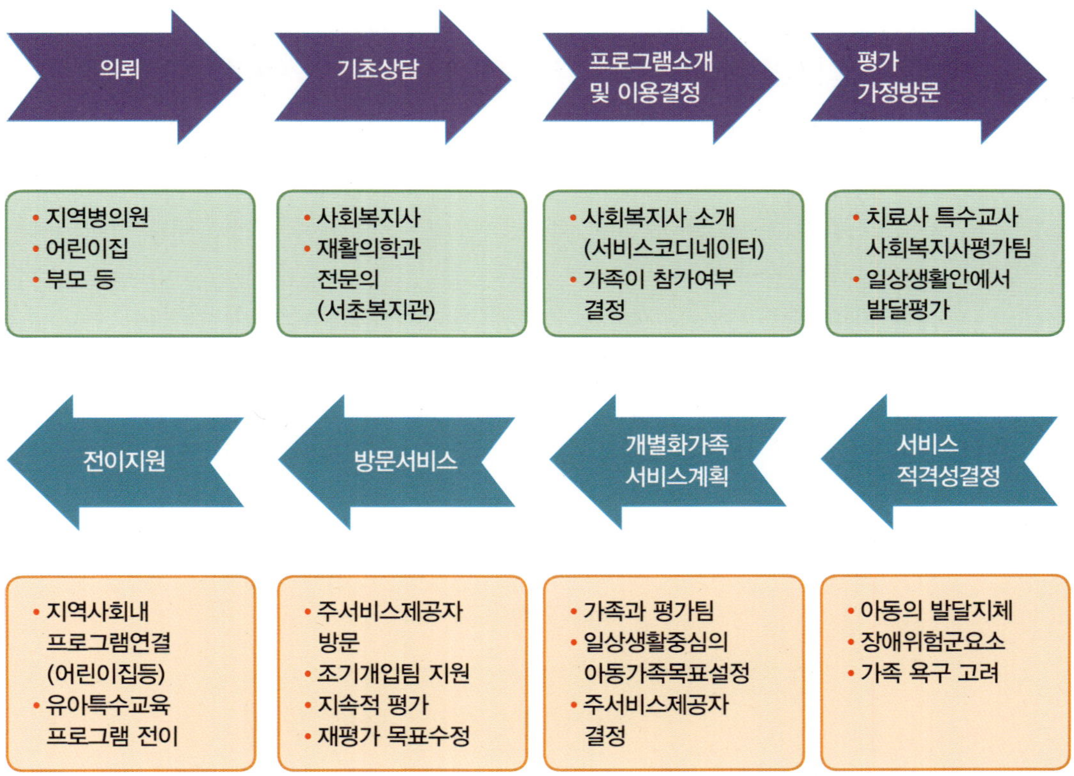

2. 외국의 국가제도

미국 소아과학회, 유아특수교육분과협회, 미국물리치료협회(APTA: the American Physical Therapy Association), 미국작업치료협회(AOTA: the American Occupational Therapy Association), 미국언어청각협회(ASHA: the American

Speech-Language Hearing Association)들은 미국 공법에서 명하는 영아와 가족을 위한 가족-중심적, 협력적, 증거에 근거한 조기개입 서비스를 지지하는 성명서를 발표하였습니다. 유럽연합, 영국, 호주, 캐나다 등 대부분의 나라에서도 미국과 유사한 국가적 제도를 가지고 발달의 어려움을 가진 영아와 가족을 지원하고 있습니다.

3. 주요 내용

▣ 원스톱 서비스

평가(영아 및 가족), 재활치료 및 교육, 그리고 가족지원을 한 기관(외국의 경우 국가가 주도)에서 체계적으로 제공하여 부모가 겪게 되는 혼돈과 어려움을 최대한으로 줄여줍니다.

▣ 찾아가는 서비스

가정 및 어린이집 방문을 통한 일상생활 속에서 치료 · 교육 기회를 제공하여 영아의 발달을 촉진하고 가족 및 보육자의 역량 강화를 하게 됩니다.

▣ 가족지원 서비스

많은 가족들은 조산으로 인해 갖게 되는 어려움을 덜기 위해서 또는 문제를 해결하기 위한 지원을 받는 것에 대해 소극적인 경우가 많습니다. 가족은 어려움을 당연시하거나 가족 내의 자원으로 해결하려고 하기도 합니다. 조기개입서비스의 주요 요소의 하나는 가족으로 하여금 어려움이나 필요를 인식하게 하고, 해결을 위해 적절한 자원을 찾을 수 있게 도와주는 것입니다.

아기가 수면의 어려움이 있는 경우를 생각해 볼 수 있습니다. 수면은 아동의 건강, 발달, 가족의 생활에 직접적인 영향을 줍니다. 아기의 수면 문제에 도움이 되기 위해 조

표 3. 가족의 역량강화 효과

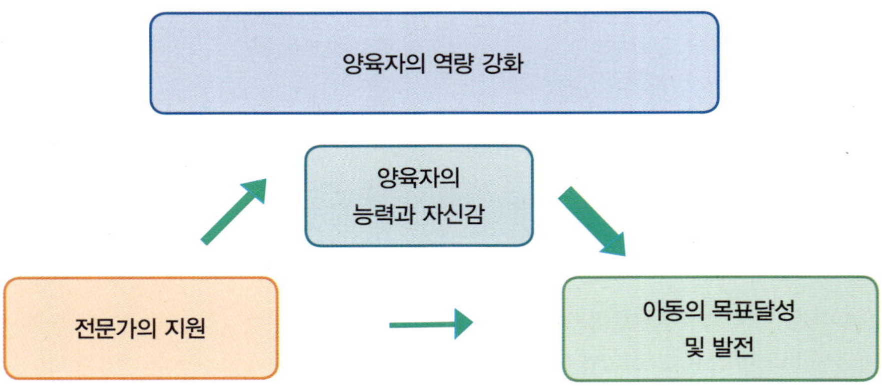

기개입 전문가는 아기와 가족의 생활 패턴이나 아기의 의료적 문제를 가족과 같이 생각하고 아기의 수면을 돕는 전략들을 찾아보게 됩니다. 한편, 아기의 의료비 보조나 지역사회의 지원 프로그램에 대한 정보를 조기개입 전문가(예, 서비스 코디네이터)가 부모에게 제공하여 가족의 어려움을 덜 수도 있습니다. 전문가의 이런 지원은 가족에게 아기의 양육을 성공적으로 할 수 있다는 자신감을 주게 되고, 조기개입의 목표인 아동의 발달에 결정적인 영향을 줄 수 있습니다.

▣ 초영역적 서비스

영아기는 발달 특성상 운동, 감각, 사회/정서, 인지, 의사소통, 자조 능력이 함께 어울려 발달을 한다는 것을 이미 알려져 있습니다. 그러므로 아기의 발달을 촉진하기 위해서 여러 영역의 전문가들의 협력이 필요합니다. 가족중심의 조기개입은 아기와 가족에게 필요한 다양한 전문 서비스를 초영역팀(전문영역의 역할을 통합하여 제공)에서 조화되게 제공하는 방법을 사용합니다. 여러 전문가가 각자 방문을 하여 아기와 부모에게 혼돈을 주는 것이 아니라 아기와 가족에게 가장 도움을 줄 수 있는 주서비스제공자가 방문을 합니다. 그리고 다른 전문가들은 이 주서비스제공자에게 아이디어를 제공하거나 보조 서비스 제공자로서의 역할을 합니다. 예를 들어, 물리치료사가 아기의 운동발달을 도울 때, 운동발달의 중심에 있는 동기유발을 시키기 위해 이 아기의 인지적 또는 기질적 특성에 맞는 전략을 특수교사로부터 도움을 받게 됩니다. 그리고 부모와 움직임을 같이 하면서 의사소통을 하는 주요 전략을 언어치료사로부터 듣고 응용하게

표 4. 초영역적 서비스

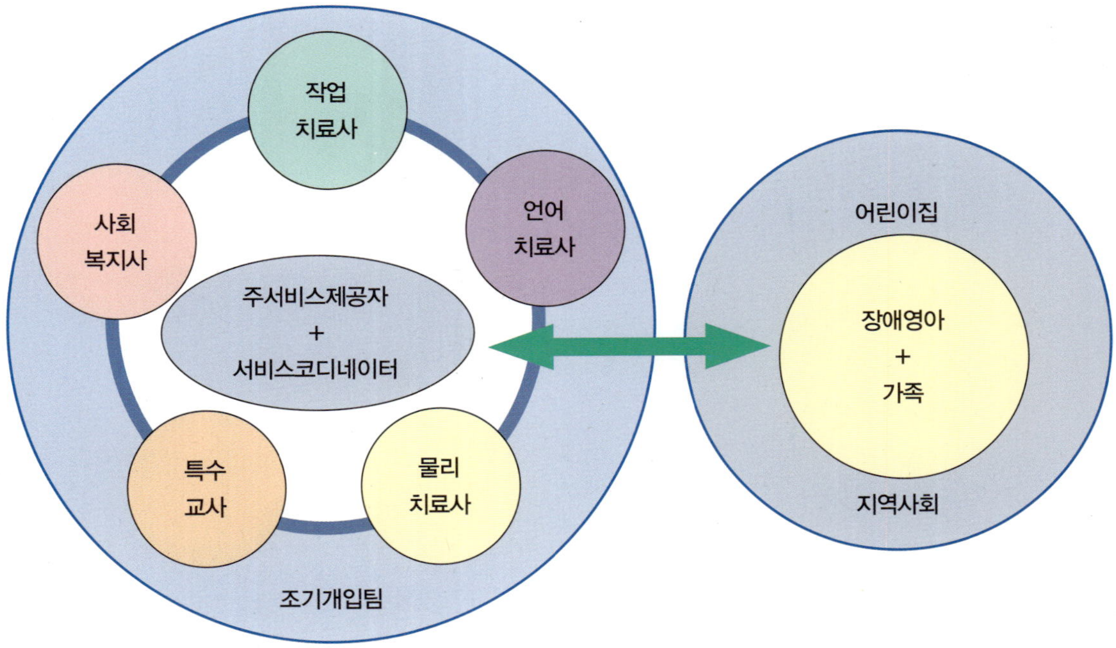

됩니다.

일반적으로 생각하는 집중적이고 과다한 재활치료가 가져올 수 있는 아기 정서발달의 부정적 영향을 초영역적 서비스에서는 줄일 수 있습니다. 앞서 언급한 아기의 스트레스호르몬의 수치를 높이지 않고 아기가 익숙한 가정환경에서 안정감을 가지고 부모와 함께 배우는 기회를 가지게 됩니다.

▣ 일상생활에 도움을 주는 서비스

아기의 많은 발달과제들은 일상에 적응하는 것입니다. 즉, 먹고, 자고, 놀고, 감정을 표현하고, 움직이고, 배변훈련하고, 옷 입고 하는 것입니다. 조기개입은 가정에서의 서비스제공이 치료실이나 교육실의 연장이 아니라, 아기의 일상 참여에 맞춘 기능적이고 실제적인 기술이나 능력을 향상시키기 위한 것입니다. 예를 들어, 치료사는 부모를 도와주어, 부모가 일상생활 하면서 아가의 발달을 촉진하게 하는 것입니다. 아기가 가족과 상호작용이나 의사소통하기 위해 몸을 사용하고, 소리를 내고, 이유식을 먹기 위해 의자로 기어가고, 옷갈아 입을 때 적절히 팔과 다리를 뻗고, 부모와 목욕하면서 적절한 움직임을 발달시키도록 하는 것입니다.

이 가족중심의 조기개입은 이른둥이의 특성을 잘 반영한 서비스입니다. 앞에서 제시한 여러 가지 장점 외에도 감염의 위험이 높은 이른둥이에게는 가장 안전한 치료교육의 환경인 가정에서의 이 조기개입 서비스가 바람직합니다.

그림 2.

APPENDIX

부록

미숙아 및 선천성 이상아 등 영유아 의료비지원

1. 보건복지부 출산정책과

보건소에서 등록, 관리하고 있는 미숙아 및 선천성이상아의 치료에 소요되는 의료비 지원을 목적으로 제공되는 서비스

1.1 서비스 대상

1) 지원대상

- 출생직후 입원하여 수술 및 치료를 필요로 하는 신생아에 한함
- 미숙아
- 선천성 이상아(출생후 28일이내 질병코드가 Q로 시작하는 선천성 이상아로 진단받은 환아로서 출생후 6개월 이내 선천성이상을 치료하기 위하여 입원하여 수술한 의료비)
- 기준 중위소득 180% 이하의 미숙아 출산 가정
- 셋째아 이상 출생아가 미숙아 및 선천성 이상아인 경우(소득수준 관계없이 지원)
  ※ 첫째아 이후 출생한 쌍둥이 및 삼태아는 모두 셋째아로 인정

2) 선정기준 • 지원대상

- 기준 중위소득 180% 이하 가구의 미숙아 출산 가정
- 셋째아 이상 출생아가 미숙아 및 선천성 이상아인 경우(소득수준 관계없이 지원)
  ※ 첫째아 이후 출생한 쌍둥이 및 삼태아는 모두 셋째아로 인정
- 상기 기준을 원칙으로 하되, 예산의 범위 내에서 시 · 도지사 또는 시장/군수/구청장(보건소장)이 추가지원이 필요하다고 인정하는 경우
- 소득판별 기준
- 건강보험료 납부금액을 기준으로 가족수별 건강보험료 이하인 가구

1.2 서비스 내용

1) 지원내용
- 미숙아: 체중별 최고 1천만원까지 지원
- 선천성이상아: 최고 5백만원까지 지원

1.3 서비스 이용 및 신청방법

1) 신청방법: 방문
- 시군구, 보건소에 신청

1.4 문의

- 보건복지콜센터 ☎ 129

1.5 사이트

- 보건복지콜센터 http://www.129.go.kr/

1.6 서식/자료

- 2017년 모자보건사업 안내

1.7 근거법령

- 모자보건법

아래 사업은 본 사업과 중복해서 받을 수 없습니다.
- 의료급여 본인부담 면제
- 의료급여(의료급여대지급금지원)

<출처>

http://www.bokjiro.go.kr/welInfo/retrieveGvmtWelInfo.do?welInfSno=327
http://easylaw.go.kr/CSP/CnpClsMain.laf?csmSeq=277&ccfNo=3&cciNo=1&cnp

ClsNo=4

2. 기타

- 다솜이 작은 숨결 살리기 지원사업(교보생명 아름다운 재단) 안내 · 연계
- 내용 : 미숙아(이른둥이) 입원 · 재입원 · 재활치료비 지원
- 대상 : 기초생활보장수급권자 및 최저생계비 200%이내 가정
- 연락처 : 02)3675-1231(http://www.babydasom.org)
- 한국심장재단 심장질환 지원 안내
- 대상 : 경제적 형편이 어려운 자 중 심사를 통해 지원 결정
- 지원방법 : 수술전 환자만 접수 가능(당일 입원 · 수술한 응급환자, 만 19세 미만의 소아 · 청소년 심장병 환자는 수술 후 7일 이내에 접수 가능)
- 연락처 : 02)414-5321~3 (http://www.heart.or.kr)
- 질병관리본부의 희귀난치질환의료비 지원사업
- 선천성이상아 의료비지원 신청시 선천성이상질환이 희귀난치질환의료비지원사업의 대상 질환인지를 확인하고 희귀 · 난치성질환자 의료비 지원 대상 질환인 경우에 포함되어 있는 경우 우선 희귀 · 난치성 질환자 의료비 지원사업 안내하여 산정특례자 등록하도록 함
- 희귀 · 난치성질환자 의료비 지원 대상 질환에는 Q코드 113개 질환 포함 (참고자료 4)
- 사업담당 부서 : 질병관리본부 사업과(심혈관 · 희귀질환과)

<출처>

http://www.g-health.kr/portal/bbs/selectBoardList.do?bbsId=U00245&cNttId=216&menuNo=200593

발달재활 및 교육 서비스

이른둥이가 발달지체나 장애를 보일 때 재활치료나 특수교육적 서비스 받을 때 도움을 줄 수 있는 정부지원입니다.

1. 보건복지부 장애인서비스과

성장기 정신적, 감각적 장애아동의 인지, 의사소통, 적응행동, 감각, 운동 등의 기능 향상과 행동발달을 위한 적절한 발달재활서비스 지원 및 정보제공

1.1 서비스 대상

1) 지원대상
- 만 18세 미만 장애 아동
- 소득기준 : 전국가구평균소득 150% 이하
- 기타요건 : 장애인복지법상 등록장애아동(뇌병변, 지적, 자폐성, 청각, 언어, 시각장애), 단 6세미만의 경우 의사진단서와 검사자료로 대체 가능

2) 선정기준
- 연령 : 만 18세 미만 장애 아동
- 장애유형 : 뇌병변, 지적, 자폐성, 청각, 언어, 시각 장애아동
  ※ 중복 장애 인정
- 소득기준 : 전국가구평균소득 150% 이하(소득별 차등 지원)
- 기타요건
- 장애인복지법상 등록장애 아동
  * 다만, 영/유아(만6세 미만)의 경우 뇌병변, 지적, 자폐성, 청각, 언어, 시각 장애가 예견되어 재활치료가 필요하다고 인정한 의사진단서와 검사자료로 대체 가능
  ※ 등록이 안 된 경우 읍면동에서 등록 유도
- 시각 장애 아동(중복 장애 제외)의 경우 재활치료서비스가 필요한 대상인지 여부를 별도로 판단
  * 전담 공무원은 상담 및 사회복지사, 치료사의 자문 등 다양한 방법을 통해 동 사업에서 지원하고 있는 재활치료서비스가 필요한 대상인지를 판단하여 대상자 적합 여부 판단

1.2 서비스 내용

1) 급여액
- 기초생활수급자: 22만원지원(본인부담금 면제)
- 차상위계층: 20만원(본인부담금 2만원)
- 전국가구평균소득50%이하: 18만원(본인부담금 4만원)
- 전국가구평균소득100%이하: 16만원(본인부담금 6만원)
- 전국가구평균소득150%이하: 14만원(본인부담금 8만원)

2) 서비스내용 : 언어/청능, 미술/음악, 행동/놀이/심리운동 재활 등

1.3 서비스 이용 및 신청방법

1) 신청방법 : 방문
- 읍/면/동에 신청 (연중)

1.4 문의

- 보건복지콜센터 ☎ 129

1.5 사이트

- 보건복지부 http://www.mohw.go.kr
- 보건복지콜센터 http://www.129.go.kr/
- 사회서비스 전자바우처 http://www.socialservice.or.kr/

1.6 서식/자료

- 2017년 장애아동가족지원 사업안내

1.7 근거법령

- 장애아동복지지원법

2. 교육부

- 특수교육지원센터

2.1 내용

- 특수교육대상자 조기 진단 · 지원
- 특수교육대상자 선정 및 배치 지원
- 지역 특수교육지원센터에서 발달지체 및 장애아동을 대상으로 한 교육 프로그램 및 장애아동치료 바우처 제공

2.2 문의처

- 지역 특수교육지원센터 및 교육부 웹사이트 (http://www.moe.go.kr/main.do?s=moe)

2.3 관련법령

- 특수교육지원센터는 특수교육대상자의 조기발견, 특수교육대상자의 진단 · 평가, 정보관리, 특수교육 연수, 교수 · 학습활동의 지원, 특수교육 관련서비스 지원, 순회교육 등을 담당하는 기관(「장애인 등에 대한 특수교육법」 제11조제1항).

참고문헌

1. 김민희. (2006). 초미숙아. 서울:신흥메드싸이언스.
2. 김민희, 배종우, (2007). 신생아 진료. 서울:신흥메드싸이언스.
3. 김민희, 지은선, (2016). 극소저출생체중아 어머니를 위한 병원중심의 추후관리프로그램의 효과, 대한간호학회지, 46(1), 79-89.
4. 대한신생아학회. (2014) KNN 연차보고서. 대한신생아학회.
5. 대한주산의학회. (2014) 주산기 의학. 서울:신흥메드싸이언스.
6. 신손문, 이인혜, 문진하, 채선미. (2010). 이른둥이 튼튼하게 키우기. 서울:현문사.
7. 신의진, (2011). 아이심리백과 0-2세. 서울:걷는나무.
8. 장군자, 김미예, 김선희. (2011). 미숙아 어머니를 위한 모유수유 지침서 이른둥이의 모유 수유. 서울;수문사.
9. 좋은아이연구원. (2015). 이른둥이 부모양육가이드북. 서울:그린주의.
10. 최진희. (2016). 가족중심조기개입서비스의 이해; 발달지체영아조기개입 전문가 양성교육. 서울; 서초구립한우리정보문화센터.
11. 홍창의.(2001). 소아과학. 서울:대한교과서주식회사.
12. Belfort MB et al. Breast Milk Feeding, Brain Development, and Neurocognitive Outcomes: A 7-Year Longitudinal Study in Infants Born at Less Than 30 Weeks' Gestation. J Pediatr. 2016 Oct;177:133-139.e1
13. CDC(Centers for Disease Control and Prevention). (2015). Productive health. http://www.cdc.gov/reproductivehealth/maternalinfanthealth/pretermbirth.htm
14. Center on the Developing Child at Harard University (2010). The foundations of lifelong health are built in early childhood. http;//developingchild.harvard.edu/library/reports_and_working_papers/foundations-of-lifelong-health.
15. Dusing, S. (2016). Physical therapy for the infant born preterm; From the NICU to preschool. Training on 2016, March, 15.
16. Gaines, T. (2011). Preemie parents; 26 ways to grow with your premature baby, Sellers publishing. South portland, Mains.
17. Gunter, J (2010). The preemie primer. DA Capo Press Lifelong Books, Cambridge, MA.
18. Li YW et al. Effect of breastfeeding versus formula milk feeding on preterm infants in the neonatal intensive care unit. Zhongguo Dang Dai Er Ke Za Zhi. 2017 May;19(5):572-575.
19. Malcolm, W.F. (2015). Beyond the NICU: Comprehensive Care of the High-Risk Infants. McGraw-Hill Education, New York.
20. Robert A. Ballard.(1994). Pediatric care of the ICN graduate. Philadelphia:Saunders

21. Sears, W. & Sears, M.(2004). The premature baby book. New York; Little, Brown and Company.
22. Smith, G.C., Gutovich, J., Smuser, C., Pineda, R., Newnham, C., Tjoeng, T.H., & Inder, T. (2011). Neonatal intensive care unit stress is associated with brain development in preterm infants, Annals of Neurology, 70(4), 541-549.
23. William W. Hay, Jr (2008). Strategies for feeding the preterm infant. Neonatology, 94(4): 245 - 254.

지은이 소개

김민희

중앙대학교 의학 박사(1991)
현) 건국대학교병원 소아청소년과 교수
현) 대한주산의학회 명예회장
전) 건국대학교병원 진료부원장
전) 대한주산의학회 학회장
전) 대한신생아학회 법제위원장

지은선

경희대학교 간호학 박사(2008)
현) 건국대학교 글로컬캠퍼스 간호학과 교수
현) 건국대학교병원 미숙아 추후관리센터 운영위원
현) 한국아동간호학회 이사

최진희

University of Missouri 유아특수교육학 박사(1993)
현) 서초구립한우리정보문화센터 (부설) 영유아발달가족지원연구소 부소장
현) 광운대학교 교육대학원 시간강사
전) 미국 버지니아주 Chesapeake Children's Therapy Center, 멘토링팀 팀장